基金项目：四川省软科学资助项目"成都市'小组微生'新农村——老产业转移研究"（2017ZR0176）；中央高校基本业务费资助项农村承接城市养老产业转移研究"（ZYGX2019J138）

城乡养老产业空间格局转移研究

刘灵辉　著

科 学 出 版 社

北 京

内 容 简 介

本书首先深入分析成都市现在以及未来面临的养老压力，提出"小组微生"新农村综合体承接城市养老产业的概念构想，并分析其必要性、可行性以及重大意义；其次，在宏观上采用态势分析法［strengths（优势）、weaknesses（劣势）、opportunities（机会）、threats（威胁），简称SWOT］，对"小组微生"新农村综合体承接城市养老产业进行分析；再次，在微观上基于外业调研数据，揭示成都市城市老年人乡村休闲养老意愿与个人特征、养老观念、养老目的地特征等的内在联系，分析成都市城市老年人到"小组微生"新农村综合体休闲养老需求的特征变量、个人属性、行为偏好、休闲行为等变量间的关联性作用机理，从而对城市老年人乡村休闲养老行为进行模型化解释；最后，基于国内外乡村旅游、乡村休闲养老发展经验，提出"小组微生"新农村综合体承接城市养老产业的政策建议。

本书可供从事人文地理学、城市地理学、土地资源管理、公共事业管理等相关专业的科研工作者、政府部门相关管理人员阅读参考。

图书在版编目(CIP)数据

城乡养老产业空间格局转移研究 / 刘灵辉著. —北京：科学出版社，2024.2
  ISBN 978-7-03-078031-7

Ⅰ.①城…　Ⅱ.①刘…　Ⅲ.①养老–服务业–产业发展–研究–中国　Ⅳ.①F726.99

中国国家版本馆 CIP 数据核字（2024）第 022436 号

责任编辑：陈丽华 / 责任校对：彭　映
责任印制：罗　科 / 封面设计：墨创文化

科 学 出 版 社 出版
北京东黄城根北街16号
邮政编码：100717
http://www.sciencep.com

成都锦瑞印刷有限责任公司 印刷
科学出版社发行　各地新华书店经销
*
2024 年 2 月第　一　版　开本：B5（720×1000）
2024 年 2 月第一次印刷　印张：14 1/4
字数：287 000
定价：169.00 元
（如有印装质量问题,我社负责调换）

前　言

我国是世界上老龄化速度最快的国家之一，呈现出老年人口基数大、增速快，高龄化、失能化、空巢化趋势明显的态势，再加上我国家庭结构小型化、人口流动频繁化与加速化等因素相互叠加在一起，养老问题异常严峻。然而，传统城市养老模式存在模式单一、不具有普遍适用性、相互之间缺乏协调等一系列问题，越来越难以满足日益增长且复杂多样化的养老需求，已难以应对未来人口老龄化的巨大压力。另外，在外部环境上，快速城镇化使许多大中城市的"城市病"愈演愈烈，如交通拥堵、噪声污染、食品安全、资源紧张、物价过高等问题经常见诸报端，使得城市越来越不适宜老年人颐养天年。同时，随着我国经济社会的发展，养老形式和内容发生了巨大的变化，城市老年人的养老需求呈现出更多新特点和新要求，城市养老服务供给将面临更大的挑战。因此，创新城市养老服务模式成为应对人口老龄化压力的迫切需求。

2005 年 10 月，《中共中央关于制定国民经济和社会发展第十一个五年规划的建议》指出"建设社会主义新农村是我国现代化进程中的重大历史任务"。2013 年中央一号文件提出"努力建设美丽乡村"，建设美丽乡村是我国深入推进社会主义新农村建设的重大举措，是全面建成小康社会的重要抓手。此后，各地以美丽乡村建设为依托开展了不同模式的探索，如四川省成都市"小规模、组团式、微田园、生态化"（简称"小组微生"）的新农村综合体，旨在将农村建设成为望得见山、看得见水、记得住乡愁的幸福美丽新村。"小组微生"新农村综合体已成为成都统筹城乡改革的新载体和新农村建设的重要标志，被称为"新农村建设的 2.0 版本"。这些"小组微生"新农村综合体具有完善的基础设施、齐全的公共服务设施，同时，依托当地独特的自然资源和文化资源，拥有美丽的田园风光、绿色有机的农产品、精彩纷呈的乡村娱乐项目、特有的乡村民俗文化，这些优势能够与城市老年人多样化、多元化的养老需求以及对养老的新期待相吻合。因此，在人口深度老龄化的背景下，鉴于"小组微生"新农村综合体承接城市休闲养老产业具备得天独厚的优势，选择区位、自然环境、公共服务设施、医疗和住房等条件适宜的"小组微生"新农村综合体发展乡村休闲养老，具有现实必要性和可行性。

党的二十大报告指出"坚持农业农村优先发展，坚持城乡融合发展，畅通城乡要素流动"。城乡融合发展最重要的实现路径就是打破以往的人口、资金、土地等生产要素单向且大量流入城市的局面，逐步使得各类生产要素在市场机制的作用下实现城乡之间双向自由对流，使市与乡村之间的壁垒得以突破，让乡村深度融入城市，也让城市深度嵌入乡村，进而促进城乡协同一体化发展。"小组微生"新农村综合体承接城市养老产业，能够实现城市老年人养老向更广阔的乡村转移，缓解中心城区的养老压力，将青壮年劳动力更多地留在城市，打造活力城市中心；同时，城市老年人到乡村休闲养老能够给当地带来住房、农产品、休闲娱乐设施等消费，给乡村带来休闲养老产业这一新业态，助力乡村振兴战略的完成与实现；另外，"小组微生"新农村综合体承接城市养老产业，可以将城市老年人掌握的经验技术、管理技能、生活方式及人脉等社会资本带到乡村。因此，"小组微生"新农村综合体发展乡村休闲养老，对于优化城乡养老服务产业布局，建立并完善普惠型养老服务，促进乡村产业转型升级，助推乡村振兴战略，加速城乡融合步伐，具有重要的作用和意义。

本书依托四川省软科学资助项目"成都市'小组微生'新农村综合体承接城市养老产业转移研究"（编号：2017ZR0176）、中央高校基本业务费资助项目"大城市边缘区新农村承接城市养老产业转移研究"（ZYGX2019J138），首先剖析成都市现在和未来面临的城市养老压力，以及传统养老模式的诸多弊端，挖掘城市老年人到"小组微生"新农村综合体休闲养老的多样化需求，提出"小组微生"新农村综合体承接城市养老产业的必要性；随后，提出"小组微生"新农村综合体承接城市养老产业的构想，论证其可行性，并基于 SWOT 分析框架，从优势、劣势、机遇、威胁四个方面，对"小组微生"新农村综合体承接城市养老产业从宏观层面予以分析；其次，基于计划行为理论，从社会心理学微观的角度，建立城市老年人乡村休闲养老行为意愿影响机制模型，基于外业问卷调研获得的数据，选择结构方程模型实证了城市老年人行为态度、主观规范、自我效能感、外部控制力与乡村休闲养老意愿之间的影响路径和系数；再次，构建起"小组微生"新农村综合体建设特征对城市老年人乡村休闲养老意愿的影响因素指标体系，基于外业问卷调研数据，运用结构方程模型，对"小组微生"新农村综合体的区位特征、医疗特征和配套特征等指标对城市老年人到此休闲养老意愿的影响进行分析；最后，基于城市老年人乡村休闲养老模式的国内外经验概括，从宏观、微观两个层面提出推动城市老年人到乡村休闲养老以及"小组微生"新农村综合体承接城市休闲养老产业的政策建议。本书不仅有利于弥补学术界关于城市老年人到乡村休闲养老方面的薄弱环节，而且可以为乡村发展休闲养老产业提供决策支撑，具有较高的理论价值和现实意义。

目　　录

第1章 绪　　论

1.1　研　究　内　容

1.1.1　研究背景

自改革开放以来，人口城市化与老龄化已成为中国人口发展的两大主题（王桂新，2016）。在国际上，通常把 60 岁及以上的人口占总人口的比例达到 10%或者 65 岁及以上的人口占总人口的比例达到 7%，作为一个国家或地区进入老龄化社会的判断标准。65 岁及以上人口占总人口的比例小于 4%称为青年社会，4%～<7%称为壮年社会，7%～<14%称为老龄化社会，14%～21%称为老龄社会，大于 21%则称为超老龄社会。按照此标准，中国自 1999 年正式步入老龄化社会，和国外发达国家相比，我国进入老龄化社会的时间较晚，但是所用的时间是很短的，发达国家老龄化进程长达几十年至一百多年（如法国的老龄化用了115 年，瑞士为 85 年，英国为 80 年，美国为 60 年），而我国只用了 18 年（1981～1999 年）就进入了老龄化社会（刘佳，2014）。第七次全国人口普查数据显示[①]，全国人口为 1411778724 人，其中，60 岁及以上人口为 264018766 人，占 18.70%，65 岁及以上人口为 190635280 人，占 13.50%，可以看出，我国老龄化程度已经逼近老龄社会的标准。2020 年 6 月，据中国发展研究基金会发布的《中国发展报告 2020：中国人口老龄化的发展趋势和政策》测算，2020 年中国65 岁及以上的老年人约有 1.8 亿人，约占总人口的 13%；2025 年"十四五"规划完成时，65 岁及以上的老年人口将超过 2.1 亿人，约占总人口的 15%；2035年和 2050 年时，中国 65 岁及以上的老年人口将分别达到 3.1 亿人和接近 3.8 亿人，占总人口的比例则分别达到 22.3%和 27.9%。2022 年 9 月 20 日，国家卫生健康委员会（简称国家卫健委）召开新闻发布会，介绍党的十八大以来老龄工作进展与成效[②]，据测算，预计"十四五"时期，60 岁及以上老年人口总量将突破 3亿人，占比将超过 20%，进入中度老龄化阶段。2035 年左右，60 岁及以上老年人口将突破 4 亿人，在总人口中的占比将超过 30%，进入重度老龄化阶段。可以看出，虽然我国步入老龄化社会的时间相对较晚，但是随后老龄化程度深化之快

---

① 中华人民共和国中央人民政府. 第七次全国人口普查公报[OL].[2021-05-11]. https://www.gov.cn/guoqing/2021-05/13/content_5606149.htm.
② 中华人民共和国国家卫生健康委员会. 国家卫生健康委员会 2022 年 9 月 20 日新闻发布会介绍党的十八大以来老龄工作进展与成效[OL]. [2022-9-20]. http://www.nhc.gov.cn/xwzb/webcontroller.do?gecstype=1&titleSeq=11480.

远超预期,是世界上老龄化速度最快的国家,呈现出老年人口基数大、增速快、高龄化、失能化、空巢化趋势明显的态势,再加上我国家庭小型化的结构叠加在一起,养老问题异常严峻(张璋等,2016)。城市养老压力在"9073"养老服务格局①和"8421"家庭模式②背景下变得愈发严峻。严峻的老龄化形势以及经济社会的快速发展带来的是城市老年人对养老服务数量、质量要求的同步提升,而传统的养老模式和有限的养老资源都难以应对人口老龄化速度加快的现实变化,长此以往会造成养老服务供需之间的严重不平衡,养老因此成为中国社会各界聚焦的重点问题。

中国传统养老模式有三种:家庭养老、机构养老和社区养老,不同养老模式在优势方面又各有侧重。①受到根植于中华传统文化中的道德伦理和社会风尚的影响,传统的家庭养老模式仍然占据主导地位(周鹏飞等,2022)。家庭养老是老年人居住在家庭之中通过子女的赡养安度晚年,其主要优势体现在老年人能够感受到来自家庭的亲情温暖和关怀照料,使老年人获得更充分的社会支持,体现中华民族的传统家庭伦理及社会道德文化,是老年人个人选择倾向性最高的一种养老模式,同时,家庭养老可充分利用家庭既有资源、结合家庭人力资源进行养老,相比较而言,经济成本低(禹鹏斌,2016)。②机构养老是在支付一定费用后,老年人集中居住在政府和社会各界举办的各种养老院、敬老院、老年公寓、福利院等机构中接受养老服务的一种养老方式,其优势在于老年人可以获得食宿、照料及医疗护理等专业服务,且减轻了老年人子女由于照料、护理、陪伴等带来的时间和精力负担,同时,群居生活也在一定程度上能够排解老年人的孤独感、寂寞感,增加老年人的社交,提升老年人的幸福感。③社区养老是在各社区建立养老护理中心,为老年人提供上门服务,优势在于可提供专业服务,凝聚社区力量降低养老成本,让老年人在不离开自己熟悉居住环境的情况下获得养老服务。

然而,传统城市养老存在模式单一、不具有普遍适用性、相互之间缺乏协调等一系列问题,越来越难以满足日益增长且复杂多样化的养老需求,已经难以应对未来人口老龄化的巨大压力,主要表现在以下三方面。①家庭结构"核心化、小型化、空巢化",使家庭养老服务功能日渐弱化(刘灵辉,2019),且随着城镇化战略的快速推进,老年人的子女为了求学、就业等原因跨区域流动时常发生,使得子女由于工作繁忙、异地就业等原因很难抽出时间陪伴父母,"精神留守"的现实问题愈发明显。同时,在家庭养老这一模式中,家庭成员由于没有接受专门的技能培训等,无法为老年人提供专业的养老服务。②机构养老存在床位供求失衡、管理服务水平一般等问题。2020年末,全国养老机构有3.8万个,配备养老服务床位823.8万张,每千位老年人拥有养老床位数约为31.20张,这远低于

---

① "9073"养老服务格局:90%的老年人在社会化服务协助下通过家庭照料养老,7%的老年人通过购买社区照顾服务养老,3%的老年人入住养老服务机构集中养老。
② "8421"家庭模式:祖父母8人、父母4人、夫妻2人和1个小孩。

发达国家每千位老年人拥有养老床位数（50～70 张）的标准，且养老机构的质量和专业化水平参差不齐，加之偶见新闻媒体对养老机构虐待老年人事件的报道，给老年人造成了莫名的心理恐慌，使之对机构养老产生了一定的抵触情绪。同时，机构养老收费高且难以满足老年人的亲情需要，在子女经济压力和老年人精神关怀方面均存在难题（邓颖，2002）。③社区养老发展时间短，在法律法规和服务人员培养上都需时间逐步完善。在传统家庭观念的制约下，老年人对家庭养老的依赖程度较大，难以适应社区养老这种新模式。同时，社区养老存在着基础设施较薄弱、发展情况参差不齐等问题。在传统养老模式存在各种不足的同时，中国社会经济发展水平及家庭收入水平均在飞速提高，老年人消费需求升级态势也凸显，其需求结构已经从生存型需求向发展型需求转变，愈发追求物质生活的高品质和精神生活的高品位，对乡土旅游、卫健医疗、休闲养老产业的需求上升（邓远建等，2022）。城市老年人不再满足于基本的"老有所养"，更加追求"老有所依""老有所乐""老有所安"（刘晓红，2017）。未来城市养老服务需求会呈现出众多新特点和新要求，城市养老问题将面临更大挑战。因此，应主动了解并回应老年人的养老诉求，以满足他们多样化的养老服务需求。

成都市是四川省省会、副省级城市、超大城市、国家中心城市、成渝地区双城经济圈核心城市。截至 2021 年底，成都市下辖 12 个市辖区、3 个县，代管 5 个县级市，总面积为 14335km^2。第七次全国人口普查结果显示，成都市常住人口达到 2093.78 万人，60 岁及以上常住人口总量达 376.41 万人，老龄化率为 17.98%。同时，老年人寿命也在增长，2020 年 11 月 12 日举行的成都市第十七届人大常委会第二十二次会议，听取了关于全市公共卫生工作情况的报告，该报告指出，2019 年，成都市城乡居民人均期望寿命为 81.01 岁[①]，老年人寿命增长，其不能自理的时间相应延长，加之计划生育政策实施带来的家庭规模的缩小，照料负担将会越来越重，随着高龄、失能、半失能老年人基数进一步增大，养老服务还存在数量不足、质量不优、发展不平衡等问题，协调性不强、结构性失衡亟待解决。这不仅会对劳动力供给、劳动力负担系数、公共财政以及消费结构、产业结构和投资结构等方面带来负面影响，而且会给老龄人口公共服务和社会化养老服务造成较大压力，使得快速增长的城市养老服务需求与城市养老事业发展相对滞后的矛盾更加突出。养老压力空前巨大，探索新型养老模式成为现实需要。按照 2015 年 8 月成都市发展和改革委员会等 8 个部门联合下发的《养老服务业"加强规划引导，实施品牌战略，带动相关产业发展"的实施方案》要求，成都市于 2020 年形成"9064"养老服务格局，即 90%的老年人选择居家养老，6%的老年人在社区养老，4%的老年人入住养老服务机构集中

---

① 新浪科技. 成都市全市城乡居民人均期望寿命 81.01 岁[OL]. [2020-11-15]. https://finance.sina.com.cn/tech/2020-11-15/doc-iiznctke1527053.shtml.

养老[①]。成都作为中国超大城市和新一线城市，"十四五"时期，是成都人口老龄化进入快速发展期的五年，人民群众对养老事业和养老产业的高质量发展有了更多期待，未来城市养老服务需求会呈现更多的新特点和新要求，城市养老问题将面临更大挑战，养老服务体系建设也将面临更加艰巨的目标任务。因此，创新城市养老模式成为应对成都市人口老龄化压力的迫切需要。

2013 年中央一号文件《中共中央 国务院关于加快发展现代农业进一步增强农村发展活力的若干意见》提出"努力建设美丽乡村"[②]。建设美丽乡村，是党中央深入推进社会主义新农村建设的重大举措，是全面建成小康社会的重要抓手（任婧祎，2017）。2014 年 3 月，中共中央、国务院颁布的《国家新型城镇化规划（2014—2020 年）》提出"坚持遵循自然规律和城乡空间差异化发展原则，科学规划县域村镇体系，统筹安排农村基础设施建设和社会事业发展，建设农民幸福生活的美好家园"。随之，各地以美丽乡村建设为依托开展了不同模式的探索，如浙江省、广东省、湖北省、陕西省、河南省的"田园综合体"，四川省和贵州省的"新农村综合体"。四川省在推进新型城镇化发展战略中，提出要加快建设"业兴、家富、人和、村美"的幸福美丽新村。在成都市推进统筹城乡升级版的部署中，提出要按照"三体现一方便"（体现田园风貌、体现新村风格、体现现代生活、方便农民生产）的要求，有序引导农民因地制宜、适度集中居住，坚持"宜聚则聚、宜散则散"和"四态合一"（业态、生态、文态、形态）的理念，在城镇规划区外特别是基本农田保护区、水源涵养地、山区旅游点等，在乡村建设中保护并传承原有的川西林盘[③]景观，结合当地实际，按照"小组微生"[④]的要求，指导新建、改造农村新型社区的规划布局、建筑设计与环境改造（李果等，2021），成片地推动新农村综合体建设，以此作为四川省幸福美丽新村建设的主要方式。2012 年，成都市委、市政府提出了新农村综合体"小规模、组团式、生态化"的要求。当年启动了 8 个市级示范点建设，总投资 8.33 亿元。2013 年又启动 20 个市级示范点建设，总投资 9.39 亿元。2014 年 6 月，《成都市人民政府办公厅关于推进小规模、组团式、生态化新农村综合体建设的指导意

---

① 成都文明网. 到 2020 年成都基本形成 9064 养老服务格局[OL]. [2015-8-15]. http://cd.wenming.cn/wmbb/201508/t20150805_1892863.shtml.

② 中华人民共和国中央人民政府. 中共中央 国务院关于加快发展现代农业进一步增强农村发展活力的若干意见[OL]. [2012-12-31]. http://www.gov.cn/gongbao/content/2013/content_2332767.htm.

③ 川西林盘是指成都平原及丘陵地区农家院落和周边高大乔木、竹林、河流及外围耕地等自然环境有机融合，形成的农村居住环境形态。

④ "小组微生"是"小规模聚居""组团式布局""微田园风光""生态化建设"这一规划理念的简称。"小规模聚居"是指本着尊重农民意愿、方便农民生产生活的原则，合理控制新村建设规模，一般以 100～300 户为宜；各内部组团控制在 20～30 户。考虑家庭人口状况、经济承受能力，统一设计不同的户型，建设"紧凑型、低楼层、川西式"特色民居。"组团式布局"是指利用林盘、水系、山林及农田，合理考虑农民生产生活半径，新村由几个大小不等的小聚居组团组合而成，组团间留有足够的生态距离和空间，形成自然有机的组团布局形态。"微田园风光"是指对于相对集中的民居，规划出前庭后院，让农民在房前屋后因地时种植，形成"小菜园""小果园"，保持"房前屋后、瓜果梨桃、鸟语花香"的田园风光和农村风貌。"生态化建设"是指尊重自然、顺应自然，利用原有地形地貌，保护林盘、田地、沟渠、水体等生态资源体系，保留生态本底，延续川西林盘特色，体现乡土味道和农村特点。

见》(成办函〔2014〕73 号)总结提炼"小规模、组团式、生态化"新农村综合体"八个展现"和"七个避免"的工作要求,重点在规划选址、风貌设计、集约节约用地、产业发展等方面为区(市、县)、乡镇(街道)提供指导和参考。2015年 12 月 4 日,中共成都市委第十二届全委会第六次全体会议通过的《中共成都市委关于制定国民经济和社会发展第十三个五年规划的建议》①指出,"进一步扩大范围和提升质量,深化推进'小规模、组团式、微田园、生态化'新农村综合体建设,全面建设业兴、家富、人和、村美的幸福美丽新村"。到 2020 年,幸福美丽新村实现全覆盖,建成"小组微生"新农村综合体超过 300 个,预计到2025 年将超过 500 个(邓启运,2016)。目前,郫都区安德街道安龙村、三道堰镇青杠树村、花园镇筒春村,新都区新繁镇高院村玲珑锦院,大邑县苏家镇香林村等一批充分展现幸福美丽新村风貌的新农村综合体已建成入住。

新农村综合体是一个全新的建设模式,构件包括农民集中居住、产业发展、基础设施、公共服务、新型社区管理等"五大要素",允许其他个体、企业和社会组织参与,其特征是主导产业连片发展、农民收入持续增长,具有迅速聚集人口、带动产业升级、传承城乡文明、优化生产生活条件、助推城乡互动发展等"五大功能",表现出设施的配套性、要素的系统性、功能的复合性、产业的规模性、人口的聚居性、城乡的融合性和发展的现代性等"七大特性"。新农村综合体建设是一项涉及农业生产、农民生活、农村稳定的庞大而复杂的系统工程,不仅能实现农村土地的集约化经营,提升土地的生产潜力,而且能够促进农民生产生活方式的转变。"小组微生"新农村综合体建设有"紧凑型、低楼层、川西式"的特色民居,并按照"1+21"的标准②同步规划建设配套基础设施和标准化的社区公共服务设施。同时,"小组微生"新农村综合体位于成都市二、三圈层,处于"1 小时成都经济圈"范围内,不仅区位优势明显,而且拥有美丽的农村田园风光、绿色有机的农产品、精彩纷呈的乡村娱乐项目、特有的乡村农耕文化和民俗文化等。"小组微生"新农村综合体是成都市统筹城乡改革的新载体和新农村建设的重要标志,是四川省委在总结新农村建设经验、灾后重建经验基础上提出的,它比新农村的建设起点更高、标准更高、要求更高(杨阳,2012)。

张晋(2015)提出对养老与农村的看法:农村包围城市,是未来养老市场最大的出路。农村凭借其生态优势,完全有可能实现高质量的就地养老,并吸引城市的老年人群,实现高质量的养老,成长为中国最大的"养老院"。同时,相较城

---

① 成都商报(电子版). 中共成都市委关于制定国民经济和社会发展第十三个五年规划的建议[OL]. [2015-12-10]. https://e.cdsb.com/html/2015-12/10/node_8.htm.
② "1+21"中的"1"为 1 个新农村综合体,"21"为需要配置的 21 项农村公共设施,分别为:社会综合服务管理工作站(劳动就业、社保等);社会组织和志愿者服务办公室;水、电、气等代收代缴网点;网络设施;幼儿园;卫生服务站;全民健身广场;综合文化活动室;农贸市场;日用品放心店;农资放心店;污水处理设施及排水配套管网建设;垃圾收集房(点);公厕;民俗活动点;公共停车场所(公共交通招呼站点);小区物管用房(有线广播电视站);金融服务站自助设施;电信业务代办点;工具房;养殖房。

市环境污染严重、资源日益紧张，乡村自古以来就有不可替代的价值。在乡村大力发展休闲养老产业既可以充分利用乡村闲置资源，提升乡村基础设施建设水平，又势必会增加乡村就业机会，促进当地青年返乡回归，在一定程度上缓解乡村空巢老年人的养老困境(冯戎，2019)。故而，未来城市养老产业向郊区发展是必然的趋势(赵圳，2013)。其中，在大城市边缘区的新农村综合体建设休闲养老地，为部分城市老年人提供以休闲养老为目的的暂住或定居地是一种可行的选择方案(袁忻忻等，2017)。"小组微生"新农村综合体具有完善的基础设施、配套齐全的公共服务设施，同时，依托当地独特的自然资源和文化资源，还拥有美丽的田园风光、绿色有机的农产品、精彩纷呈的乡村娱乐项目、特有的乡村民俗文化，这些优势能够与城市老年人多样化、多元化的养老需求以及对养老的新期待相契合，"小组微生"新农村综合体承接城市休闲养老产业具有得天独厚的优势。同时，成都市养老机构布局以统筹城乡发展为原则，开始重点改善农村养老条件，并充分考虑不同区域发展特点，合理配置养老设施，促进各区域养老事业的协调发展，实现城乡养老一体化。因此，"小组微生"新农村综合体承接城市养老产业，能够实现城市老年人养老向更广阔的乡村转移，缓解中心城区的养老压力，使中青年更多地留在城市，将城市中心打造成"活力之都"；另外，还能给乡村带来新业态，助力乡村振兴战略的实现。因此，在人口深度老龄化的情境下，成都市因地制宜运用"小组微生"新农村综合体发展乡村休闲养老，对于优化城乡养老服务业产业布局，建立并完善普惠型养老服务，促进乡村产业转型升级，助推乡村振兴战略，加速城乡融合步伐，具有重要的作用和意义。故而，研究"小组微生"新农村综合体承接城市养老产业具有较高的理论价值和现实意义。

1.1.2　研究目的与意义

1. 研究目的

随着城市老年人口数量的增多，以及城市老年人养老观念的改变，城市老年人的养老问题日益凸显，在城乡融合的大背景下，基于城乡资源统筹整体安排布局的战略思想，探索新型养老模式成为缓解城市养老压力的时代所需。本书以成都市为研究地域，通过实地调研和访谈成都市城市老年人获取一手数据资料。首先，在分析成都市面临的养老压力以及城市老年人到"小组微生"新农村综合体休闲养老的利好基础上，提出"小组微生"新农村综合体承接城市养老产业的概念构想；然后，在宏观上分析该概念构想的优势、劣势、机遇和威胁，在微观上，基于计划行为理论，运用结构方程模型，分析了影响城市老年人到乡村休闲健康养老的影响因素，同时分析了"小组微生"新农村综合体建设特征对承接城市养老产业的影响；最后，在借鉴美国、法国、日本、德国以及我国的浙江省丽水市、杭州市临安区、北京市怀柔区和浙江省湖州市等国内外乡村休闲养老产业发展经验的基础上，从产业规划、利益共享、建筑式样、适老化设计、运营团队建设、营销模式等方面，提出了"小组微生"新农村综合体承接城市养老产业的政策建议。

2. 研究意义

第一，大城市养老压力缓解与新农村综合体产业转型升级相结合。党的十九大报告提出实施乡村振兴战略，而乡村振兴离不开产业兴旺，强化产业支撑是乡村振兴战略的基石。目前，新农村的产业发展主要依赖第一产业，以及依托当地资源发展乡村旅游、农家乐等传统方式，在实践中存在着内容上同质化严重、品质上高低不齐、收益上稳定性差、产业可持续程度低等弊端。因此，乡村振兴战略的实现迫切需要以发展生产为前提，创造出新的朝阳产业。党的二十大报告指出"实施积极应对人口老龄化国家战略，发展养老事业和养老产业"，因此，在区位、环境、居住、医疗等方面符合条件的"小组微生"新农村综合体，通过为身体健康、拥有自理能力的健康老年人提供乡村休闲养老服务，构建起城市老年人向"小组微生"新农村综合体合理有序转移的新型养老模式，为城市养老产业在农村开辟出广阔的、新的发展空间，能够增强城市养老服务能力的弹性，有效缓解城市老年人对传统养老模式绝对依赖而形成的压力与挑战。同时，"小组微生"新农村综合体承接城市养老产业转移，不仅能给新农村综合体引入新型的、可持续的产业形态，而且能够将新农村综合体承接的城市养老产业与新农村综合体现有的都市现代农业、休闲观光农业、农家乐、乡村旅游、民宿经济等产业有机地整合在一起，培育新的经济增长点，延伸产业链条、促进产业转型升级和增长方式转变，形成"多元"产业间"共生""共存""共融"的局面，这无疑为乡村产业振兴的实现提供了重要抓手。

第二，促进城乡生产要素的自由流动、等价交换与优化配置。实现乡村的产业发展，关键要打通城市资源流向农村的通道，充分发挥城乡的不同优势，增添乡村发展新动力(黄淑娜，2021)。"小组微生"新农村综合体承接城市养老产业转移，通过吸引城市老年人到新农村休闲健康养老，打破城乡居民地域分割、单向流动的居住生活格局，形成城乡居民不分彼此融洽地共同居住于一个地域空间、双向交流互动的居住生活格局。在市场机制作用下，"小组微生"新农村综合体承接城市养老产业转移所带动的城乡居民自由流动和长期居住，有利于城乡生产要素的双向对流、合理优化配置，具体表现在以下五方面：①城市老年人向农村转移，不仅给农村带来了大量稳定、优质的消费群体，而且能带来城市老年人多年工作生活积累的经验、技能和人脉资源；②部分农村青壮年向城市转移，能够缓解城市的"用工荒"问题，同时，"小组微生"新农村综合体承接城市养老产业，会吸引部分农村青壮年就地就近就业，一定程度上缓解农村的空心化问题；③城市老年人到新农村休闲健康养老，他们在城市的自有住房将会空闲出来，这无疑会与外出务工农村劳动力在城市的租房或购房需求巧妙地对接起来；④外出务工农村劳动力在乡村的房屋会全部或部分空闲出来，这会与城市老年人在乡村休闲健康养老的租房需求相对接，使得外出务工劳动力的房屋得到充分盘活和利用；⑤外出务工农村劳动力的承包地会因为工作原因等无暇顾及，这促使他们更积极地将土地流转出去，这刚好与城市老年人在新农村综合体转入土地进行休闲耕种的需求相对接。总之，城市老年人到"小组微生"新农村综合体休闲健康养老有利于城乡之间人、财、物的双向自由有序流动，有利于打破城乡间相互分割的壁垒，统筹城乡生产要素资源配置，促进城乡生产要素市场一体化。

第三，形成农民收入渠道就地多元化的格局，实现农村社会经济的可持续发展。城市养老属于一项利民的福利，短时间内的收益是远远比不上土地用于房地产开发、商业经营等所带来的利润，故而，在大城市建设用地指标供应紧张且土地增值很快的背景下，为了追求土地出让获益的最大化，大量的用地指标被用于住宅、商业等项目，而在城市内部的养老设施配置往往被大幅度压缩。与之相反，农村丰富的土地资源却由于法律政策的"限制"而处于"沉睡"状态。"小组微生"新农村综合体承接城市养老产业，能够盘活农村土地资产，拓宽农民增收渠道，大幅增加农民财产性收入，具体表现在以下四方面：①农民可以将空余房屋出租给城市老年人赚取稳定的租金收入，也可以用于发展民宿经济按天赚取房费；②农民可以将土地权利流转给专业合作社、龙头企业、家庭农场等新型农业经营主体赚取收益，也可以将土地流转给城市老年人休闲耕种赚取租金；③农民可以为在新农村内休闲健康养老的城市老年人提供绿色有机果蔬、土猪肉、土鸡、土鸡蛋、茶叶等特色农产品赚取收益；④农民还可以为新农村综合体内的城市养老、休闲观光农业、乡村旅游、农家乐、民宿经济等产业提供车辆接送、场地看管、社区安保、旅游讲解等配套服务赚取工资性收入。因此，"小组微生"新农村综合体承接城市养老产业转移，能够实现农民收入就地多元化，使农民从单纯依靠土地种植增收向租金保底、务工获薪、经商得利、入股分红和福利性补贴等多元化增收转变。"小组微生"新农村综合体承接城市养老产业，给农村带来了源源不断的"人气"，同时，随着农业现代化水平的提高、农民收入水平的增加，将加快新农村综合体城乡融合的步伐，实现农村社会经济的可持续发展。

1.1.3 研究创新

第一，研究视角的创新。本书基于乡村聚落空间形态，以农村田园环境为背景，将休闲产业与养老产业相融合，探索了成都市乡村休闲养老产业的发展模式，其不同于旅游养老、异地养老，乡村休闲养老更加注重休闲生活在城市老年人晚年生活中的重要性，在养老目的地的选择上不一定有旅游景点，但是注重自然生态环境条件，注重老年人在新农村综合体内部的整体生活品质。同时，运用休闲学中的理论来理解和解释城市老年人对乡村休闲养老生活的渴求与原因，打破了采用需求-动机理论对某种行为需求进行行为决策影响因素分析的习惯性，打破了研究理论上的重复性、单一性。

第二，研究内容的创新。学术界已经有一些关于田园综合体与养老产业对接的研究，以及将老年人作为一个客户群对其进行乡村养老行为决策因素的研究（赵海云等，2018），然而，较少有学者从产业的角度分析新农村综合体承接城市养老产业这一问题，并深入系统地研究新农村承接城市养老产业转移的背景与现状、应遵循的原则与目标、市场供需分析、瓶颈与障碍、对策与建议等内容。同时，多数文章都对新农村综合体内部的规划设计进行了研究，然而，对于新农村综合体承接城市养老产业的选址要求方面的研究却较为薄弱，毕竟并非所有新农村综合体都适合建设养老综合体。本书实证了"小组微生"新农村综合体建设特征对城市老年人养老意愿的影响，这对"小组微生"新农村综合体承接城市养老产业在新农村综合体的选址和建设方面具有指导意义。

第三，研究方法的创新。现阶段用文献分析法对乡村养老行为进行定性分析，但对城市老年人乡村休闲养老行为的定量分析较少，对老年人需求的影响因素的分类不够细致。本书基于计划行为理论，从城市老年人态度、主观规范、自我效能感、外部控制力等微观层面着手深入细致设计调查问卷，探索出主观层面各个特征变量与城市老年人乡村休闲养老行为意愿的关联性机理。

1.2　国内外相关研究综述

1.2.1　国内研究现状

1.城市老年人到农村休闲健康养老的优势与可行性

鉴于传统城市养老模式面临的问题和挑战，以及农村承接城市老年人休闲健康养老存在的天然优势和利好，国内部分学者已经开始关注城市老年人到农村休闲健康养老的优势和可行性。在城市老年人到农村休闲健康养老的可行性方面，杨建平等（2007）指出，城市养老已不再是城市老年人的最佳选择，并从土地资源、消费水平、服务水平、自然环境等方面，指出乡村养老有其不可替代的优势；李泓沄和储德平（2015）指出，乡村良好的生态环境、深厚的历史文化沉淀、淳朴的民风以及缓慢的生活节奏，能够为城市老年人提供理想的田园生活；李松柏（2011）认为，区域内不断加深的老龄化程度和日益严峻的城市养老压力，使得季节性的乡村休闲健康养老模式越来越受到老年人的青睐。在城市老年人到农村休闲健康养老模式的优势方面，王小春(2013)在对传统养老模式的发展现状及存在问题进行总结评述的基础上，探索分析了适应新时期市场需求的新型养老模式，并归纳总结了其应具有的特征，最后得出了作为主要新型养老模式的农家休闲养老的优势及特征；赵圳(2013)以北京市作为研究对象，分析得出郊区生态休闲养老模式是解决城市养老问题的一条途径，该模式可以拉动当地经济增长，扩宽农民增收渠道，增加农民收入，促进城乡统筹和谐发展；杨书侠等(2014)通过调查研究发现，乡村休闲养老对老年人的生理功能、社会功能、生理职能以及总体健康方面具有明显的效果，有利于提高老龄人群的身心健康；黄婕(2015)认为，一方面乡村休闲养老模式不仅可以充分利用优越的自然和人文资源以及季节性空闲的乡村基础设施资源，还可以利用养老旅游资金推动乡村基础环境的改造升级，对乡村经济的发展和城乡经济统筹发展起到极大的推动作用，另一方面，在乡村休闲养老还可缓解城市养老压力、保障老年人的身心健康；巫英慧(2015)指出，发展农家休闲养老的四个积极作用，即利于老年人身心健康，有利于缓解城乡经济压力，有利于为老年人提供交流沟通平台及有利于促进城乡之间的文化交流与传播；凌丽君(2013)认为，乡村休闲旅游养老产业是在乡村观光的基础上发展起来的新兴的旅游形式，是传统乡村旅游观光的组成部分。城市老年人到乡村休闲养老不仅能节省城市本就拥挤的生活空间，还能拥有一个适宜养老的环境空间。

2. 农村发展休闲养老产业存在的问题及对策

城市老年人到乡村休闲健康养老对于缓解城市养老压力、保障城市老年人身心健康、提高老年人的幸福指数以及促进农民增收和农村经济发展等具有重要作用，但是也存在着诸多的困难和障碍。一些学者针对发展乡村休闲养老产业的障碍进行了分析。冉波(2015)分析了通过资产置换引导城市老年人旅游养老存在的五个方面障碍，即政策障碍、老年人健康障碍、信用障碍、管理机构的可持续性障碍及房屋产权无法有效处理障碍。严勇(2020)指出，当前我国多数农村地区经济发展还相对滞后，很难为专业人才提供良好的工作环境和薪资待遇，导致我国养老服务与休闲旅游开发不仅缺少相应的专业管理人才，同时也缺少很多基层一线服务人员。一些学者提出了发展乡村休闲养老产业的对策与建议。穆光宗(2010)提出打造"互动异地养老"网络，互动共享养老资源，实现特色休闲养老与养老产业的发展，构建"全国一盘棋"政策和制度环境。林禧慧(2008)提出乡村旅游业可作为发展乡村休闲养老产业的重要载体，借助旅游资源选择区位条件好的乡村场地发展养老产业，可以缓解当下养老机构数量少、服务内容单一、多样化水平不高等问题。王慧叶(2017)通过供求对比分析得出顾渚村养老旅游目的地的主要供需矛盾，并在此基础上提出了五大优化对策，即完善养老服务与设施、丰富旅游休闲活动、完善配套的基础设施、注重环境保护和营造、加强地方政府管理。演克武等(2018)将田园综合体与高端旅居养老结合起来，提出"农业+文旅+地产"主体架构和实践价值，突出田园综合体的地产板块功能和旅居功能。徐晗婧和袁心怡(2021)通过建立"产业培育—文化传承—品质提升"的发展路径，丰富乡村养老产业在传统村落中的策略内涵，实现发展的良性互动，为传统村落的发展提供了一种新的借鉴思路。

发展乡村休闲养老产业需要系统性地分析问题与障碍，并针对性提出对策与建议，一些学者对乡村休闲养老产业发展中的瓶颈障碍进行了系统分析，并同时提出了有价值的意见和建议。李松柏(2011)研究发现，城市老年人季节性移居到乡村休闲健康养老存在着四个方面的问题和障碍：首先是政策性瓶颈问题，主要是指原单位和移居地社会福利待遇的享受问题以及医疗保险的异地使用问题；其次是乡村基础设施滞后问题；然后是休闲设施(项目)的完善问题；最后是季节性移居到乡村的城市老年人群如何融入当地居民中开展有效情感交流问题。同时，李松柏还针对性地提出了"医保异地结算""加强村庄整体环境的整治""培育区域性的养生、康复基地，培育大的连锁企业集团"等对策建议。张长春等(2011)认为，城市老年人移居到乡村的集中养老社区存在诸多限制，主要是养老社区的建设和发展需要占用集体土地，这与目前的土地制度政策存在着冲突，主要表现在：农用地用途管制制度、城乡土地市场一体化区域限制、集体建设用地使用范围上的限制。因此，需要对现行的集体土地利用制度进行再设计，具体思路包括：第一，保留集体经济组织的土地所有权，扩大集体建设用地的使用范围；第二，零收益开发①，仅变更所有权。赵圳(2013)认为，目前城市郊区发展休闲健康养老产业的主要障碍因素是政府建设用地指标方面的限制，在建设用地指标充足的区域，可以采取土地国有化后建设的方式，在建设用地指标紧张的区域，可以采取引导休闲健康养老企业与农村集体经济组织合作的方式。这样既解决了养老产业的用地问题，又能带动农村经济的发展，实现养老产业的集约化、商业化和多元化。郑风田(2015)认为，如果城市老年人移居到距离较远的乡村进行养老，容易与之前的社会关系产生割裂，对老年人的健康也不利。因此，他提出"宜在一个城市的市区与郊区转换，距离控制在一两个小时的车程"。谢媛(2016)分析了四川省发展旅游养老产业所面临的一系列问题：①四川旅游养老社区存在着医疗设施建设不完善、医务人员不足和住宿条件落后等问题；②异地医保报销是亟待解决的难题；③旅游养老产业缺乏行业标准和协作。由此，谢媛提出了三个方面的对策与建议，即政府政策引导，加快养老社区所需的基础设施建设；完善相关配套法制和人才培养机制，创造旅游养老产业快速发展的良好环境；将区域内的老年人福利政策进行统一，并对各省(区、市)之间的相关福利政

---

① 零收益开发是指对于农村集体土地，由村集体在政府规划指导下开发利用，政府无须支付征地费用，免除出让金收取，仅完成所有权转移。

策进行协调。夏宇翔和杨滨(2020)结合湖北省 S 县的调研结果分析表明，当前社会养老服务体系有短板，乡村养老的扶持力度小和资源配置差是阻碍乡村养老发展的主要原因。乡村养老未来发展以新型养老模式为导向，即居家养老与社区养老相结合；当地养老特色与民政结合，并且以社会保险、商业保险，以地养老和智慧养老等多种乡村养老保障方式共同构建一个多维度的新型乡村养老模式，从而实现乡村留守老年人真正的"老有所养"。周刚和罗萍(2021)研究发现，重庆市乡村休闲养老在需求上存在客源本地化严重和消费者满意度不高等问题，在供给上存在产品整体水平不高、类型单一，营销方式落后，政策不完善和专业人才匮乏等问题。基于此，重庆市应从制定全局规划、整合产品要素、开发多种产品、加大营销宣传、注重人才培养这五个方面着手，以促进乡村旅游养老持续健康发展。

3. 农村发展休闲养老的模式方面

为满足城市老年人的休闲健康养老需求，在农村究竟采取何种模式来具体开展养老服务，学术界也展开了激烈的探讨并提出诸多观点。廖芬(2007)认为，重庆的养老问题日趋突出，社会化养老是大势所趋，她结合重庆自身的特点，提出一个可行的选择：在城乡接合部地带发展田园养老小镇模式。王玉(2007)认为，旅游养老作为一种新的养老模式正逐步显示出巨大的优势，并具体分析了旅游养老的模式，包括观光地养老置换、分时度假旅游养老及观光与休闲旅游养老等。潘鸿雷等(2012)指出了乡村旅游度假养老产业的四种具体模式：乡村宅院养老旅游、乡村旅游养老院、乡村旅游养老小区、乡村混合旅游养老公寓[①]。李松柏(2012)研究发现，目前休闲养老目的地发展的主要模式包括两种，即企业投资促成的"联众模式"和乡村旅游发展基础上的"自发模式"。王树进(2012)认为，与市民农园相结合的乡村市民社区，是社区养老和居家养老的最好去处之一。发展乡村市民社区，在一定程度上可以缓解老龄化社会所面临的一系列问题。孙艳(2016)将"自发模式"和"联众模式"进行对比之后，提出了一种全新的养老服务模式：乡村养老度假村。董金秋和汪丽萍(2013)指出，在传统混合养老模式存在诸多问题从而陷入窘境的背景之下，乡村社区集中养老模式已成为解决城市养老问题的一个重要途径；同时，为使乡村养老社区模式更具有现实可行性，他们站在城乡统筹发展的视角，提出了建设乡村养老社区应秉承的原则，并为促进乡村社区养老模式的发展设计了具体执行措施。胡雪琴(2009)建议将农村规划建设成生态景观养老文化城，这既能有效推动当地生态旅游经济的快速发展，又能给农村带来丰富的城市现代化元素，从而带动农民的观念更新和素质提升。白然和田敏娜(2016)在分析发展乡村养老旅游必要性的基础上，提出了三种发展模式：

---

① 乡村混合旅游养老公寓是一种外地老年人与当地农户混住的居住模式。

乡村宅院养老模式、乡村养老旅游小区模式和乡村养老院模式。周密(2014)首先探讨了武汉市开发乡村养老地的重要意义与可操作性,在分析乡村养老基地的开发目标、开发原则和开发主客体的基础上,提出了乡村养老地的三种开发模式,即地产产权式、社区自住式和区间交互式。

4. 老年人到乡村休闲养老的影响因素方面

城市老年人到农村休闲健康养老受到主观和客观、潜在和现实等多重因素的影响,挖掘出这些影响因素对于发展城市老年人移居乡村休闲健康养老模式具有重要的指导意义和推动作用。凌丽君(2013)采用文献法、调查法和例证法及其他多学科相互交叉的方法,发现对河南省郑州市部分退休老年人季节性移居乡村休闲养老的意愿具有重要影响的因素包括:个体因素(年龄、性别、收入水平、文化程度)和家庭因素(儿女个数、婚姻状况、配偶收入水平)等因素。李松柏(2012)在外业调研的基础上,采用主成分分析法对城市老年人选择乡村休闲养老目的地的影响因素进行了实证分析,研究结果表明,目的地的生活基础设施、休闲养老配套服务、人文环境、自然环境、管理服务以及目的地的形象等因素共同影响了城市老年人对乡村养老目的地的选择。翟媛(2013)以浙江省嘉兴市、杭州市、金华市、温州市四地的老年群体为研究对象,通过问卷抽样调查的方式探讨老年人的不同人口社会特征、乡村旅游因素对乡村养老度假产品偏好的影响。结果表明,除了性别,老年人的年龄、教育水平、居住地等人口社会特征对乡村养老度假产品偏好有较显著影响。老年人是否具备乡村旅游经验以及乡村旅游经济承受力对乡村养老度假产品的偏好有显著影响。江海燕和刘庆友(2014)基于 199 份有效调查问卷,从家庭结构、身体状况和收入来源等角度对城市老年人乡村旅游养老意愿及影响因素进行了分析。黄婕(2015)运用二元逻辑斯谛(Logistic)回归模型、因子分析法和描述性统计分析法对老年人到乡村休闲养老的意愿、影响因素以及偏好进行了实证研究,结果显示,年龄、性别、对乡村休闲养老的认知度以及乡村经历的评价等内部因素对老年人到乡村休闲养老的意愿具有显著影响,环境特征因子和目的地服务配套设施因子等外部因素对老年人到乡村休闲养老意愿的影响显著,教育水平、家庭情况以及感知成本因子不是影响老年人到乡村休闲养老意愿的决定性因素。赵海云等(2018)基于 800 份南昌城区老年人的访谈数据,对客户群决策行为因素进行了分析,从自身因素、延伸因素、目的地条件因素对城市老年人的乡村养老行为进行了 Logistic 回归模型分析,然而,其研究缺乏更深入细致的需求要素与行为决策分析。谈志娟等(2016)研究发现,年龄、文化程度、健康状况、目的地生态环境、休闲养老配套设施、医疗水平、游客自身经济条件 7 个变量与旅游者决策之间存在明显的相关性,其中年龄和文化程度为负向关系,其他均为正向关系。周鹏飞等(2022)基于重庆市主城都市区的问卷调查数据,采用 Logistic 回归模型验证了影响老年人乡村休闲养老参与意愿的因素。研究结果表明家庭代际冲突、健康程度、自然环境、硬件及配套设施、服务质量均能对老年人参与意愿产生显著影响，但影响效果有所差异。

1.2.2 国外研究现状

20 世纪 70 年代，在欧美等工业化国家都市老年人季节性移居乡村休闲养老开始流行。第二次世界大战之后，欧美国家部分城镇居民开始向利于生活和养老的乡村转移，国外学术界对老年人到乡村休闲养老的研究也是从这个时期开始的，现有研究主要集中在以下三个方面。

1. 城市老年人到农村休闲健康养老的优势与面临的问题

国外学者对城市老年人到农村休闲健康养老存在的优势和面临的问题也进行了较为深入的研究。Cohen 和 Taylor(1992)的一项调查发现，大部分在城市住久了的老年人都有强烈的前往乡村生活的意愿。Champion 和 Shepherd(2006)通过对收集的人口数据进行统计分析发现，在英国的退休群体中存在着严重的"逆城市化"现象，很多退休老年人从城市移居到了乡村地区。Stallman 等(1999)提出城市老年人季节性地移居到乡村地区进行休闲旅游，能推动当地居民综合收入水平的提升，促进乡村经济转型，并分析政府在发展乡村休闲养老产业过程中面临的挑战。Bennett(1993)认为，养老旅游能改善区域经济发展质量，推动目的地产业结构升级，促进消费结构、服务业态和养老服务品质提升。Warnes(2009)指出，养老旅游者的居住时间一般较长，且通常有固定资产投资相伴随，通过吸引养老旅游者的迁入并逐步形成巡回式的生活方式，能够培养起一批较为稳定的需求群体，使旅游目的地的需求波动得以"熨平"，甚至摆脱旅游目的地的生命周期规律，最终实现可持续发展。Casado-Diaz 等(2004)认为，养老旅游产业的发展可以促进旅游者客源地和旅游目的地之间交流，通过构建起两地之间的经济桥梁从而促进文化传播。Christine(2006)也认为，城市老年人移居乡村休闲养老模式不仅可以促进乡村经济转型，还能为村民创造就业岗位，提高村民综合收入。Williams 等(2013)研究发现，老年人的移居会带来探亲访友(visiting friends and relatives，VFR)效应，即老年人住在其他地方的亲戚、朋友会到养老旅游目的地进行经常性的探望和拜访，从而间接地促进当地旅游业的发展。Skelley(2004)研究发现，村政府的政策难题是休闲养老的产业化过程中会形成一些新的问题，同时，在发展乡村休闲养老产业过程中，乡村政府也面临着一些新的挑战。Gadek(2008)认为，老年人到乡村地区养老，不仅容易和原居住地的社会关系产生割裂，而且很难与养老目的地建立起社会关系，从而不可避免会产生暂时性的孤独寂寞感等。Zasada 等(2010)认为，老年人的大量移居对西班牙阿利坎特地区的土壤、水、农业、园艺、生物多样性等环境和生态造成了破坏。

2. 城市老年人到农村休闲健康养老的特点与类型

城市老年人到农村休闲健康养老与留在城市内部养老相对比，具有不同的特点，同时，城市老年人到农村休闲健康养老根据目的等不同也可以划分为不同的类型群体。Krout（1983）研究发现，到乡村休闲养老的老年人一般具备年龄不是太高、健康状况良好及经济能力较好的特点。Gustafson（2002）指出，老年人到乡村休闲养老具备旅游度假的一些特征，如不仅在目的地居住的时间持久，而且他们会以目的地的居住点为中心在周围进行一定的短途观光。Warnes（2009）认为，养老旅游的独特性不仅体现在移动距离和停留时间上，而且体现在养老旅游者的行为规律上。Haug 等（2007）通过构建"连续性模型"进行研究发现，养老旅游处于观光旅游到长期性迁移这一连续性过渡状态的中点，且养老旅游与观光旅游、长期性迁移之间有着密切联系且能够相互转化。Ono（2008）研究发现，大部分老年人通过观光旅游建立起养老旅游的搜寻空间，进而确定养老旅游的目的地，而少数老年人会在养老旅游后留下来成为长期移民。Sangpikul（2008）在详细调研农家休闲养老市场的基础之上，把老年游客划分为四种类型：怀旧旅游型、探亲访友型、发现探索与自我充实型和被迫旅游型。同时，研究发现，倾向于探索发现与自我充实型的老年游客一般受教育程度较高、健康状况良好、认知年龄较低。

3. 城市老年人到农村休闲健康养老的影响因素

国外学者从个体因素、家庭因素、移居地特点、政策环境等方面对影响城市老年人移居行为的因素进行了较为深入的研究，但是国外主要偏重老年人旅游养老方面的研究，而专门针对性地研究老年人到农村休闲健康养老的偏少。Litwark 和 Logino（1987）研究发现，老年人的成年子女的居住地显著影响其养老宜居点的选择。Romsa 和 Blenman（1989）指出，出门花费、信息不对称、时间充裕程度以及身体健康状况等都会影响老年人出行决策。Zimmer 等（1995）研究发现，身体条件、经济消费能力以及周围环境等会影响老年人出行决策。Rodriguez（1998）认为，老年人选择养老定居点的基础是便利的交通条件、宜居的生活环境、邻近的空间距离和健全的旅游基础设施。Rodriguez（2001）进一步研究发现，干净便捷的人居环境、完善的基础设施、合适的区位距离和交通的可达程度是老年人愿意留下来养老的基础因素。Haas 和 Serow（2002）认为，老年人由于行动相对比较迟缓，因此若想旅游养老，那么，养老目的地便利的交通网络和空间可达性强是他们重点考虑的因素。Conway 和 Houtenville（2003）指出，颐养天年是老年人最为关心的问题，因此，医疗水平较高且看病方便的地方更容易成为部分老年人移居时的首选。Guba（1989）通过研究移居者人群，发现引起老年人群选择移居的一个重要动因是之前的旅游经历，同时，在目的地决策时，旅游地的形象会对季节性移居者产生重要的影响。Conway 和 Houtenville（1998）指出，移居地的福利政策对老年人养老目的地的选择具有重要影响。由于老年人的迁入会对当地经济发展起到重要的推动作用，因此部分国家和地区为吸引老年移居者，会适当颁布一些针对移居者的福利政策，或者本来当地就已经颁布了一些优待老年人的政策。Huang 和 Tsai(2003)运用 Ridit(relative to an identified distribution unit，意为"与特定分布相对的单位")分析法分析了老年人选择养老旅游目的地的特点，运用因子分析法得出，旅游动机、旅游供应商水平及旅游者能力是其目的地选择的三大制约因子。Aliza(2002)以以色列老年人为例，得出旅游动机主要为健康和收入，在旅游目的地的停留时间与年龄相关。对于 55～65 岁的老年人，随着休闲时间和家庭收入的增多，他们在旅游目的地的停留时间会相应延长，对于 65 岁及以上的老年人，随着休闲时间和家庭收入的减少，他们在旅游目的地的停留时间会相应缩短。Jang 和 Wu(2006)以台湾老年人作为研究对象，将老年人的旅游动机分为"拉动性动机"和"推动性动机"，采取问卷调查的方式，对老年人旅游的影响和动机进行了研究，结果显示：安全是影响的首要因素，其次是卫生与清洁度和空气、水、土壤等环境质量；求知是动机的首要因素，其次是自我提升、放松、社交。Cuba (1989)研究发现，先前的旅游经历和印象是老年人是否选择迁移的重要依据，其中旅游地给老年人留下的形象会对其移居目的地的选择产生显著影响。

1.2.3　国外研究述评

综上所述，国内外学者对城市老年人到农村养老的优势性、可行性、影响因素、特征、存在问题与对策建议等方面进行了一定程度的研究。然而，现有研究存在着如下缺陷：第一，研究主体仅限于城市老年人而缺乏对承接地农村居民的分析；第二，研究内容主要围绕城市老年人的个体行为分析而没有将城市老年人到农村养老作为一个产业来进行深入系统的研究；第三，研究方法多用定性分析而缺乏定量分析。同时，类似成都这样的大都市面临着尤为严峻的养老压力，而大都市边缘郊区建设的新农村在自然环境、地理区位、基础设施、公共服务、医疗卫生等方面均具有得天独厚的优势，将大都市边缘郊区新农村建设与城市养老产业转移相结合的研究亦非常匮乏。因此，未来亟待在量化界定承接城市养老产业转移的农村应具备的条件和特征的基础上，从产业发展的整体角度，深入系统地研究农村承接城市养老产业转移的背景与现状、应遵循的原则与目标，根据城市老年人养老服务需求个性化、多样化的发展趋势，在农村开发设计出适合城市老年人的养老模式，实证分析城市老年人到乡村养老意愿的影响因素，在对农村承接城市养老产业进行 SWOT 分析的基础上，借鉴国内外经验，从宏观政策制度、微观个体两个方面分析农村承接城市养老产业的瓶颈与障碍，并提出相应的对策与建议。

1.3　"小组微生"新农村综合体的相关概念

1.3.1　"小组微生"新农村综合体及其建设模式与投资模式

1. "小组微生"新农村综合体

目前学界非常认可新农村综合体建设对乡村振兴的价值，已有关于新农村综合体的概念、内涵特征(翟坤周和周庆元，2014)、综合景观规划(卢亚，2014)、房屋建设(李晋等，2016)、公共体育服务建设(罗小红，2018)等方面的研究。杨继瑞和马永坤(2011)指出，新农村综合体建设主要是按村建制，实施地域和资源的区域统筹、统一管理，并提出新农村综合体建设过程中存在的问题，从规划、资金来源、公共基础设施配套、物业管理、社会化服务、土地运作、房屋产权、建筑安全等方面提出制度安排。本书所指的"小组微生"新农村综合体专指成都市在二、三圈层范围内建设的新农村升级版，属于美丽新村建设的新探索。其中"小组微生"是小规模聚居、组团式布局、微田园风光、生态化建设的简称，具体而言包含以下四方面。

第一，小规模聚居。本着尊重农民意愿、方便农民生产生活的原则，在有条件的农村区域，整合散乱、零星的农民自建房，让散居的农民住在一起，合理控制新村建设规模，一般以 50～300 户为宜；各内部组团控制在 20～30 户。考虑家庭人口状况、经济承受能力，一般采取一户一宅的设计，结合本地特色，建设"紧凑型、低楼层、川西式"特色民居。

第二，组团式布局。在村民小规模聚居的基础上，整合土地资源，有效地利用原有的森林资源、水系资源，以及农田资源，在自然布局和地理特征基础上，合理考虑群众生产生活半径，形成自然有机的组团布局形态。新村由几个大小不等的小聚居组团组合而成，组团间留有足够的生态距离和空间，既适当组合集中，又各自相对独立。每个新村均建有不低于 400m^2 的标准化公共服务中心，配置综合服务、教育卫生、文化体育等不低于 21 项公共服务设施。

第三，微田园风光。对相对集中的民居，规划出前庭后院，让农民在房前屋后因地因时种植，形成"小菜园""小果园"，保持房前屋后瓜果梨桃、鸟语花香的田园风光和农村风貌，不仅能满足村民日常耕种和一部分生活的需求，而且起到了生态绿化、保持乡土风貌的作用。

第四，生态化建设。在尊重自然、顺应自然的基础上，利用原有自然地形和地貌，和谐处理山、水、田、林、路与人之间的关系，保护林盘、田地、沟渠、水体等生态资源体系，保留生态本底，延续川西林盘特色，体现乡土味道和农村特点，让居民"望得见山、看得见水、记得住乡愁"。

2. "小组微生"新农村综合体的建设模式

"市场化、民主化"是成都市"小组微生"新农村综合体建设中的一大特色。"农民的事情，农民做主"已经成为成都统筹城乡改革的重要共识。按照成都市要求，在"小组微生"新农村综合体建设中，要进一步理顺村(社区)自治组织与基层党组织、集体经济组织、社会组织之间的关系，提升基层治理能力，充分发挥农民主体作用。本着把选择权、决策权和收益权交给老百姓的原则，坚持民主化操作办法，新村规划设计、施工单位确定、工程质量监管、资金使用监管和社区管理等都由农民全程参与、民主商议、自主决定，政府做好规划建设的指导和服务，既让农民成为新农村建设的"决策者""参与者"，又让农民成为建成后的社区管理主人，真正实现"还权赋能"。例如，温江区万春镇幸福村"幸福田园"项目改变以往土地整治项目"政府制定方案、村民选择"的方式，而由群众自主议定项目实施方案。具体决策过程中，先就项目搞不搞、投入产出测算、未来发展设想等进行讨论议定，再就拆旧建新怎样核算、新村如何布局、产业如何发展、人口如何界定等问题开展集体讨论(项目启动后共召开了议事会 19次)；待意向性方案确定后，再就项目实施程序、资金筹措与偿还、产业招商办法、新村管理办法等具体方面，进行概算和讨论。各阶段各类方案均由 17 名村民议事会成员讨论形成初步意见，征得 224 名户代表的同意且会议通过，在全村进行公示无异议后才付诸实施。

3. "小组微生"新农村综合体投资模式

"小组微生"新农村综合体基础设施和公共服务设施配套建设、住房建设是农民生产生活方式转变的"硬件"基础，但是这些工程建设存在着资金需求量大的问题。同时，基层普遍反映"小组微生"新农村综合体模式与高层建筑的集中模式相比，在道路、管网等基础设施的配套建设上投入的资金量更大。由于采取院落式的空间布局，各个组团规模控制在十余户至五十户且分散分布，造成了红线内的水、电、气、路、讯、绿化等基础设施配套建设工程量有所增加。目前，不同"小组微生"新农村综合体的资金筹集方式和投入资金的内部构成存在着较大差异，主要分为三种类型：政府投资为主型、社会投资为主型及集体和村民筹资为主型。

第一，政府投资为主型。大邑县苏家镇香林村新农村综合体的投资主要包含三部分。①政府部门涉农资金投入。充分整合农发、建设、环保、水务、交通等部门涉农资金，集成用于"小组微生"新农村综合体建设，形成聚集放大效应。整合各类政策性补助资金 500 万元，用于项目区红线外道路、绿化、供电、供水等基础设施投入。②节余集体建设用地指标出让款。香林村依托城乡建设用地增减挂钩项目共节余建设用地指标 6.062 亩(1 亩≈666.67m^2)，每亩出售价格为 40

万元，共获得 242.48 万元出让款收益。③农户自筹款。农户缴纳天然气、水等入户费 38.07 万元，这笔收益和出售节余建设用地指标收益用于解决项目区内水、电、气、路、讯等基础设施配套投入。另外，农户缴纳新购住房超面积款 9.6 万元。

第二，社会投资为主型。温江区万春镇幸福村新农村综合体二期建设共筹集项目资金 1.84 亿元，主要通过四种渠道筹集资金。①集体建设用地抵押融资。以节余的集体建设用地 104.50 亩使用权作抵押，向成都农商银行融资 4700 万元。②农户自筹资金 1040 万元。人均 1.6 万元，主要为建房款结算时超出分配款部分的补差。③财政配套资金。集成政府各项涉农资金 300 余万元，专项用于项目区配套设施建设。④招引社会资金。幸福投资公司将新村内产业发展和旅游景观项目向社会推介，吸引投资商投入 1.23 亿元参与合作开发建设。社会投资占项目总投资的 66.85%。

第三，集体和村民筹资为主型。郫都区三道堰镇指路村新农村综合体的土地整理和新村建设采取的是"自主筹资、自主整理、自主建设、自主发展、自主分配"的"五自"模式，"自主筹资"即凡有意愿参与土地综合整治的村民均以自有资金参与，由村民"自掏腰包"建新村。指路村新居建设、共建配套、土地复垦、规划设计等共需资金 1.2 亿元，除去政府补助，还有 1.1 亿元的资金缺口，指路村先通过向村民自筹的方式解决这个资金漏洞。经过土地整理，全村预计可节余集体建设用地指标 293.40 亩，指标流转价格为 35 万元/亩，指标流动收益为 1.03 亿元，这部分收益再由全体参与农户共享。

1.3.2　"小组微生"新农村综合体承接城市养老产业概念界定

"小组微生"新农村综合体的公共服务设施配套是按照农村居民集中居住区的公共服务和社会管理配置标准而进行配套的，以 21 种公共服务项目为目标进行建设，伴随着新农村综合体的建设，包括文化活动室、卫生服务站、垃圾收集房、幼儿园、综合性便民服务中心、全民健身广场、农贸市场等配套设施一应俱全。"小组微生"新农村综合体，在居住条件、生活环境、医疗条件、健身休闲条件、公共服务设施配套等方面都更加完善。小规模、组团化的布局，在聚落间预留了生态空间，同时满足居民的生产耕作需求，与产业发展相匹配；生态化、微田园保留了传统的林盘、水系、山林、农田等自然资源要素，与"山水田林湖"的资源要素保护控制要求相符合（郭海娟和林学宽，2021）。"小组微生"新农村综合体承接城市养老产业，发挥了"小组微生"新农村综合体在自然环境、地理区位、田园风光、特色建筑、公共服务设施、文化娱乐、绿色有机食品等各方面具有的适合城市老年人休闲养老的优势，吸引城市老年人短期或者中长期移居到"小组微生"新农村综合体以养老为目的的生活，并将其上升到作为新农村综合体的一项新兴产业来进行认真对待和发展。总体而言，就是将部分有条件、有意愿的城市老年人吸引到周边"小组微生"新农村综合体进行集养老、休闲、娱乐、度假等多重目的于一体的生活。"小组微生"新农村综合体承接城市养老产业是对"小组微生"新农村综合体资源的充分利用，对闲置住房、低效利用农地等资源的再利用，提高了资源利用率。"小组微生"新农村综合体承接城市养老产业转移，完全符合中共十八届五中全会提出的"创新、协调、绿色、开放、共享"新发展理念，是一种良性循环、可持续的产业发展模式。

1.3.3 "小组微生"新农村综合体休闲养老的概念界定

亚里士多德说过：我们的生活围绕休闲进行，休闲是哲学、艺术和科学诞生的基本条件。在人类脱离生存危机之后，休闲已成为人们生活的组成部分，是人的基本需求之一。休闲不等同于闲暇时间，休闲能够调整人的状态，让人获得身心的愉悦，缓解身体疲劳，释放压力，重新恢复到好状态。闲暇时间与劳动时间只是休闲的"物质"基础，休闲需要有除开劳动以外的时间作为存在条件，闲暇时间不一定能带来愉快的感受，但是休闲能够让人身心愉悦，休闲是人的一种存在状态和理想，休闲并不是无所事事，而是通过做一些放松性、娱乐性、体验性、趣味性、自由性的活动提升幸福感。休闲活动分为积极休闲和灰色休闲，灰色休闲是指对身体健康无益甚至有害的行为。本书的休闲行为指的是积极休闲，如农事体验、观看乡村民俗表演、参加乡村歌舞活动、爬山、观光等有益身心健康的行为。庞学铨（2016）认为休闲是在相对自由的状态下进行活动，并获得愉快感受的生活状态。休闲养老指的是满足老年人精神文化生活的需要，帮助其达到闲居休养的状态。此种生活状态的具体表现即是老年人在相对自由的时间内，参与各种休闲活动的行为和方式（华钢和汪彦，2018）。

城市老年人到"小组微生"新农村综合体休闲养老是指城市老年人以养老为目的、休闲为内容，到距离成都市中心交通时间为 1～2 小时且条件较好的"小组微生"新农村综合体休闲养老的行为。"小组微生"新农村综合体休闲养老的服务对象是居住在城市且身体比较健康、经济条件较好的低龄老年人，他们内心的休闲欲望较强烈。"小组微生"新农村综合体凭借优质的自然环境条件，以养老服务为基石，以提供休闲娱乐活动为道具，为城市老年人的自在晚年生活提供现实环境。在空气清新、绿植充盈、鸟语花香的乡村田园环境中，丰富、有趣、健康、创新的休闲活动能够增加新农村综合体的吸引力。休闲活动多种多样，有以快乐为导向的娱乐性休闲活动、以情趣为导向的趣味性休闲活动、以自由为导向的创造性休闲活动、以精神为导向的雅致性休闲活动等，并且在需要时可以获得新农村综合体提供的日常照顾、生活照料、康养护理等养老服务，养老服务作为新农村养老综合体的基础，应作为产业支柱，在服务城市老年人的同时开展产业活动，包含休闲农业、创意农业、旅游观光、餐饮等，让老年人住得安心、玩得开心，同时达到修养身心、延年益寿的目的。

1.3.4　相关概念辨析

1. 乡村休闲养老

老年人身心健康需要有一个好的自然环境和交际环境，乡村休闲养老能够为老年人提供舒适、干净、和睦的居住和生活环境，能在很大程度上减轻老年人的孤独感、寂寞感，增加老年人的社交，提升老年人的幸福感(周鹏飞等，2022)。乡村休闲养老是老年人为追求生态环境离开常住地，在乡村进行的一种短期、异地的休闲养老模式，于 20 世纪 70 年代在欧美等国家开始流行，后来流传到我国(廖益，2021)，代表的养老项目有德国慕尼黑绿丝带项目、浙江天目山农家养老项目、北京田仙峪村乡村休闲养老社区(沈铁松等，2018)。乡村休闲养老模式具有以下的特点：①多数为低龄老年人，经济条件和身体状态较好；②会选择价格比较便宜的住宿方式；③在养老地停留的时间比较长，从十来天到一年都有，并且会在乡村居住地的周围活动，开展短途旅游；④注重目的地环境和气候的舒适度；⑤以前旅游目的地形象和经历会影响他们对目的地的选择(周凯，2018)。乡村休闲养老，即老年人突破养老的地域限制，离开常住地到城市郊区甚至更远的乡村地区长期居住生活的一种养老方式(冯戎，2019)。乡村休闲养老成为新型养老方式，丰富了农村产业业态，并催生了乡村休闲养老产业的发展(廖益，2021)。休闲养老产业不是简单的休闲产业与养老产业相结合，养老是目的，休闲是内容、活动形式，休闲养老产业两者系统深入地交叉在一起形成符合时代潮流、符合现实需求的新的经济表现形式。休闲养老产业是在休闲产业普遍发展的基础上孕育而生的休闲经济的一部分，休闲经济是休闲需求和休闲产品供给构筑的符合时代特征的经济形态，休闲养老产业是休闲经济的表现形式。本书中的"小组微生"新农村综合体休闲养老是乡村休闲养老在成都地区的典型化和具体化，属于乡村休闲养老的一种类别、一个分支，是将"小组微生"新农村综合体作为城市老年人休闲养老的载体，不同于普通意义上的城市老年人在农村进行的休闲养老模式，同时，一般意义上的乡村休闲养老的主体包含全部老年人，是不区分城乡地域范围的，而本书的"小组微生"新农村综合体休闲养老，专指城市老年人到"小组微生"新农村综合体休闲养老。

2. 异地养老

异地养老是经济发展到一定阶段的产物，其兴起于发达国家。异地养老是指，由于气候条件、生活成本、个人习惯等原因，老年人选择离开原居住地到其他地方养老，异地养老主要针对有经济实力、身体状况较好、有异地养老意愿的老年人。异地养老的目的多为季节性休闲养老，季节性休闲养老是指长期居住地和临时度假地分离的季节性养老方式，采用这种方式的老年群体可称为季节性候鸟老年人群体（韦晓丹和陆杰华，2017），其特点是休闲、度假、旅游、观光。异地养老的实质是移地养老，包含了回原籍养老、投靠亲友养老、投奔子女养老、度假式养老等（刘爽等，2006）。关于异地养老的概念在学术界存在着较大的争议，穆光宗（2010）等学者认为，异地养老是指非出生地、非户籍所在地的养老方式。黄慧等（2006）认为，异地养老是指老年人离开现有住宅，到外地居住的一种养老方式，其实质是移地养老。何阳和李芬（2017）认为，异地养老应是跨越地级市边界到其他地方进行养老，且在异地停留时间应至少达到每季度累计一个月。王树新（2006）认为，异地养老需要老年人在迁居地居住较长时间，具体的停留时间标准为每年至少三个月；且迁移老年人必须要有明确的异地养老目的。从中可以看出，关于异地养老的概念主要分歧在：第一，在异地的地域跨度认知上，存在着离开住宅、非出生地、非户籍地、跨越地级市边界等多种理解，其中的距离范围差距是巨大的；第二，在异地的时间认知上，存在着一个月、至少三个月等多种理解，且未达到时间长度就不能称为异地养老。异地养老按照养老方式可分为异地集中养老和异地分散养老；异地养老按居住时间可分为异地短期养老和异地长期养老。比如，加拿大的部分老年人因为国内冬季漫长而选择长期移居到其他国家安度晚年或者每年冬季离开数月到他国旅游度假。日本在国土辽阔的巴西或者温暖的泰国、新加坡建造日本社区并配置服务设施，安排老年人异地养老。本书中的城市老年人到"小组微生"新农村综合体休闲养老是指城市老年人出于向往乡村自然环境、乡村田园生活等的缘故，前往距离成都市中心 1～2 个小时车程的"小组微生"新农村综合体进行短期的休闲养老。这种方式属不属于异地养老存在着一定的讨论空间：第一，从异地的地域跨度上来看，本书的主体对象包括成都本地的城市老年人群体，对他们而言，到周边的"小组微生"新农村综合体进行短期的休闲养老并未超出大成都的范围，异地的概念相对较为淡薄，如果将超出地级市的范畴作为异地养老的标准，则成都市范围外的城市老年人到"小组微生"新农村综合体休闲养老才算作异地养老；第二，从异地的时间长度上来看，城市老年人到"小组微生"新农村综合体进行休闲养老，一般不会在一个新农村综合体居住太长的时间，毕竟他们可以方便地从家庭居住地到养老目的地，故而，本书提出的"小组微生"新农村综合体休闲养老与异地养老有所区别。

3. 旅游养老与乡村旅游养老

旅游养老的现象自古有之，在 18 世纪时，英国就有专供上层贵族养老的旅游目的地（黄璜，2013），20 世纪 90 年代，旅游养老传入我国，当时正值我国开始步入老龄化社会时期，旅游养老在获得广阔发展空间的同时也得到了理论界的关注(杨瑟等，2018)。随着我国经济社会的飞速发展，人们生活水平不断攀升，养老观念发生了巨大的改变，不再满足于简单的"吃穿不愁"，而是希望"健康养老、快乐养老"。在这种形势下，旅游与养老具有了天然的融合基础(张丽和段圣奎，2019)。旅游养老顾名思义是带有旅游目的和性质的一种养老形式，是指老年人离开经常居住地，连续时间不超过一年的休闲、度假、养生等旅游活动的总称，旅游养老是为了寻找更舒适的生活环境(江海燕和刘庆友，2014)。旅游养老是一种新型养老方式，本质上是一种专项旅游项目，是养老服务与旅游活动的有机结合，在旅游中养老、在养老过程中享受旅游的快乐和愉悦。旅游养老顺应了产业融合发展的潮流，符合人口老龄化社会的必然要求。旅游养老具有三个特点：①旅游养老者对目的地的气候、环境的舒适程度考虑较多；②旅游养老者入住宾馆饭店的很少，他们充分利用目的地的旅游养老设施，尤其是当地的老年公寓或养老中心等，所以相对传统的旅游方式而言花费较低；③先前的旅游经历和旅游地形象对旅游养老者的决策有重要影响(李松柏，2007)。乡村旅游养老是指在地理环境良好、旅游资源丰富、地方特色浓郁的乡村，借助农村本身的自然条件而建立起集观光、旅游、康养、休闲于一体的乡村休闲养老地，并且连接多种产业建立起一种新型的乡村休闲养老基地的合作模式(白然，2016)，能够在一定程度上排解城市中老年人的寂寞感和孤单感。

随着旅游消费的不断增长和人们旅游观念的日渐成熟，我国旅游业在经历了以观光为目的的初期发展阶段后，度假休闲式旅游正逐渐取代观光式旅游，成为旅游消费的主流。故而，旅游养老、乡村旅游养老、乡村休闲养老与本书所指的城市老年人到"小组微生"新农村综合体休闲养老存在着一定的差异。首先，与旅游养老相比，乡村旅游养老的地域范围限定在了乡村，即在乡村的旅游目的地进行养老。其次，与乡村休闲养老相比，旅游养老更加注重利用当地旅游资源，对自然环境有更高的要求，旅游的心态占更大比例。对于乡村休闲养老而言，并不要求养老地有多么著名的景点，而是把生态环境好、空气清新等作为更重要的乡村休闲养老的考虑因素，同时，也注重当地人居环境的构建，住房建设与医疗服务设施建设，以及公共配套设施是否齐全的问题，重视设施适老化、道路无障碍化等方面。最后，"小组微生"新农村综合体内部或者附近并非就刚好有旅游资源可以依托，故而，城市老年人到"小组微生"新农村综合体休闲养老并非就是乡村旅游养老。

4. "候鸟式"养老

现阶段，在美国、西班牙、挪威和日本等发达国家，"候鸟式"养老旅游的发展已经成熟并受到广大老年人的好评(陈红玲等，2021)。"候鸟式"养老就是指随着季节的变化，老年人像"候鸟"一样到环境更优、更好的地方居住，它是集保健养生、度假休闲、文化娱乐于一体的生活方式，使得老年人在游玩过程中享受幸福的退休生活，这种生活方式与国外研究的老年人季节性移居养老有很多相似的地方，是一种特殊的旅游养老方式，国内统称"候鸟式"养老（冯清，2007），也有研究认为"候鸟式"养老模式，是指老年人季节性前往气候和环境更舒适的地区养老，其主要针对一部分有条件又有意愿的老年人，是对传统养老方式的一种补充，而非替代。"候鸟式"养老模式只是老年人迁居到目的地的一个区域居住，通过呼朋唤友、口耳相传的方式扩大"候鸟式"老年人的数量，形成一个"候鸟式"老年人社交圈或者生活圈，故而，"候鸟式"养老涉及买房、租房、到亲戚朋友家借住、机构养老的问题，小区本身不是一个针对老年人的专门社区，老年人配套服务设施不一定齐全；接待"候鸟式"养老者的机构费用更高。所以"候鸟式"养老对老年人本身、养老目的地都有一定的要求，具体表现在以下方面。

首先，对老年人本身而言，"候鸟式"养老方式要求有一定的客观基础，如经济条件较好、身体较健康、有出行的习惯、对新事物适应力较强等（李雨潼，2018）。Capella 和 Greco（1987）提出"候鸟式"养老旅游者应当有大量的空闲时间和一定的可支配财产。其次，对于养老目的地而言，随着老年人收入水平的提高，他们更加注重生活环境、气候、空气质量等环境因素，"候鸟式"养老者本身就是为了躲避寒冷、逃离酷暑等原因在不同地域之间来回穿梭，以使自己的老年生活在更加舒适、更加惬意的环境中度过。故而，气候和环境对"候鸟式"养老旅游者的动机选择影响更大（Viallon，2012），现阶段，我国"候鸟式"养老模式主要是指冬季北方老年人向南边温暖舒适的地区移动。由于跨地区、跨省市往往发生气候、气温、地形等方面的改变，进而使得老年人愿意选择更适合自己居住的地方进行季节性的或者更长期的养老。在冬季，"候鸟式"养老的候选城市以广东省、广西壮族自治区、云南省和福建省为主，海南省虽然是冬季"候鸟式"养老人群较为集中的地方，但由于其省域面积较小，导致候选城市较少。在夏季，"候鸟式"养老的适宜地区大致集中在我国东北部纬度较高地区或海拔较高地区，以辽宁省、黑龙江省、吉林省、云南省为主（杨伊凡和申悦，2021）。

"候鸟式"养老旅游的界定在以往的研究中一直是模糊不清的，养老旅游、"候鸟式"养老、异地养老等研究的概念相互交叉（陈红玲等，2021）。首先，养老旅游的旅游目的较为强烈，而"候鸟式"养老则可能更看重的是目的地的环境和气候，对旅游景点的要求则放在了其次的位置。其次，"候鸟式"养老与异地养老之间存在着一定的联系和区别，异地养老的跨地域范围是模糊不清的，可能是跨乡镇、跨县、跨省乃至跨国，而"候鸟式"养老一般所跨的地域范围往往会是一个市或者省。同时，"候鸟式"养老凸显了"来回往返"，有一种循环的意味在里面，也就是年复一年地按照某一路线外出养老和返回家乡，而异地养老并没有体现这种往复性、规律性和固定性，只强调不在家乡而在异地进行养老即可。本书的城市老年人到"小组微生"新农村综合体进行养老和"候鸟式"养老是存在着差异的，毕竟城市老年人到"小组微生"新农村综合体养老一段时间后，可能就不会作为"回头客"继续在"小组微生"新农村综合体养老。另外，"小组微生"新农村综合体在生态环境、地理位置、绿色有机食品等方面虽然存在着一定的优势，但是和九寨沟、青城山、峨眉山等地方比起来存在较大的劣势，所以，异地的城市老年人可能更会选择上述山清水秀、气候宜人的地区进行"候鸟式"养老，而不是选择在"小组微生"新农村综合体进行"候鸟式"养老。

1.4 理论基础

1.4.1 计划行为理论

计划行为理论(theory of planned behavior，TPB)是社会心理学领域最具影响力的行为预测理论之一，在行为科学领域中被广泛运用于阐释人的行为动机和意愿，以及进行行为预测与解释等。TPB 是 Ajzen 和 Fishbein(2005)共同提出的对理性行为理论(theory of reasoned action，TRA)的继承与发展，是由 Ajzen 将多属性态度理论和理性行为理论辩证结合而发展出来的社会心理学理论模型。理性行为理论认为，行为意图是决定行为的直接因素，同时，行为还受到他人支持与否的主观规范和个人是否认同的态度的影响，但理性行为理论的假设是行为的发生基于个人意志的完全控制，是在完全理性的情况下，个人的行为由行为意图(behavioral intention)决定。这一假设严重制约了理论的广泛应用。Ajzen（1985）研究发现，人的行为并不是完全出于自愿，而是在某种控制之下。因此，他将理性行为理论扩充，将代表其他非理性因素的"知觉行为控制"(perceived behavior control)加入原模型之中，从而发展成新的行为理论研究模式——计划行为理论(TPB)。1991 年 Ajzen 发表的《计划行为理论》(*The Theory of Planned Behavior*)标志着计划行为理论的正式成熟。

TPB 的主要内容在于从心理学视角解释人的行为决策过程，核心概念是行为意愿，即个人对于采取某项特定行为的主观概率的判断，反映了个人对于某一项特定行为的履行意愿(段文婷和江光荣，2008)。在计划行为理论中，行为态度、主观规范和知觉行为控制三大因素通过行为意愿来影响个人的行为，即行为态度、主观规范和知觉行为控制共同影响并决定个人的行为意愿，从而进一步影响个体行为的产生。其中，行为态度反映主体对某种特定行为的认同程度及综合评价水平，包括正面和负面的全部感觉；主观规范反映主体在做出行为决策时，感知到的他人或外部环境的影响或压力；知觉行为控制则是指行为主体在采取特定行为时能感知到的难易程度，包括对行为意愿的影响和对行为直接的影响。同时，计划行为理论中对行为意愿的基本假设是：个人对某项特定行为的态度越正向，个人的行为意愿越强烈；个人对某项特定行为的主观规范越正向，个人的行为意愿也越强烈；个人对某项特定行为的感知行为控制越强，个人的行为意愿同样也会越强。同时，个人特征因素如文化程度、年龄、性别、性格、经验等会间接影响行为态度、主观规范和知觉行为控制，并最终影响行为意愿和行为(段文婷和江光荣，2008)。由于计划行为理论能很好地通过行为态度、主观影响和知觉行为控制来解释人的意愿，对人的行为也有较好的预测作用，因而被广泛应用于意愿影响的研究领域。此外，主观规范、知觉行为控制和行为态度从概念上可以完全区分开来，既彼此独立，又两两相关(López-Mosquera et al.，2014)。因而，深入探讨主观规范、知觉行为控制和行为态度之间存在的联系，对于个体意愿及行为的预测具有一定意义。

1.4.2 休闲学理论

在西方，休闲作为一门学科被研究已经有一百多年了。对休闲的认识最早可以追溯到古希腊被誉为"休闲之父"的亚里士多德，他认为，"休闲才是一切事物围绕的中心"，休闲可以使人们获得更多的幸福感，保持内心的安宁。休闲是人的基本需求之一，休闲能够调整人的心理状态，提升人的精神境界；休闲能改变人的生活状态，使生活内容和形式更丰富；休闲能够缓解身体疲劳，提升个人幸福感，最终达到自由自在的存在状态(庞学铨，2016)。从19世纪到20世纪，资本主义社会在工业技术、经济及社会结构方面发生了剧烈的变化，工业革命彻底改变了人们的生产方式，提高了劳动生产率，社会生产的农产品和工业产品在数量上得到了极大的提升，在获得了更多物质财富、解决了生存危机之后，人们逐渐从满足温饱的低层次需求中解脱出来，开始追求更高层次的精神生活满足。

关于休闲的定义，国内外学者有不同的看法，可谓是仁者见仁，智者见智。第一，从生活的角度，杰弗瑞·戈比(2000)认为，休闲是一种相对自由的生活状态，能够让人从社会和物质环境等外部压力中抽离出来。庞学铨(2016)认为，休闲是个体在相对自由的状态下，以自己喜爱的方式选择活动，并获得身心放松与自由体验。休闲，是生活的组成部分。第二，从时间的角度对休闲概念进行界定，是定义休闲的一种典型形式。鲍德里亚认为，与休闲密切相关的是一种时间概念，而时间在现代消费社会中，作为一种从属于交换价值规律的商品、一种普遍性稀缺的社会资源而存在(周觉，2004)，法国学者罗歇·苏(2000)、美国学者托马斯·古德尔、杰弗瑞·戈比等均将休闲概念首先视作"休闲时间"、"可自由支配时间"或"空闲时间"等来展开探讨。马慧娣也认为在必要劳动时间之外的自由时间是休闲时间(苏悦，2021)。然而，以时间来界定休闲的极大便利并未能彻底掩盖这种界定方式所隐藏的最大问题，即单纯以时间来界定的休闲，或许仅仅表明了休闲最可能发生的真正的时间段,除此之外,它并未涉及任何有关休闲本质的内容(孙煦扬和严耕,2021),毕竟在闲暇时间或者空闲时间段内,某个人可能并未从事任何休闲事宜。第三,从研究对象和意义的角度,马惠娣和刘耳(2001)认为,休闲学是以人的休闲行为、休闲方式、休闲需求、休闲观念等为研究对象,探索休闲对于人的生命意义和价值,以及休闲与社会进步、人类文明的相互关系。

总而言之,休闲应该具有以下四个特征。①主体性。休闲行为的产生源自人自身的心理或生理追求。②自由性。休闲是对自由的向往,是摆脱生存问题的羁绊之后自由洒脱地活出自己,只要某种行为是自由的、无拘无束的、不受压抑的,那它就是休闲。③体验性。休闲活动体验的丰富性、多样性,不同于日常生活活动,其能够挖掘生活的内涵,体验人生的多角度、多层次。④日常性。休闲活动是一种日常活动,是一种优雅、从容、闲适的生命状态。然而,在不同时期,不同群体在不同经济条件下,休闲的方式或活动内容是不同的。对于青少年群体,休闲的主要目的是缓解学业压力、劳逸结合,其休闲内容和方式更丰富大胆;对于劳动群体,休闲的目的是放松身心,缓和来自工作和家庭的压力,感受感官快乐,补充精神"能量",以便重新回到工作岗位,创造社会价值,其休闲的内容和方式相对单一,且时长较短;对于老年群体而言,休闲的目的在于放下一切包袱,享受幸福晚年,感悟人生意义,实现身体和心灵的双重放松,他们休闲的内容和方式更注重健康、舒适、雅致,在活动内容上更注重陶冶情操,他们的休闲时光最多,时间也最长。

中国人自古以来就有乡村休闲价值观。休闲是人们共同认可的生活之道,休闲活动能够让参与者获得情感、生理上的效益,本质上是一个人生哲学概念。在如今的中国,大多数人都具备休闲的条件。第一,截至目前,我国法定节假日已达到 115 天/年左右,全国人民到退休之前每年大概有 1/3 的非工作时间;随着医疗技术的日新月异,人口寿命进一步延长,2021 年 12 月 28 日,国家发展和改革委员会等部门印发的《"十四五"公共服务规划》(发改社会〔2021〕1946 号)显示 2025 年中国人均预期寿命达 78.3 岁,退休之后大概有 20 年的闲暇时光,假设 20 岁开始工作,粗略计算,自人开始工作直到生命的结束,共有 12000 多天的空闲时间,并且这个数字随着劳动时长的缩短、人均寿命的延长,会继续增加。第二,人们收入水平稳步提高。根据国家统计局公布的数据,2000~2020年城镇单位就业人员平均工资从 9333 元/年上涨到 97379 元/年,增加了 9.43倍,年均上涨 12.44%,2000~2020 年城镇单位在岗职工平均工资从 9371 元/年上涨到 100512 元/年,增加了 9.73 倍,年均上涨 12.60%。与之同时,全国的平均基本养老金呈逐年递增趋势,从 2005 年 779.43 元/月增长到了 2019 年的3623.91 元/月,后者是前者的 4.65 倍(张松彪和刘长庚,2021),这让退休的城市老年人的消费能力有所保障。第三,从需求方面,根据马斯洛需要层次理论,人们在满足了生存需要、安全需要之后，会追求更高层次的精神层面的满足，即爱的需要、社交需要、自我实现需要。休闲活动就是实现这些需要的方式之一。随着生活水平的提高，人们更加注重生活的品质化，追求精彩而丰富的休闲生活，这预示着休闲时代的到来。随着人们物质条件的提升，休闲需求和活动会更加迫切和频繁，人的需求正在由以物质为主转向以精神文化为主，休闲已成为社会文化活动的重要组成部分。而"休闲+"的产业模式也逐渐成为全国各地产业开发所采用的新型模式，实现产业的多元化、空间化的弹性发展（徐丹，2019）。休闲产业在国内生产总值（GDP）中所占比例将进一步提高，休闲消费在大众消费中的比例也将提升。国际休闲研究的权威人士杰弗瑞·戈比认为，2010年以后，世界发达国家相继进入"休闲时代"，休闲娱乐产业将会成为带动经济狂潮的巨浪，并席卷全球，休闲产业将成为发达国家的主导产业。休闲服务将占据世界大量劳动力，GDP中会有超过一半的份额由休闲产业创造，人们将花费大量的时间和金钱在休闲产业上。总之，休闲时代具有以下特征：社会物质财富十分丰富；人们拥有充分的闲暇时间；传统的工作和休闲的概念已经模糊，休闲已成为社会系统中建制化的事物，工作是为了休闲（刘海玲和王二博，2005）。

乡村休闲养老，其中，养老是目的，休闲是内容，到乡村休闲养老的城市老年人大多是身体比较健康、经济条件较好的低龄老年人，他们有着更多的休闲生活诉求，他们会离开自己所在城市的居所，来到自然景色优美、生态环境良好的乡村，进行一段时间或者长期的养老。城市老年人到"小组微生"新农村综合体休闲养老，是以"小组微生"新农村综合体为平台，以养老服务为基石，以提供休闲娱乐活动为道具，为老年人的自在晚年生活提供现实空间。在空气清新、绿植充盈、鸟语花香的乡村田园环境中，丰富、有趣、健康、创新的休闲活动能够增加新农村综合体的吸引力。休闲活动多种多样，有以快乐为导向的娱乐性休闲活动，以情趣为导向的趣味性休闲活动，以自由为导向的创造性休闲活动，以精神为导向的雅致性休闲活动等，休闲养老服务作为"小组微生"新农村综合体的基础，应作为支柱支撑和服务在其基础上开展的产业活动，包含休闲农业、创意农业、旅游观光、农家乐、民宿、社区支持农业等，让老年人成为乡村产业的服务对象。

1.4.3 复杂人假设

1965年，美国管理学家埃德加·沙因出版了《组织心理学》一书，正式提出了"复杂人"假设理论。该理论认为，人是复杂的。人不仅因个体差异而不同，还会在不同的年龄、时间和空间中呈现出异质性的需求和表现，体现为一个人随着年龄的增长、知识的增加、地位的改变以及人际关系的变化，他的需要、潜在动机和行为也会发生变化。因此，人的需求是复杂的，是动态变化的。首先，人的需求呈现出综合性的特点，在同一时间内人的动机模式是错综复杂的，由各种需要和动机相互作用而成，人是一个系统综合体，必须在人的本质上体现完整性和统一性，人的生活技能和实践技能使自身呈现不同的属性特征，构成一个不可分割的统一体。自然属性是指人的自然动物性，人类是自然界的一部分，具有自己的生理功能和自然欲望，但是人作为真正的人存在，他的自然属性就不能独立存在。社会属性是指人的社会性本质，社会性是由人的社会关系和社会活动决定的，通过社会实践，人们获得了自己的一切特征，作为社会的存在，个人在一定的社会关系中才有真正的意义，社会属性是对人性的最高控制和最终抽象，人类的自然属性存在于人类的社会属性中，具有社会属性的人具有精神活动和个性表达的自由，总之，人是作为目的而非手段存在的。其次，需求呈现出动态性变化的特点，会随着人在组织中的工作和生活条件的变化，而不断产生新的需要和动机。这就是说，在人生活的某一特定时期，动机模式的形式是内部需要与外界环境相互作用的结果。需求在不断满足中得到提高，在不断提高中获得发展。需求有低级和高级之分：人的低级需求包含较多生物学因素，此类需求以对物的需求形式表现出来，以对物的占有为基本特征在商品经济的社会中则体现为人对金钱的需求；人的高级需求包含丰富的社会因素和精神因素，以对物的需求为基础，寻求人的精神满足和内在价值，从而能够对物质需求起到调节作用。这两类需求具有内在的辩证统一关系，人的基本需求是低级需求，而低级需求又是人的高级需求产生的基础。一旦人的高级需求稳定地形成以后，对低级需求的内容和形式又会产生强烈的影响。但是不能说人的高级需求是满足低级需求的工具和手段，只能说其是具有调节作用的更高层次的需求。再者，人的需要是多种多样的，而且这些需要随着人的发展和生活条件的变化而发生变化。每个人的需要都各不相同，需要的层次也因人而异，也就是说，人既有物质、经济的需求，也有感情、社会的需求，既有知识、教育的需求，又有地位、自我实现的需求等；这些需求呈现出层次性，而且有时同时呈现多种需求。因此，不能以单纯的"经济人""道德人""社会人"或"自我实现人"来概括人的特性。人们是怀着不同的需要选择养老方式，人的需要是随着人的发展和生活条件的变化而变化的。最后，人的内部需求和外部环境的相互影响、相互作用促使人产生了不同的动机模式。人在不同地方或同一地方的不同环境中生活，会产生不同的需要。不同影响因素下，城市老年人与乡村老年人、发达地区老年人与欠发达地区老年人等差异化老年主体的养老需求会呈现不同的特点。

根据复杂人假设的基本观点，人的需求由于各种原因只能得到部分满足，而每个人的满足程度也不尽相同。因此，不可能存在一种适合任何时代和任何个人的养老模式，养老模式需要做到具体问题具体分析，灵活运用不同的养老措施。"复杂的自主人"是由我们这个复杂、多元、速变的现实世界所产生和决定的。因此，在产生这种"复杂的自主人"之后，现实世界又应当去满足这种复杂的需求。在养老模式的选择过程中，城市老年人作为独立且具有差异的个体，都追求自身效用的最大化。对城市老年人来说，无论是以前还是现在，在养老模式的选择中都在追求着自身效用的最大化。养老模式既需要满足其生理需要与社会需要，也需要满足其低级或高级的需求层次，城市老年人作为一个复杂的社会个体，在考虑自身情况的基础上选择最高期望的方案，做出最优理性选择；同时，城市老年人由于多种主客观原因造成的个体情况差异决定了他们也是一个不完全理性人，在选择养老方式时，会考虑多重因素来寻找一个最满意的方案去满足他们复杂的身心需求，进行不完全理性的行为决策。

1.4.4 理性选择理论

社会学的理性选择理论(rational choice perspective in sociology)源于 20 世纪 80 年代兴起的西方社会学理论学派，是社会学运用经济学的方法研究社会问题的最重要的理论之一，其借鉴和扩展了经济学意义上的"理性选择"，适用于人们的经济行为，且试图解释更广泛的社会行动，通过对微观层面上个人行为的研究，归纳出宏观层面的社会系统行为，并对社会行动予以合理性的解释。康德将理性的概念划分为理论理性和实践理性，其中，理论理性探讨的是人的认识能力，解决的是"知识何以可能"，而实践理性探讨道德领域，解决"人应该做什么"的问题。理论理性具有必然性，实践理性具有应然性(谢玉壮，2020)。德国社会学家马克斯·韦伯(2005)认为社会行为可以区分为目的理性和价值理性，即工具理性和价值理性的二分。工具理性，又称为简单理性，是指个体行为仅从效果最大化的角度考虑，借助理性达到自己需要的预期目的而漠视个体情感和精神价值等因素，核心是强调效用性和功利性，强调在行动与目的之间完全基于个人最大化利益所采取的手段。与工具理性相对的是价值理性，其在工具理性的基础上将理性的内涵进行了扩充。价值理性又称为充分理性，是指个体行为超越事实层面的认知，不以功利为最高目的，把人的价值目标蕴含于人性之内，坚持"人是各种努力的终极目标"。人是有情感、责任感、有信仰的，故很多情况下，个体会采取遵循着要求的引导而不顾及行动后果的价值合理性行动。它主张一切个体行为的选择都是为了满足人的合理性需要，都是为了维护、发展并实现人的尊严、提升人的价值、凸显人存在的意义，促进人更好地生存、发展和完善，趋近自由且全面发展。根据由高到低需求层次的不同，人的理性行为可以概括为生存理性、经济理性、社会理性(文军，2001)，经济理性和社会理性只有在满足了最低层次的生存理性后才能产生。生存理性是基于自身以及身边行动者的生存状况的考虑而采取的理性行动，经济理性是以追求经济利益最大化为目的的理性行动，而社会理性是在追求生存理性和经济理性基础上的更高层次的理性行动，是在追求效益最大化的过程中寻求一个令人满意的或足够好的行动。前两者的理性行为是基于利己主义的需要(即工具理性),每一步行动、每一个行为都受自身利益的驱使,每一步行动都是为了满足自身的需要,都是为了用最小投入获得最大收益或者选择能够直接获得最大收益的方案,而第三种社会理性行动则在一定程度上具有利他主义的动机与倾向。

理性选择理论的提出又是建立在人的四种理性基础上,分别是:第一,个人是自身最大利益的追求者;第二,在特定情境中有不同的行为策略可供选择;第三,人在理智上相信不同的选择会导致不同的结果;第四,人在主观上对不同的选择结果有不同的偏好排序。综上,即理性行动者趋向于采取最优策略,以最小的代价取得最大收益。学者在理性选择理论的基础上提出基本假设,即理性人假设,该假设认为对行为人而言,不同的行动会产生不同的效益,而其行为准则就是获取最大的收益,从而会在多个选择中形成效用排序并最终取向定位在效用最高的行为选择上。理性选择行为的发生具有一定的条件:

$$V = B \times P - P' \times C$$

(1-1)

式中,V 为预期行为的纯价值;B 为预期效益;C 为预期代价;P 为行为获得成功的可能性;P' 为行为获得失败的可能性。其中,若 $V>0$,则行为发生,反之则不发生。可见,在理性选择中是自有一套评估标准的,根据经济学层面的成本与收益分析该行为是否形成价值,且价值是否为最优将决定人的行为是否发生,或是否会选择该行为。

城市老年人在面对不同的养老模式选择方案时会进行优劣的权衡,这一过程其实就是在进行理性推导,就是在对方案进行理性的比较,以符合自身状况及最大利益为目标进而做出选择。城市老年人在选择养老模式时会考虑养老的直接成本和间接成本、养老体验和感知等多个因素,并从家庭养老、社区养老、机构养老、旅游养老或乡村休闲养老等诸多模式中选出他们所认为的性价比最高的养老模式。因此,城市老年人自身就是最大利益的追求者。再者,城市老年人不仅有多种养老模式的选择,而且在养老模式选择中具有多元的个性化诉求,如区位选择、居住方式、交通距离和时间及生活方式等具体诉求,即在特定的养老情景中具有不同的行为策略可供选择,而不同的养老模式选择会导致消费差异、体验差异等,城市老年人基于这些不同的结果形成偏好排序,并最终选择排序靠前的养老模式,由此形成理性选择的四个理性基础,并在对不同养老方式进行价值评估的前提下决定是否完成该行为。

1.4.5 行为决策理论

行为决策理论(behavioral decision theory,BDT)是结合组织行为学和行为决策学来探讨决策执行过程的基本理论。人在决策时所体现出的异质性被称为行为特征,而考虑到人的行为特征的决策称为行为决策,也正是人的行为特征的异质性导致了不同主体之间行为的差异性。行为决策是指在决策过程中明确地考虑决策者行为偏好的决策，行为偏好包括认知偏见、情感、风险态度、社会行为与偏好等，而决策者的偏好往往是异质的，即不同个体的偏好不相同。行为决策理论有以下主要观点。

第一，人的理性介于完全理性和非理性之间，即人是有限理性的，这是因为在高度不确定的极其复杂的现实决策环境中，人的知识、想象力和计算力是有限的。因此，在决策时往往受社会习俗、个人偏好等多方面不确定因素的影响。该理论包括现状偏见、禀赋效应、未来不确定性风险和从众示范效应（张文斌等，2021）。其中，现状偏见是一种即使改变现状变得更有利，也不愿改变的心理，即要想改变，需要付出更大的成本。禀赋效应是指当个人拥有某物后，那么，他对该物品的价值评价要比未拥有前大大增加（舒灏和方櫟，2006）。这种心理可以用金融学中的"损失厌恶"来解释，人们在决策过程中对利害的权衡是不均衡的，会更多地考虑"避害"，毕竟已经得到的东西，是不愿轻易放弃或者损失的，这也是每个人在让渡自己的财产时往往倾向于要求高价的原因之所在。未来不确定性风险影响当前的认知与决策。从众示范效应是指个体容易受到群体的影响而怀疑、改变自己的观点、判断和行为等，与他人保持一致（徐琳，2008）。

第二，决策者在识别和发现问题中容易受知觉偏差的影响，而在对未来的状况进行预判时，直觉的运用往往多于逻辑分析方法的运用。所谓知觉上的偏差，是指由于认知能力的有限，决策者仅把问题的部分信息当作认知对象。

第三，由于受决策时间和可利用资源的限制，决策者即使充分了解和掌握了有关决策环境的信息，也只能做到尽量了解各种备选方案的情况，而不可能做到全部了解，决策者的选择是相对的。另外，人们在决策时只追求满意解，不会投入无限的资源去追求最优解（花园园，2021）。

第四，在风险型决策中，与经济利益的考虑相比，决策者对待风险的态度起着更为重要的作用。决策者往往厌恶风险，倾向于接受风险较小的方案，尽管风险较大的方案可能带来更为可观的收益。因此，行为决策理论研究的出发点是决策者的决策行为，研究集中在决策者的认知和主观心理过程方面，关注决策行为背后的心理解释，而不是对决策正误的评价；从认知心理学的角度，研究决策者在判断和选择中确定信息的处理机制及其所受的内外部环境的影响，进而提炼出理性决策理论所没有考虑到的行为变量，修正和完善理性决策模型。

因此，在产品提供者进行决策时，市场需求和消费者愿景就成为其考虑的两大重要因素，分析消费者的行为以获取市场需求是必要的。不同消费者对于产品属性的偏好是异质的，并导致不同消费者的购买决策是有所差异的，此处将城市老年人纳入到市场消费者的角色中，即将行为决策体现在如何去选择一个更为满意的养老模式以及养老场所。那么，在对养老服务产品进行设计时，针对不同的消费者，设计不同类型的产品，并在其中加入不同的契约和渠道，消费者在不同的契约和渠道组合中形成个性偏好。由此，城市老年人面临如何选择效用最大化，更满足其偏好的养老服务模式的问题。然而，城市老年人到"小组微生"新农村综合体休闲养老，其趋势并非一成不变，而是会动态化形成阶段性的养老模式，不存在完全理性的养老模式，决策者追求理性，但又不是最大限度地追求理性，决策者只要求有限理性。在现代世界和现代社会的复杂环境中，决策的最优化或最大化标准只是一种假设，很难实现，且决策者在决策中追求"满意"标准，而非"最优"标准。所谓"满意"标准，是指决策者在决策过程中追求接近"最优"标准或相比"最优"标准。"满意"标准具有显著的可比性、可执行性、可实现性。因此，根据行为决策理论，城市老年人到"小组微生"新农村综合体休闲养老的决策是否调整，并不完全由居住地客观条件决定，还要受老年人的预期程度与心理偏好所形成的"最满意方案"的影响。

第 2 章 "小组微生"新农村综合体承接城市休闲养老产业的时代背景

2.1 成都市老龄化状况的横纵向比较分析

2.1.1 成都市老龄化状况的纵向比较分析

老龄化城市特点有三个：①未来育龄人口比例小；②老年人口增速快；③劳动力不足。2020 年 5 月，新一线城市研究所发布《2020 城市商业魅力排行榜》，成都再次位列新一线城市榜首，这是自 2016 年发布该榜单以来，成都连续 5 年排名新一线城市榜首[①]。2020 年 8 月，全球化与世界城市研究网络（globalization and world cities study group and network，GaWC）发布 2020 年世界城市排行榜，相较于 2018 年排名，此次入选世界 Beta+城市的中国城市只有成都，且排名上升了 12 个位次，从 71 位升至 59 位[②]。成都是西部地区重要经济中心、科技中心、文创中心和对外交流中心，是继北京、上海、天津、广州、重庆之后第六座被定位为国家中心城市的城市。同时，成都也是中国十大最具幸福感城市之一[③]，社会和谐、环境优美、文化多样、人文丰富、包容性强。因此，吸引了各地人才到成都工作、安家、安度晚年，成都市的老年人口也随之增加。成都市在 1992 年已步入老龄化社会，比全国提前了 7 年。根据《成都市 2020 年老年人口信息和老龄健康事业发展状况报告》数据，截至 2020 年底，成都市户籍人口数量为 1519.70 万人（来源于公安部门），比 2019 年增加 19.63 万人，增长 1.31%。其中，60 岁及以上的老年人口数量为 315.27 万人（比 2019 年减少 0.77 万人，减少 0.24%），约占户籍人口数量的 20.75%；65 岁及以上的老年人口数量为 246.30 万人，占户籍人口数量的 16.21%。根据第七次全国人口普查结果，成都市常住人口数量为 2093.78 万人，其中，60 岁及以上老年人口数量为 376.41 万人，占常住人口数量的 17.98%；65 岁及以上的老年人口数量为 285.12 万人，占常住人口数量的 13.62%。2020 年，全市人均期望寿命为 81.52 岁，比 2019 年提高 0.51 岁。

① 人民网.《2020 城市商业魅力排行榜》成都连续 5 年排名新一线城市榜首[OL]. [2020-05-30]. http://sc.people. com.cn/ n2/2020/0530/ c345167-34051976.html.
② 王博. GaWC 2020 年世界城市榜发布，成都再升 12 位至 59 位[OL]. [2020-08-23]. https://www.yicai.com/ news/100744861.html.
③ 新华网. "2022 中国最具幸福感城市"调查结果发布[OL]. [2022-12-22]. https://baijiahao.baidu.com/s?id= 1752825083747199676&wfr= spider&for=pc.

　　为方便计算，本书选取了成都市 2005～2020 年 60 岁及以上的老年人口数据和 2009～2020 年 65 岁及以上的老年人口数据，根据历年数据计算得出，成都市 60 岁及以上的老年人口数量从 2005 年的 157.49 万人增长到 2020 年的 315.27 万人，同期，成都市 60 岁及以上的老年人口数量约占户籍人口数量的比例从 14.56%增长到 20.75%。成都市 65 岁及以上的老年人口数量从 2009 年的 138.32 万人增加到 2020 年的 246.30 万人，同期，成都市 65 岁及以上的老年人口数量约占户籍人口数量的比例从 12.14%增长到 16.21%。由此可见，成都市老年人口基数大，增长速度快，低龄老年人口居多，高龄老年人口稳定增长，养老压力逐年递增（表 2-1）。

表 2-1　2005~2020 年成都市 60 岁及以上与 65 岁及以上老人、户籍人口情况表

年份	户籍人口/万	60 岁及以上			65 岁及以上		
		人数/万	占户籍人口比/%	增长率/%	人数/万	占户籍人口比/%	增长率/%
2005	1082.03	157.49	14.56	—	—	—	—
2006	1103.4	164.77	14.93	4.62	—	—	—
2007	1112.28	173.43	15.59	5.26	—	—	—
2008	1124.96	186	16.53	7.25	—	—	—
2009	1139.63	196.82	17.27	5.82	138.32	12.14	—
2010	1149.07	202.5	17.62	2.89	140.82	12.26	1.81
2011	1163.28	215.46	18.52	6.40	150.4	12.93	6.80
2012	1173.35	223.05	19.01	3.52	151.71	12.93	0.87
2013	1187.99	235.58	19.83	5.62	158.12	13.31	4.23
2014	1210.74	249.28	20.59	5.82	167.68	13.85	6.05
2015	1228.05	259.89	21.16	4.26	175.14	14.26	4.45
2016	1398.93	299.53	21.41	15.25	202.75	14.49	15.76
2017	1435.33	303.98	21.18	1.49	210.90	14.69	4.02
2018	1476.05	315.06	21.34	3.64	215.30	14.59	2.09
2019	1500.07	316.04	21.07	0.31	—	—	—
2020	1519.70	315.27	20.75	-0.24	246.30	16.21	—

2.1.2　成都市老龄化状况的横向对比分析

　　根据第七次全国人口普查结果（表 2-2），2020 年成都市 60 岁及以上的老年人口数量、常住人口数量与北京接近，北京 60 岁及以上老年人口数量达到 429.9 万人，常住人口数量为 2189.30 万人，老龄化比例达到 19.64%，老龄化率比成都

高 1.66 个百分点。上海的老龄化率达到了23.38%,高于全国平均水平(18.7%)4.68 个百分点,人口老龄化率位于全国第二[①],人口老龄化程度进一步加深。这主要是由于 20 世纪 50 年代上海出现了人口出生高峰期,1951~1960 年上海累计出生人口为 272 万人,这是造成现阶段上海人口老龄化程度高于全国平均水平的最主要原因。重庆的人口老龄化率为 21.87%,高出全国平均水平 3.17 个百分点,人口老龄化率居全国第五位[②]。这主要是由于重庆的大量年轻人外出打工,老年人选择留守在家里,同时,重庆老年人长寿率高,2020 年重庆市人均期望寿命为 78.15 岁,高于全国人均预期寿命(77.3 岁)。此外,比成都市老龄化程度高的城市还有天津市(21.66%)、济南市(19.96%)、南京市(18.98%)。然而,深圳市则是老龄化率最低的城市,仅为 5.36%,这主要是由于深圳市 2020 年的户籍人口仅为587.4 万人,户籍人口仅占常住人口的 33.45%,故而,按照常住人口计算老龄化率会偏低。同时,深圳是年轻人涌入的活力城市,相对而言老年人占比较少。如表 2-2 所示。通过对比老龄人口数据,成都市的老龄化程度较为严重,改善这种现状对于城市经济发展、社会治理、环境保护、提升老年人生活幸福感都有着极其重要的作用和必要性。

表 2-2　各大城市第七次全国人口普查老龄化程度对比

城市		北京	上海	深圳	重庆	广州	天津	武汉
总人口/万人		2189.30	2487.09	1756.01	3205.42	1867.66	1386.6	1232.65
60 岁及以上	人口/万人	429.9	581.55	94.07	701.04	213.06	300.27	212.44
	占比/%	19.64	23.38	5.36	21.87	11.41	21.66	17.23
城市		西安	杭州	南京	济南	长沙	郑州	成都
总人口/万人		1295.29	1193.6	931.47	920.24	1004.79	1260.06	2093.78
60 岁及以上	人口/万人	207.53	201.33	176.77	183.71	153.98	161.74	376.41
	占比/%	16.02	16.87	18.98	19.96	15.32	12.84	17.98

2.1.3　成都市未来老龄化人口预测

根据成都市 2005~2020 年 60 岁及以上老年人口数据,本书采用三种人口预测模型对成都市 2025 年、2030 年、2035 年老年人口数量和占户籍总人口数量的比例进行了预测,取其平均数作为最终预测结果。这三种预测模型分别是灰色系统理论模型(grey system theory model,GM)、自回归模型(autoregressive model,AR 模型)、线性回归预测模型。

---

① 根据第七次全国人口普查结果,人口老龄化率位于全国第一的是辽宁,其 60 岁及以上人口的比重达 25.72%。
② 根据第七次全国人口普查结果,人口老龄化率的前四位分别为:辽宁(25.72%)、上海(23.38%)、黑龙江(23.22%)、吉林(23.06%)。

1. GM

灰色预测法是一种对含有不确定因素的系统进行预测的方法。如果白色系统代表已知的信息，黑色系统代表未知信息，那么灰色系统是介于已知信息和未知信息之间的一种预测系统。灰色系统能够对系统的发展变化进行全面的观察分析，并做出长期预测。灰色预测具有所需数据量比较少、预测精度较高、计算简便、检验方便、适用于中长期预测的优点。假设成都市老年人口数量就是一个灰色系统，已知一部分年份的老年人口数量，预测未来老年人口数量。

通常，灰色系统理论模型表示为 GM(n,h)。当 $n=h=1$ 时，构成了单变量一阶灰色预测模型。下面根据 2011～2020 年的成都市老年人口数据，构建 GM$(1,1)$，预测成都市未来老年人口数量。

首先，构造累加生成序列，设原始数据序列为

$$X^{(0)} = [x^{(0)}(1), x^{(0)}(2), x^{(0)}(3), \cdots, x^{(0)}(n)] \tag{2-1}$$

$X^{(0)}$ 为 2011～2020 年成都市 60 岁及以上老年人口的数量（215.46，223.05，235.58，249.28，259.89，299.53，303.98，315.06，316.04，315.27）。

设 $X^{(1)}$ 为 $X^{(0)}$ 的一次累加生成序列：

$$\begin{cases} x^{(1)}(1) = x^{(0)}(1) \\ x^{(1)}(k) = x^{(1)}(k-1) + x^{(0)}(k) \qquad (k = 2,3,\cdots,n) \end{cases} \tag{2-2}$$

得

$$X^{(1)} = [x^{(1)}(1), x^{(1)}(2), x^{(1)}(3), \cdots, x^{(1)}(n)] \tag{2-3}$$

构造数据矩阵 $\boldsymbol{B}$ 和数据向量 $\boldsymbol{Y}$：

$$\boldsymbol{B} = \begin{bmatrix} -\dfrac{1}{2}\left[x^{(1)}(1) + x^{(1)}(2)\right] & 1 \\ -\dfrac{1}{2}\left[x^{(1)}(2) + x^{(1)}(3)\right] & 1 \\ \vdots & \vdots \\ -\dfrac{1}{2}\left[x^{(1)}(n-1) + x^{(1)}(n)\right] & 1 \end{bmatrix} \tag{2-4}$$

$$\boldsymbol{Y} = [x^{(0)}(2), x^{(0)}(3), \cdots, x^{(0)}(n)]^{\mathrm{T}} \tag{2-5}$$

计算 $\hat{\boldsymbol{\alpha}} = \begin{bmatrix} a \\ u \end{bmatrix} = (\boldsymbol{B}^{\mathrm{T}}\boldsymbol{B})^{-1}\boldsymbol{B}^{\mathrm{T}}\boldsymbol{Y}$ 得出 GM$(1,1)$ 的参数 a、u。

根据预测公式，计算 $\hat{X}^{(1)}(k)$：

$$\hat{x}^{(1)}(k+1) = \left[x^{(1)}(1) - \dfrac{u}{a}\right]\mathrm{e}^{-ak} + \dfrac{u}{a} \tag{2-6}$$

于是累减生成 $\hat{X}^{(0)}(k)$ 序列：

$$\hat{x}^{(0)}(k+1)=\hat{x}^{(1)}(k+1)-\hat{x}^{(1)}(k) \tag{2-7}$$

运用灰色系统方法，分别对 2025 年、2030 年和 2035 年的成都市户籍人口和 60 岁及以上人口数量进行预测，得到的成都市老龄化率 GM 预测结果如表 2-3 所示。

表 2-3　2025 年、2030 年、2035 年成都市老龄化率 GM 预测结果

2025 年			2030 年			2035 年		
60 岁及以上老年人口数量/万人	户籍人口数量/万人	老龄化率/%	60 岁及以上老年人口数量/万人	户籍人口数量/万人	老龄化率/%	60 岁及以上老年人口数量/万人	户籍人口数量/万人	老龄化率/%
418.93	1882.56	22.25	553.40	2285.58	24.21	680.35	2776.97	24.50

2. AR 模型

自回归(AR)模型的解释变量为模型被解释变量的滞后变量。基于多期迭代预测的思想，即每一次预测向前迭代一期，运用截至第 T 期的数据来预测第 $T+1$ 期的值，在预测第 $T+2$ 期的取值时，将第 $T+1$ 期的值视为已知，直到计算出想要的第 h 期预测值。

计算过程如下：首先计算出外推一期预测，然后利用该预测值计算外推二期预测，以此类推。基于 AR(p) 的外推二期和外推三期迭代预测为

$$\hat{Y}_{T+2|T}=\hat{\beta}_0+\hat{\beta}_1\hat{Y}_{T+1|T}+\hat{\beta}_2\hat{Y}_T+\hat{\beta}_3\hat{Y}_{T-1}+\cdots+\hat{\beta}_p\hat{Y}_{T-p+2} \tag{2-8}$$

$$\hat{Y}_{T+3|T}=\hat{\beta}_0+\hat{\beta}_1\hat{Y}_{T+2|T}+\hat{\beta}_2\hat{Y}_{T+1|T}+\hat{\beta}_3\hat{Y}_T+\cdots+\hat{\beta}_p\hat{Y}_{T-p+3} \tag{2-9}$$

式中，$\hat{Y}$ 为成都 60 岁及以上人口数；T 为年份；p 为自回归模型阶数；$\hat{\beta}$ 为 AR(p) 系数的普通最小二乘法(ordinary least squares，OLS)估计。重复上述过程(迭代)可以得到更远期的预测值。

根据已有数据信息，作者建立一阶自回归模型，简记为 AR(1)，$Y_t=\beta_0+\beta_1Y_{t-1}$ 对老年人口数量与老年人口占比进行预测。

Y 为成都 60 岁及以上人口数量、户籍人口数量，单位为万人，t 为年份。由于 β_0 与 β_1 是未知的，因此需要运用 OLS 来对其进行估计。

利用 Stata 软件进行 OLS 估计，得到自回归方程如下(R^2 为相关系数)。

60 岁及以上人口数量：

$$Y_t=15.5505+0.9784Y_{t-1}　　　R^2=0.9726$$

户籍人口数量：

$$Y_t=-22.6149+1.0420Y_{t-1}　　　R^2=0.9345$$

预测结果如图 2-1 和图 2-2 所示。

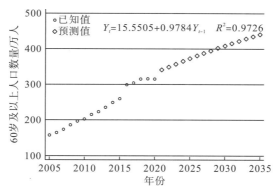

图 2-1　60 岁及以上人口数量预测图

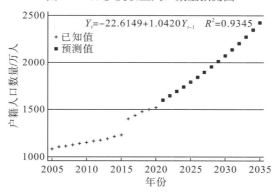

图 2-2　户籍人口数量预测图

运用 AR 模型，分别对 2025 年、2030 年和 2035 年的成都市户籍人口和 60 岁及以上人口数量进行预测，得到的成都市老龄化率 AR 模型预测结果如表 2-4 所示。

表 2-4　2025 年、2030 年、2035 年成都市老龄化率 AR 模型预测结果

2025 年			2030 年			2035 年		
60 岁及以上老年人口数量/万人	户籍人口数量/万人	老龄化率/%	60 岁及以上老年人口数量/万人	户籍人口数量/万人	老龄化率/%	60 岁及以上老年人口数量/万人	户籍人口数量/万人	老龄化率/%
372.51	1789.32	20.82	408.5	2075.31	19.68	440.77	2426.65	18.16

3. 线性回归预测模型

回归分析方法是研究要素之间具体数量关系的一种数学模型工具。线性回归预测模型计算过程简单方便，只要按照公式，通过标准的统计方法就可以计算出唯一的结果，数据结果清晰准确。

下面作者建立一元线性回归模型 $Y=a+bX$ 进行老年人口数量预测；Y 为成都市 60 岁及以上老年人口数量，单位为万人，X 为年份。试建立它们之间的一元线性回归模型并对其进行显著性检验。利用 SPSS 软件进行回归分析，得到成都市 60 岁及以上老年人口数量一元线性回归系数表 2-5。

表 2-5　成都 60 岁及以上老年人口数量一元线性回归系数表

模型		非标准化		标准化	t	显著性
		回归系数(B)	标准误差	回归系数(B)		
1	常量	137.474	4.923	—	27.926	0.000
2	年份	11.872	0.509	0.987	23.319	0.000

60 岁及以上老年人口线性回归方程：

$$Y=11.872X+137.474 \qquad R^2=0.9749$$

线性回归预测图见图 2-3。

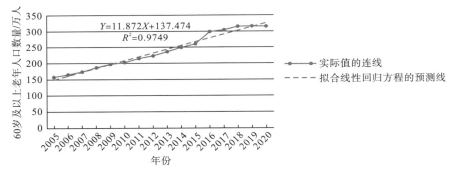

图 2-3　成都市 60 岁及以上老年人口数量线性回归预测图

同样，再利用户籍人口为因变量 Y，年份为自变量 X，利用 SPSS 软件进行回归分析，得到成都户籍人口数量一元线性回归系数表，如下表 2-6。线性回归预测图见图 2-4。

表 2-6　成都户籍人口数量一元线性回归系数表

模型		非标准化		标准化	t	显著性
		回归系数(B)	标准误差	回归系数(B)		
1	常量	989.259	30.756	—	32.164	0.000
2	年份	30.711	3.181	0.932	9.655	0.000

户籍人口数量线性回归方程：

$$Y=30.711X+989.259 \qquad R^2=0.8694$$

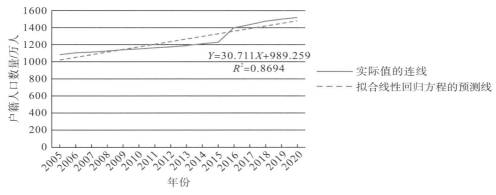

图 2-4 成都市户籍人口数量线性回归预测图

运用线性回归预测模型，分别对 2025 年、2030 年和 2035 年的成都市户籍人口数量和 60 岁及以上老年人口数量进行预测，得到的成都市老龄化率线性回归模型预测结果，如表 2-7 所示。

表 2-7 2025 年、2030 年、2035 年成都市老龄化率线性回归预测模型的结果

2025 年			2030 年			2035 年		
60 岁及以上老年人口数量/万人	户籍人口数量/万人	老龄化率/%	60 岁及以上老年人口数量/万人	户籍人口数量/万人	老龄化率/%	60 岁及以上老年人口数量/万人	户籍人口数量/万人	老龄化率/%
361.26	1634.19	22.11	503.27	1787.75	28.15	665.42	1941.30	34.28

4. 三种模型预测结果汇总分析

GM、AR 模型、线性回归预测模型分别预测出 2025 年、2030 年、2035 年的成都市 60 岁及以上老年人口数量。为了避免对单一某个模型的预测结果产生不具代表性、不可靠的质疑，本书采用三种模型预测结果的平均数作为最终预测结果。因此，得到成都市 2025 年、2030 年和 2035 年 60 岁以上老年人的数量分别为 384.23 万人、488.39 万人和 595.51 万人，占户籍人口数量的比例分别为 21.72%、23.83%、25.00%。由此可见，在 2035 年成都市老龄人口数量占户籍人口数量的比例将超过 1/4，这意味着四个人里面就有一个是老年人。

2.2 成都市传统养老模式所面临的问题与挑战

2.2.1 家庭养老模式的问题与挑战

家庭是老年人通过一生精力和努力打拼奋斗而来的结果，饱含老年人整个生

命历程的记忆，家庭让老年人感到安全和亲切。费孝通教授认为："家，强调了父母和子女之间的相互依存。它给那些丧失劳动能力的老年人以生活的保障。它也有利于保证社会的延续和家庭成员之间的合作。"传统家庭养老总是把"在家养老"与"子女养老"相结合，子女与父母共同居住在家里照顾与赡养老年人。家庭养老是实现老有所养、老有所依的重要手段，是古今中外广泛存在的一种养老方式（白维军，2021）。在我国，家庭养老一直都占主导地位。随着计划生育成效的凸显，核心家庭成为主流家庭、"4-2-1"家庭成为典型家庭，家庭规模也在缩小。同时，城镇化的加速使得人口的流动性增强，越来越多的年轻人到异地谋求生计，留守老年人变得司空见惯。同时，年轻一代的生活观念随着社会经济的发展也在转变，三代人共同生活的家庭观念开始变淡。"养儿防老""多子多福"的传统家庭观念正在被打破。现阶段家庭养老模式面临的问题和挑战主要表现在以下四个方面。

第一，家庭户均人口数量下降，空巢老年人问题凸显。受到生育政策、生活压力增大、生育意愿降低以及年轻人婚后独立居住等因素综合影响，我国家庭规模的缩小呈常态化持续趋势。根据统计资料（图2-5），我国平均家庭户规模已经从1982年的4.41人减低至2020年的2.62人，降幅高达40.59%，也就意味着每个家庭的平均人口数量不足3人，农村家庭规模的不断缩小致使家庭养老功能逐渐弱化，子女的养老负担加重（黄淑娜，2021）。同时，空巢老年人的数量大幅攀升，《中国家庭发展报告2015》指出，空巢老年人人数占老年人口总数的一半，而独居老年人人数占老年人口总数的近10%[①]。《"十四五"国家老龄事业发展和养老体系建设规划》指出，在满足有意愿的特困老年人集中供养需求的前提下，公办养老机构重点为经济困难的空巢、留守、失能、残疾、高龄老年人以及计划生育特殊家庭老年人等提供服务。有学者预计，乡村老年人口数量到2030年可能会突破2亿人（杨秀婷等，2010），空巢老年人数量将占老年总人口数量的90%（魏馨远等，2021），乡村老年人空巢化现象日趋严重。有调查显示，成都市空巢化、高龄化并行，失能失智老年人的数量增多。2020年2月，根据成都市民政局的民政管理服务台账和全市前三轮社区（村）大排查情况，全市共有空巢独居老年人2.03万人[②]。抽样调查中，空巢老年人家庭占到城乡老年家庭总数的近60%（辜波和李开红，2016）。家庭养老的功能不断减弱，完全由老年人构成的家庭增多，致使家庭养老模式对于空巢老年人的适用性大幅降低。

第二，家庭养老模式不能满足当今老年人养老的个性化需求。随着社会经济的快速发展，人民收入水平也随之大幅攀升，根据《中国统计年鉴（2021）》的数

[①] 人民网. 2015家庭发展报告:空巢老人占老年人总数一半[OL]. [2015-05-13]. http://politics.people.com.cn/n/2015/0513/c70731-26995290.html.

[②] 红星新闻. 成都三轮排查出特殊困难群体15.1万人，协助送达生活必需品[OL]. [2020-02-21].https://baijiahao.baidu.com/s?id=1659145806945188426&wfr=spider&for=pc.

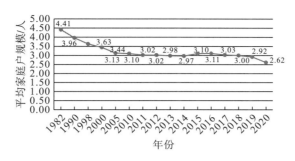

图 2-5 1982~2020 年全国平均家庭户规模

据，城镇非私营单位就业人员平均工资从 1978 年的 615 元上涨到 2020 年的 97379 元，增长了 157.34 倍，年均增幅为 12.82%。全国居民人均可支配收入从 1978 年的 171.2 元增加到 2020 年的 32188.8 元，增长了 187.02 倍，年均增幅为 13.28%。根据《成都市统计年鉴（2021）》的数据，成都市城镇居民家庭可支配收入从 1978 年的 340.25 元增加到 2020 年的 48593 元，增长了 141.82 倍，年均增长率为 12.54%，成都市农村居民家庭人均可支配收入从 1978 年的 140 元增长到 2020 年的 26432 元，增长了 187.80 倍，年均增长率为 13.29%。与此同时，我国现阶段大多数城市老年人知识水平较高，有退休金、个人养老金、一定的工资积蓄和子女给的赡养费，经济承受能力强。老年人的经济收入越高，则养老方面的个性化需求就会随之增多、质量提升，然而，传统的家庭养老模式主要局限于子女或者伴侣的照料以及护理，很难满足城市老年人心中想要的晚年生活。

第三，人口流动规模大、增幅高，致使家庭养老模式无法满足老年人的精神需求。根据第七次全国人口普查数据[①]，全国人户分离人口数量为 492762506 人，其中，市辖区内人户分离人口数量为 116945747 人，流动人口数量为 375816759 人。在流动人口中，跨省流动人口数量为 124837153 人，省内流动人口数量为 250979606 人。与 2010 年第六次全国人口普查相比，全国人户分离人口数量增加 231376431 亿人，增长 88.52%；市辖区内人户分离人口数量增加 76986324 人，增长192.66%；流动人口数量增加 154390107 亿人，增长 69.73%。可以看出，我国人口流动规模大且增幅高，越来越多的城乡劳动力外出就业，仅有少部分留守在家乡兼顾家庭和工作。然而，在家养老的老年人往往希望从儿女身上获取家庭的温馨、情感慰藉以及生活照料，然而，随着社会经济快速发展，生活节奏的加快，子女由于工作流动以及忙于应酬、照顾孩子等原因，使得家庭成员普遍无法为老年人提供充分的生活支持（王羽等，2021），致使老年人与子女之间缺乏沟通、老年人缺乏来自子女的精神慰藉，导致家庭养老模式下的老年人感到十分孤独与无助。

① 中华人民共和国中央人民政府. 第七次全国人口普查公报[OL]. [2021-05-11]. https://www.gov.cn/guoqing/2021-05/13/content_5606149.htm.

第四，家庭养老模式的环境存在不足。家庭养老模式以老年人居住在自家的建造、购买或者租赁的房屋内进行养老为主要特征，然而，老年人居住环境建设适老化不足，部分老社区、老居民楼在建造时没有加装电梯设施，后续的老旧小区加装电梯又由于难以形成共识等原因没有推进，致使老年人出门需要上下楼梯，出门难问题异常明显。从全国老龄办的调研数据来看，我国老年人居住环境建设滞后，58.7%的城乡老年人认为住房存在不适老的问题(王惠绵，2020)。例如，家里地面没有防滑设计，卫生间没有安全扶手，没有老年人专用浴室，厨房设施缺乏安全性。根据测算，我国每年有四千多万名老年人至少发生 1 次跌倒，其中约一半发生在家中。家庭养老模式的适老化改造重点是电梯、坡道、入户门和室内防滑设施，尤其是室内防滑设施的改造(青连斌和刘天昊，2021)。

2.2.2　机构养老模式的现状与问题

机构养老模式是社会化养老的一种，机构养老的服务场所就在专业化的养老机构中(陈伟涛，2021)。国内关于机构养老模式的界定基本达成共识。高岩和李玲(2011)认为，机构养老模式是指政府或社会专为老年人养老所提供的综合性服务机构和设施，以及由此形成的养老社区。马岚(2019)认为，机构养老模式是指老年人离开自己的家，住进专门的养老机构，由养老机构工作人员提供服务。本书认为，机构养老模式是指依靠政府资助、社会捐助、亲人帮助或老年人自助的形式获得经济来源，由专门的养老机构，如福利院、养老院、托老所等，为老年人提供有偿或无偿的养老服务的养老方式。养老机构按照其出资主体和经营主体，可以分为公办养老机构、民办养老机构和公办民营养老机构。按照设立的目的可以分为公益性养老机构和营利性养老机构。按照登记的性质，可以分为事业单位的养老机构、民办非企业单位的养老机构、企业的养老机构(武萍和付颖光，2021)。养老服务的内容有生活照料、康复护理、紧急救助、精神慰藉等。机构养老一般是接纳年龄相对较大、孤寡或独居老年人、有特定疾病需要特殊照顾的老年人。国内外对养老机构的分类如下：按形式分类，有社会福利院、养老院、日间托老所、老年公寓、临终关怀医院；按功能分类，有技术护理照顾型养老机构、中级护理照顾型养老机构、一般照顾型的养老机构；按投资和经营主体分类，有公办公营、公办民营、民办公助、民办民营。养老机构类型多样，服务专业化，居住环境适老化，集体娱乐活动丰富，配备专业养老服务人员，具备基本医疗条件。机构养老不仅能满足老年人养老基本公共服务需要，还能满足老年人的医疗保健、疾病预防、护理康复、精神文化及心理咨询等需求。然而，机构养老模式也不是完美的，也存在着一定的弊端和缺陷。

1. 床位数供需不平衡

在机构养老模式中,养老床位数量不足、分布不均衡是其重要的短板(李月,2020)。2016 年 7 月,《民政事业发展第十三个五年规划》提出到 2020 年每千名老年人口拥有养老床位数达到 35～40 张。然而,根据《中华人民共和国 2020 年国民经济和社会发展统计公报》,2020 年末养老机构有 3.8 万个,养老服务床位有 823.8 万张,结合第七次全国人口普查公布的 60 岁及以上老年人口数量为 2.64 亿人,据此测算出 2020 年每千名老年人口拥有养老床位数实际为 31.20 张,低于《民政事业发展第十三个五年规划》中预定的目标,且与发达国家每千名老年人拥有 50～70 张的床位数相比还有相当大的差距。养老机构提供的养老床位达不到既定目标的现实与快速老龄化背景下老年人口数量的大幅增长的现实,使得养老床位总量供应不足的问题愈发凸显,但是在不同类型的养老机构之间,养老床位的利用率却存在天壤之别,由于公办养老机构政府在资金支持、土地使用、人员配置等方面都有不同程度的利好政策,且收费普遍较低,使得公办养老机构普遍出现"轮候排长队""一床难求"的状态(武萍和付颖光,2021),然而,民办养老机构由于条件简陋、服务质量不高且价格偏高等原因,存在"过半床位空置"的现象。

2015～2020 年,成都市养老机构从 309 家增加到 552 家,增加 243 家,增幅为 78.64%,与此同时,养老床位数从 8.92 万张增加到 12.7 万张,增加 3.78 万张,增幅为 42.38%(图2-6)。床位数占 60 岁及以上老年人口数量的比例从 3.43%增加到 4.03%。

图 2-6　2015～2020 年成都市养老机构数以及养老床位数

2015 年,《成都市人民政府关于加快养老服务业创新发展的实施意见》指出在 2020 年,成都市养老床位达到 13.5 万张以上,每千名户籍老年人拥有床位 45 张以上。然而,截至 2020 年底,成都市每千名户籍老年人拥有床位大约在 40.28 张,成都市养老床位总数为 12.7 万张(含筹建中的床位),距离 2020 年原计划的目标床位数差 0.8 万张。随着家庭养老功能的减弱，机构养老院的床位需求会持续上升。尽管成都市养老机构提供的床位数每年都在上升，但是仍然存在较大缺口，未来建设任务重，供需矛盾突出。然而，让养老机构完全承接部分由家庭养老转移过来的老年人是不现实的。另外，城市建设用地指标数量有限、建设成本高等情况不完全适合再扩建更多养老机构，向城市外延探索新的养老方式成为现实需要。

2.专业老年医疗护理人员不足，专业性不强

养老服务的提升离不开养老护理人员。养老护理人员是养老服务的主要提供者，也是养老服务人才队伍的中坚力量。但当前我国养老护理人员总体上仍面临数量短缺、专业能力不强等困境。我国老年人口逐渐呈现高龄化、空巢化与失能化等特征，因此长期护理服务需求的日益增加与养老护理人员供给不足的矛盾日益显现（丁雪萌和孙健，2019）。2019 年，失能、半失能老年人口数量达 4000 余万人，而预测 2030 年、2050 年中国失能/半失能老年人口数量分别为 6290 万人和 9600 万人，分别占中国老年人口的 17.0%、19.71%（刘倩，2023）。对专业的医疗护理、康复、居家护理服务等呈现庞大而刚性的需求。然而，2019 年中国养老护理从业人员仅有 30 万名。有数据显示，未来养老专业技能人才缺口将达到千万人，对高素质、高技能养老服务人员的需求日益增加。因此，尽快补上养老服务业人才缺口已迫在眉睫（任欢，2018）。

截至 2018 年，成都市在册老年医疗护理从业人员为 2973 人，其中医师 759人、护士 1485 人、护工 729 人。截至 2018 年，成都市为 171.03 万名老年人建立健康档案，占比为全市老年人总数的 54.28%；为 97.27 万老年人免费体检，占比为全市老年人总数的 30.87%[①]。按照 2018 年申请失能评估的 2.6 万余人来估计，成都市老年医疗护理人员与失能老年人数量比只有 1∶11，没有达到 1∶4.5 的国际标准（杜国玮，2010）。有研究显示，养老服务机构中工作人员为下岗职工和农民工的数量占到总体员工数量的 74%，大专及以上学历的人员仅占 20%，其中具有专业护理技能的更是只有 8% 左右，而且 40 岁以上人员占到了 64%（袁忻忻等，2017）。这不利于养老人才队伍的建设，也有碍于满足老年人多样化、高层次需求（武赫，2017）。某些养老机构中存在着五六十岁的老年人照顾七八十岁的老年人的现象，他们不仅医疗护理知识不足，而且在心理安抚和精神关怀上更是严重不到位。另外，一个完善的养老护理队伍应该包括各类专业人才，如专业养老服务人员包括专业技术人才、技能人才，以及针对老年人心理安抚的心理学人才和社会功能修复的专业社会工作人才，然而，这些人才由于制度、薪酬、社会接纳度等原因在我国稀缺并且在岗状态不稳定。

---

① 澎湃家庭生活报. 成都市 2018 年老年人口信息和老龄健康事业发展状况报告[OL]. [2019-10-22]. https://m.thepaper.cn/baijiahao_4744894.

3. 医养分离，价格较高

医养结合是独具中国特色的养老模式，顾名思义就是将医与养相结合（原新和金牛，2021）。医养结合是一种有病治病、无病疗养，即医疗和养老有机结合的新型养老模式，强调通过医疗和养老资源的有机整合，为老年人提供持续性的照顾服务（田帆等，2017）。医养结合的主要目的是实现医中有养，养中有医。然而，现在对医养结合的理解还存在"浅""窄""短"问题。首先，对医养结合本质的理解比较"浅"。医养结合不是简单地指"医"和"养"在地理位置上的靠近，其实质是医养资源的无缝衔接以及一系列快速反应机制的建立，意味着老年人在哪里"养"，在哪里就可以便利地获得合适的"医"，即使在家也能通过绿色通道或是远程诊疗等得到相应的医疗服务。其次，对医的理解过于"窄"。医养结合的"医"不单指治病的医疗，而是大健康概念下的"医"，是对全生命周期的护航，从健康知识传播、疾病预防、健康管理，到医疗护理、临终关怀，全链条地给予老年人支持。最后，对医养结合目标的理解存在"短"的问题。医养结合的目标不能仅限于医养结合机构的数量，而应放眼长远，更强调各级各类型医疗卫生健康机构在功能上与时空上的合理布局，将优质健康卫生医疗服务延伸至社区家庭，在生活圈内不断提升人们对医的元素、医的资源的可及性和便利性。这对于促进惠及全民的医养结合健康产业的发展具有基础性作用。

养老机构中的老年人大部分是身体条件较差的老年人，现阶段大多数养老机构建立医务室、诊疗室、卫生中心等的还较少，使之不能很好地满足老年人的基本医疗需求。而具备这类医养条件的养老机构或者医疗机构的费用特别高，国家在相关医疗报销政策上还没有完善，让一部分老年人望而却步。通过网络检索发现成都市内养老机构根据不同年龄层次、不同身体状况、护理需求，收费也不同，价格呈梯度渐进增长，总体较高。例如，成都市锦江区的养老机构价格区间为每月 3000～6000 元，武侯区的养老机构价格区间更是达到每月 5000～20000元。为了享受集医养服务于一体的养老服务，老年人需要支付更高的费用。而一些硬件条件较好、价格合理的养老院、护理院，却是一床难求，需要排队入住，不能及时满足老年人的医养需求。出现养老与医疗功能分离的情况是由于医疗机构可实行医疗保险，而养老机构则不能。因此，生病老年人在治愈之后不愿离开医院，这不仅占用了公共医疗资源，还使真正需要住院的人无法入住，这种情况造成了资源浪费，加剧了社会矛盾与不满。

2.2.3　社区养老模式的现状与问题

社区养老模式是中国现阶段积极应对人口老龄化政策体系的重要组成部分，对于减缓或抑制老年人健康脆弱性具有重要意义（邓大松和丰延东，2021）。社区养老是指以居住在社区内的老年人作为服务对象,整合社区公共资源、基层政府组织、协调家庭与社区的关系,为辖区老年人提供生活帮助、家政服务、精神慰藉等服务的养老模式。社区养老使得老年人居住在家中就能够接收到社区提供的养老服务,可谓是"一举两得",社区养老服务人员为老年人提供如同养老机构一样的日常生活看护和照料。这种养老模式结合了家庭养老和机构养老的优点,相比较机构养老,社区养老成本更低,花费较低,减轻了老年人和家庭的经济负担;对政府而言,社区内养老资源共享,公共基础设施可重复使用,提升了资源利用率,节省了养老福利资金投入;而对具有养老需求的家庭而言,对社区环境和工作人员更为熟悉,老年人无须出远门便能享受到社区的养老服务,即满足了部分老年人的"恋家"情结,也在更安全放心的情况下减轻了家庭成员的养老负担。社区养老的优势是能够有效协调与整合社区内养老资源从而缓解养老服务资源紧张的问题。但是在现实中,服务资源分散化问题却制约了社区养老服务的发展。

第一,社区养老资源整合难度大,提供养老服务能力有限。2020 年民政统计显示,中国有 51.7 万个村委会、11.1 万个社区,总计 62.8 万个社区(村委会),这使得社区拥有的巨量养老资源被不同程度地分散隔离在众多社区之中,由于社区与社区之间缺少联系机制,信息平台没有搭建致使信息无法共享,服务资源分散零碎,各种养老资源不能在各社区间共享、对接与流动,而只能服务于自身社区内部的老年人,造成社区内资源得不到充分利用,配置不合理。根据智研咨询发布的《2021—2027 年中国养老机构行业市场研究分析及发展规模预测报告》,2020 年成都市城市老年人数量为 315.27 万,每千名城市老年人 45 张床位,需要提供床位数为 315.27×45/1000=14.19 万张;按照成都市打造"9064"养老服务格局,6%的城市老年人到社区养老,需要床位数为 18.92 万张。因此,成都市城市老年人需要床位的平均数为 16.56 万张。然而,截至 2020 年底,成都市每千名户籍老年人拥有床位大约在 40.28 张,成都市养老床位总数 12.7 万张(含筹建中的床位),可见,社区养老的服务供给能力还是比较弱的。

第二,社区养老服务质量不高,缺少监督与监管。由于社区养老的资源与养老需求得不到整合,致使单个社区的养老服务人数有限,大型或者中型以及知名养老服务机构不愿介入其中,中小家政公司或实力较弱的养老机构往往无序进入社区,导致规模本来不大的社区内养老市场被无序分割,且每家养老机构也只能勉强生存甚至难以为继(罗津,2021)。同时,社区养老服务人员并非都是接受过专业培训的工作人员,年龄偏大,专业知识欠缺,职业素养还需要提高;加之不同社区之间缺少统一的养老服务标准,服务范围、服务内容、服务形式没有清晰明确的成文规定;政府部门对社区养老缺乏监督与监管,不便于对社区养老情况进行反馈与改进。

第三,养老服务设施不完善,社区的设备适老化程度不高。社区养老的国家财政投入少，社区养老专项资金匮乏。目前我国人口老龄化加剧，新一代的城市老年人对健身、文化、娱乐、医疗等方面的需求越来越多样化，对养老服务产品的要求也越来越高，然而，目前老旧社区养老设施严重不足，难以支撑居家养老。老旧社区场地条件有限，难以新建集约型、大规模的养老设施(徐知秋和胡惠琴，2017)。故而，社区养老不能完全满足老年人的养老需求。

2.3 "小组微生"新农村综合体内产业发展现状及存在问题

2.3.1 "小组微生"新农村综合体内产业发展现状

新型城镇化是以人口城镇化、土地城镇化和产业优化升级三者同步协调的城镇化，是以人为核心的新型城镇化。在"三农"问题依然是我国社会经济发展短板的情况下，"产村相融"发展是解决转移农民就业创业问题的重要路径之一，且能够有效支撑城镇化的快速、健康、可持续发展。"小组微生"新农村综合体这一概念在酝酿提出时就嵌入了产业元素，"组团式布局"就是为了突出新农村建设与产业布局相融合、方便生产与方便生活相结合，统筹兼顾农民生产半径，选择村民小组中心点位或村民小组交界点位的院落布局聚居组团，构建"新村带产业、产业促新村、产村互动相融"的格局。2016 年 10 月，本书研究团队到"小组微生"新农村综合体进行调研，共调查 10 个"小组微生"新农村综合体，分别是新都区斑竹园镇竹柚塘居新农村综合体、新都区新繁镇高院村玲珑锦院新农村综合体、崇州市白头镇五星村新农村综合体、崇州市隆兴镇群安村的荷风水村新农村综合体和余花农门子新农村综合体、大邑县苏家镇香林村新农村综合体、温江区万春镇幸福村新农村综合体、郫都区三道堰镇青杠树村新农村综合体、郫都区三道堰镇指路村新农村综合体、邛崃市夹关镇周河扁新农村综合体、新津区永商镇朱山岭林盘新农村综合体。通过实地调查后发现，各个"小组微生"新农村综合体内外部都或多或少有可以依托的资源，具体包括内部的都市现代农业、农家乐、民宿、投资修建的景观景点等，外部的古镇、山、水、寺庙等旅游景点。依托这些资源发展了相应的产业，基本每个新农村综合体的建设和发展都基本遵循了"产村相融"的原则，均依靠自身资源，或继续发展壮大传统产业，或多渠道筹资并倾力打造新兴特色产业(表 2-8)。

表 2-8 新农村综合体内产业(规划)现状及其依托资源

序号	新农村综合体	产业类型	依托资源
1	新都区斑竹园镇竹柚塘居	现代农业、乡村旅游业	花香果居 3A 级景区和檀木绿色蔬菜基地建设；古老河沟、堰塘和竹柚林木生态本底

续表

序号	新农村综合体	产业类型	依托资源
2	新都区新繁镇高院村玲珑锦院	现代农业、乡村旅游业	新都柚等特色产业；百草园、尚作有机蔬菜园、樱桃园等现代农业企业；玲珑锦院按 4A 级景区打造
3	崇州市白头镇五星村	现代农业、乡村旅游业、民宿经济	柏萃、盘古、天城等现代农业产业项目；按 4A 级景区标准建成 2.8km² 榿木河湿地公园；草莓采摘、农家乐旅游、"闲来民宿"品牌
4	崇州市隆兴镇群安村的荷风水村、余花农门子	现代农业、乡村旅游业	千亩红提、千亩金银花、千亩荷花产业带
5	大邑县苏家镇香林村	农业产业、乡村旅游业	格林庄园、金桂园、葡萄庄园等乡村旅游项目
6	温江区万春镇幸福村	花木园林产业、乡村旅游业	付氏银杏园林、桂松园林、南海园林、万年青园林、建平园林、光建园林等园林企业；归隐万春、厚德园乡村度假酒店；水立方湿地公园
7	郫都区三道堰镇青杠树村	高端项目为龙头，农家旅游为配套，都市现代农业为基础	天府水乡·国际乡村俱乐部、沙西驿站·慢生活体验中心
8	郫都区三道堰镇指路村	鸟笼产业、韭菜产业	全国鸟笼制作四大流派之一——川派鸟笼基地；青韭菜合作社
9	邛崃市夹关镇周河扁	茶产业、乡村旅游业	依托 2500 亩茶园，打造四川茶产业第一镇；白沫江、天台山、平乐古镇等
10	新津区永商镇朱山岭林盘	乡村旅游业	目前已成立"田园慢村"景区；依托周边的观音寺、梨花溪风景旅游景区

注：根据外业调查资料整理。

由表 2-8 可以看出，成都市"小组微生"新农村综合体的产业发展现状主要有以下三个方面的特征。第一，体现"一三"产业融合，不强调发展第二产业。调查的 10 个新农村综合体中只有郫都区三道堰镇指路村发展鸟笼产业，但是鸟笼产业也是该村起源于三国时期的传统产业，该村素有"川西鸟笼之乡"的美称，并非"小组微生"新农村综合体建成后新发展或新引进的产业，且当地依托城乡建设用地增减挂钩项目建设新农村综合体的一个出发点就是为了服务于该村鸟笼产业的发展，其他 9 个新农村综合体大多没有第二产业的形态。第二，重视发展第三产业，重点发展乡村旅游。在调查的 10 个新农村综合体里，几乎每个新农村综合体都将乡村旅游作为未来的发展重点。第三，现代农业是新农村综合体发展的重点产业，形成了"专业合作社+基地+农户""龙头企业+基地+合作社+农户""家庭农场+农户"等多种相互合作、利益联结的共赢模式。

（1）"专业合作社+基地+农户"（图 2-7）。温铁军（2013）认为，政府应该将综合性、多功能的农民合作组织作为新农村建设的主体，改变条块分割的复杂格局。故而，新农村建设必须通过提高农民组织化程度来体现农民的主体地位。2007年7月11日，成都市第一家合作社——芦稿生猪养殖专业合作社正式成立。

2021 年，成都市实际运营的农民专业合作社总数超过 6600 家。在调研的"小组微生"新农村综合体内，存在着一定数量和规模的专业合作社(表 2-9)。

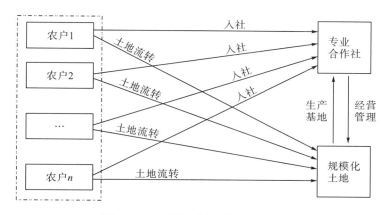

图 2-7　"专业合作社+基地+农户"

这些专业合作社涉及农产品种植、园林花卉种植、养殖业(鸡、猪、兔等)、农机服务、劳务服务、旅游等领域。农民专业合作社进入生产、流通、加工等多个环节，能从根本上改变农民在利润分配链条上的不利地位，有效增加农民收入，让农民通过合作得到更多实惠，增强农民专业合作社的实力和吸引力，提高农民的组织化程度(温铁军和杨春悦，2010)。

表 2-9　新农村综合体内专业合作社基本情况

新农村综合体	合作社	经营土地面积/亩	合作社成员数量
崇州市白头镇五星村	五星土地股份合作社	951.81	361 户
大邑县苏家镇香林村	大邑县御苑种植专业合作社	300 余	—
温江区万春镇幸福村	温江区幸福田园花木营销专业合作社	1400 余	12 户花木种植大户发起，298 户农户参与
郫都区三道堰镇青杠树村	青杠树村福安粮经农民专业合作社	700 余	47 人
郫都区三道堰镇指路村	成都天君鸟笼专业合作社	—	170 余户，300 余人
	青韭菜合作社	500	150 余户

注：—表示缺乏样本数据。

2012 年 10 月，郫都区三道堰镇青杠树村成立福安粮经农民专业合作社，注册资金 4700 元。该合作社对农民采取自愿入社的原则，截至 2015 年，共有成员 47 人，在全村共集中土地 700 余亩，基本将新农村综合体建设后的全部剩余耕地纳入了福安粮经农民专业合作社的经营范围，主要从事粮食及油菜等作物的种植和销售。2015 年上半年收获 500 余亩油菜，产值达 30 万元，并创建自己的品牌——"香草湖"牌。该合作社种植水稻 500 余亩,同时,进行稻田养鱼试验,产值达 75.60 万元。加入福安粮经农民专业合作社的农民每年每亩土地可以赚取"双 700"(即 700 斤大米和 700 斤小麦)的流转收益。经过计算,2015 年每亩土地可以获得总计 2275 元的流转收益。

2012 年 4 月,崇州市白头镇五星村成立了五星土地股份合作社。2012 年,五星土地股份合作社成立时,只有 44 户村民入社,截至 2015 年,五星村所有的村民都加入了五星土地股份合作社,入社的总农户数达到 361 户,经营的土地面积为 951.81 亩,统一经营率达到 100%。在五星土地股份合作社成立当年,社员获得的分红收益为 320 元/亩。2013 年,五星村全村集体入社,保底分红标准也由前一年的 400 元/亩提高到了 600 元/亩,当年还享受了二次分红 273 元/亩(刘友莉等,2015)。合作社采取多种经营模式,分为粮食规模种植、种养循环、立体养殖、育秧中心、农机、粮食烘干加工中心数个经营小组。合作社以优质粮油为主要产业,大力发展认养农业、观光农业、体验农业等创意农业,并成功打造了"五星品牌"这一特色农产品品牌,推行线上线下一体化(online to offline,O2O)模式,形成了完整的产业链。

(2)"龙头企业+基地+合作社+农户"(图 2-8)。锦绣田园——花香果居片区涉及新繁镇高院、汪家、世丰、青石、两河、斑竹园镇回楠及檀木 7 个行政村,面积约为 12.8km²。在编制规划方案时,打破行政区域界线,对照 4A 级景区标准,将 7 个村作为一个整体区域进行统一规划。四川省金熊粮油有限公司系中国西部地区专业经营国内外知名品牌粮油商品,并集大米原料收购、仓储、检验、物流配送、销售等功能于一体的综合性企业。四川省金熊粮油有限公司充分发挥自身优势,通过"龙头企业+合作社+基地+农户"模式,采取订单农业形式,与农户建立了利益共享的合作机制。2020 年共带动农户 4577 户、2021 年带动农户 5285 户、2022 年带动农户 6023 户,带动农户人均增收 350 余元。四川省金熊粮油有限公司先后与成都市新都区昌平农机作业专业合作社、成都市新都区明学川芎专业合作社、新繁镇天君村村民委员会、成都市春东农机作业专业合作社、成都市新都区保丰农机作业专业合作社、成都优耕生态农业科技有限公司等签订无公害优质稻谷定向种植协议,发展优质稻种植基地面积 4230 亩,辐射带动周边新繁、军屯等镇街农户种植面积 2 万余亩。有了合作社的加入,龙头企业可以更顺利地获得成片集中的土地,降低一户一户谈判的交易成本,农民可以依托合作社改变始终处于市场谈判和竞争中的弱势地位。

采用"区镇招商选资,农户洽谈落地"的方式,新都区新繁镇高院村玲珑锦院及周边村民以社为单位,以 1500 元/(年·亩)的价格将 2900 亩农用地流转给明学川芎专业合作社,打造了 3 个龙头农业产业项目。截至 2020 年,以龙头项目带动农户的模式,建设 1000 亩百草园、400 亩有机蔬菜园、300 亩樱桃园,并依托邻近的蔬菜专业合作社建成 1200 亩精品蔬菜基地。成都尚作农业科技有限公司在高院村流转 400 亩农用地，建设有机蔬菜园，发展有机果蔬种植体验、休闲餐饮互动产业。新都区明学川芎专业合作社结合高院村及周边村民有种植川芎的传统，流转 1000 亩农用地，以"专业合作社+基地+农户"的联动发展模式，建设以引种培育、有机栽培、观赏休闲、保健养生、药膳餐饮为一体的中药百草园。企业以 1500 元/(年·亩)的价格付给农民农用地租金，租金每 3 年向上调整一次，每次调整幅度不超过 10%，具体金额由集体经济组织与公司谈判。

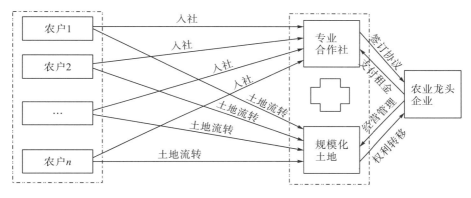

图 2-8　"龙头企业+基地+合作社+农户"

　　(3)"家庭农场+农户"(图 2-9)。"家庭农场"一词起源于欧美。当今世界，所有西方发达国家的农业，尽管各国的国情不同，采取的都是家庭农场的经营方式(刘灵辉，2018)。家庭农场既把现代农业要素融入传统意义上的农户家庭经营中，又避免了雇工农场大规模流转土地带来的解放劳动力过多、企业运行风险累及农民、农作精细化程度不够等问题，是农业从传统走向现代化的最佳路径选择(袁赛男，2013)。2013 年中央一号文件首次提到"家庭农场"的概念，表明现阶段中国发展家庭农场的时机已经成熟、条件初步具备(石言弟，2013)。2015 年 10 月，《四川省人民政府办公厅关于培育和发展家庭农场的意见》对培育和发展家庭农场的基本条件、基本原则、扶持措施和工作保障等进行了详细规定。农业职业经理人是指运营掌控农业生产经营所需的资源、资本，运用现代经营管理理念和先进实用技术，专业从事规模化、集约化农业生产经营的组织者和领头人，属于生产经营型新型职业农民。为大力培育农业职业经理人，促进农业经营主体发展，着力构建新型农业经营体系，2014 年 9 月 4 日，《成都市人民政府办公厅关于加强农业职业经理人队伍建设的意见》(成办发〔2014〕39 号)出台产业扶持、科技扶持、社保补贴、创业补贴、金融支持五个方面的配套扶持政策。

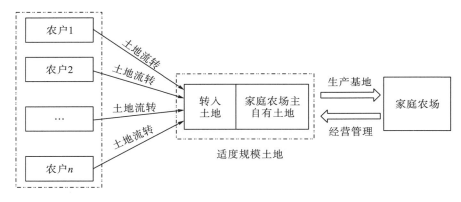

图 2-9 "家庭农场+农户"

"小组微生"新农村综合体建设都非常重视家庭农场的培育和发展，家庭农场主通过利用自家承包的土地和土地流转转入的土地发展适度规模经营。在调研的"小组微生"新农村综合体中，自"小组微生"新农村综合体建设以来，以户为单位的家庭农场数量有一定增加。增长数量最多的是崇州市隆兴镇群安村的荷风水村新农村综合体、余花农门子新农村综合体，新增家庭农场数量 5 家，家庭农场经营规模一般在 100 亩以内；在大邑县苏家镇香林村，家庭农场规模在 200 亩以上（表 2-10）。

表 2-10 新农村综合体内家庭农场基本情况

新农村综合体	现有家庭农场/个	新增家庭农场/个	每户经营土地规模/亩
新都区新繁镇高院村玲珑锦院	1	1	50～60
崇州市白头镇五星村	2	2	>80
崇州市隆兴镇群安村的荷风水村、余花农门子	8	5	<100
大邑县苏家镇香林村	3	3	200～800
郫县三道堰镇青杠树村	2	1	30～40
郫县古城镇指路村	2	2	30～40

（4）一二三产业融合发展（图 2-10）。邛崃市夹关镇周河扁"小组微生"新农村综合体位于夹关镇鱼坝村 13 组，夹关镇绕场路南侧，白沫江畔，距离夹关镇 1.5km、天台山风景区 9km。交通便捷，区位优势明显。周河扁"小组微生"新农村综合体规划占地 11 亩，分成 A、B 两个区域，集中安置 28 户共 89 人，总建筑面积为 5700m²。该综合体被成都市规划专家评定为"4·20"芦山地震灾后重建安置点中建筑形态最美、土地利用最优的新农村综合体之一。邛崃市夹关镇周河扁"小组微生"新农村综合体由群众自发组建旅游行业协会，引进绵阳福隆实业有限公司，成立"白沫江湾"乡村主题酒店联盟，将安置房屋中富余的部分

转化为经营性物业推向乡村旅游市场。联盟采取"企业投资、农户投资、共同投资"三种投资方式，以"统一服务标准和流程、统一营销推广策略、统一销售价格、统一客户接待、统一管理"的五个统一标准进行分类服务。一是就地变房东。农户通过将自家富余房屋出租给专业酒店公司，获得稳定的经济收入，租金标准为每年 144 元/米^2，经测算，房屋整套出租每户平均收益为 2.45 万元/年，单租一间平均为 2880元/年。二是就地变员工。公司优先招聘加盟或出租房屋的农民，使农民真正实现了"不出家门当员工"。一般务工收入为 2.5 万元/年左右。三是就地变老板。加盟农户有权自主确定本家客房服务人员，经营收入通过定期与公司结算，全部归自己所有，真正实现了"坐在家里当老板"，公司只按"接待单"收取20%管理费，剩余收益全部归自己所有，酒店对外销售价格根据淡旺季分为 268元/天、288元/天和 298 元/天三种类型。四是就地变股东。选择股份合作共建的农户，将富余房屋入股，不需要农户的其他投入，即可定期获得公司分红。周河扁"小组微生"新农村综合体下一步将引入社会资金从事采茶体验、山地旅游、蓝莓采摘、农事体验等旅游开发，实现一、三产业的高度深入融合，同时，发展茶加工业，为游客提供特色农产品。

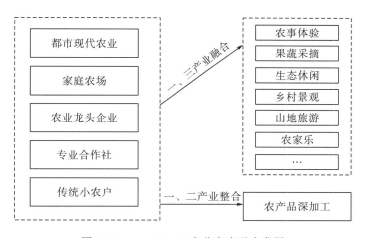

图 2-10　一、二、三产业高度融合发展

2.3.2　"小组微生"新农村综合体内产业发展存在的问题

　　"小组微生"新农村综合体内产业发展对于农村经济可持续发展、增加农民收入、促进城乡一体化等均具有重要的作用和意义。然而，在"小组微生"新农村综合体建设与产业发展相融合的过程中，呈现出以下六个方面的问题。

　　第一，产业发展相融互动程度不够且消费呈现"三低"现象。不同产业之间形成关联互动、共存共生的内在关系，是"小组微生"新农村综合体产业发展的关键。然而，目前"小组微生"新农村综合体内部与外部的产业发展呈现"多点开花"的局面，各个产业间有机衔接、相互带动、共同发展的格局并未形成，"小组微生"新农村综合体可以依托的资源对其产业带动作用尚未充分发挥。例如，新都区新繁镇玲珑锦院新农村综合体，每年承接花香果居等旅游景区的游客达 2 万人左右，但是游客在玲珑锦院内的消费呈现"三低"现象，即消费人次低、消费额度低和消费天数低。游客到玲珑锦院新农村综合体的目的仅仅是走走逛逛、观光和体验感受川西特色民居等，基本不会在玲珑锦院内购物、餐饮消费、留宿过夜等，人均消费额也仅在 30～50 元。由于消费不景气，致使在调研时发现玲珑锦院内唯一的一家农家乐也关门倒闭。崇州市隆兴镇群安村的荷风水村新农村综合体、余花农门子新农村综合体拥有"三千产业"（千亩红提、千亩金银花、千亩荷花）基地，现代农业产业发展和乡村旅游休闲度假在这里充分融合，相映成趣。该"小组微生"新农村综合体每年接待的游客数量在 7.0 万～8.0 万人次，游客在总量上是不少的，然而，他们同样仅仅是采摘红提、观看荷花等，以"一日游"或者"半日游"为主，基本不会在新农村综合体的民宿过夜，甚至不会在农家乐吃饭，人均消费额也仅在 30～50 元。

第二，产业受自然和市场双重影响且风险较大。"小组微生"新农村综合体内的产业大多以农业为主体和基础，众所周知，农业是一项周期长、风险高、回报慢的产业，同时，在农业生产经营过程中风险是一种客观存在，经受着自然风险和市场风险的双重影响。它与我国农业经济的发展、农民生活水平的提高及农产品市场的稳定关系重大（穆月英和陈家骥，1994）。例如，在温江区万春镇幸福村新农村综合体通过生态绿道与国色天乡生态旅游主题乐园、鱼凫生态创意田园综合体串联，带动整个幸福村成为以花木园林为主导产业的"一村一品"旅游村落和有名的花木园林"一村一品"专业村镇。然而，从 2012 年开始，花木园林产业受市场大环境的影响，普遍不景气，米径[①]10cm 的桂花树从约 10000 元/株降至约 2000 元/株，米径 10cm 的银杏从约 300 元/株降至约 60 元/株，幸福村内部的花木园林企业大多在"硬撑"度日。在大邑县苏家镇香林村的 12 家规模化农业企业中，截至 2015 年，仅有格林庄园、葡萄庄园和金桂园等 3 家呈现盈利状态，其余 9 家企业均呈不同程度的亏损状态。另外，农业企业还需承担土地流转费用、人力成本等固定支出，压力普遍较大。

第三，产业雷同度较高且潜在需求量不足。很多"小组微生"新农村综合体没有按照自身的资源禀赋和比较优势布局其产业发展方向和路径，不加甄别、盲目选择、跟风发展，目前，"小组微生"新农村综合体内的产业布局大多围绕一、三产业互动的模式来进行，而第三产业大多又是通过投资打造 4A 级景区、湿地公园、旅游环线等景点来发展乡村旅游，这不可避免会导致不同新农村综合体之间重点发展的产业存在着雷同、空间布局一致等现象，而且会出现产业结构

---

① 米径是指树（苗）木距地面一米处直径。

优化不合理、产业定位不准确、产业发展目标定位不准确等问题。例如，郫都区的三个新农村综合体建设示范村主要以乡村旅游类为主。三道堰青杠树村的天府水乡·国际乡村俱乐部、沙西驿站·慢生活体验中心，安龙村的"安龙书院""成都院子"等都是以乡村休闲旅游为主，项目同质化严重，项目运营存在不确定性，不利于产业的可持续发展。另外，成都市内区内旅游资源亦十分丰富，同时，在成都市周边已经形成了以古镇游、绿道游、湿地游等为特色比较成熟的乡村旅游经济。因此，如果"小组微生"新农村综合体内新打造的旅游景点特色不亮眼，在旅游距离又不占绝对优势的情况下，"小组微生"新农村综合体内的游客数量无疑会被大大稀释。

第四，产业呈现假日经济、冷热不均的态势。"小组微生"新农村综合体内的产业并未摆脱依赖游客节假日集中购物、集中消费进而带动供给、带动市场、带动经济发展的经济模式，这不可避免会出现"节假日游客蜂拥而至，工作日游客门可罗雀"的问题，整体产业发展态势呈现乍暖还寒、冷热不均的现象。例如，邛崃市夹关镇周河扁新农村综合体依托天台山旅游景区，政府积极招商引资，由绵阳福隆实业有限公司投资，打造"沫江山居"乡村生态休闲旅游度假区。项目以"农耕、民俗、生态"文化为脉络，打造集乡村主题酒店、生态农业体验及养生度假功能于一体的休闲度假旅游目的地，包括"白沫江湾"乡村主题酒店群(酒店联盟)、"彩蝶园"生态果林观赏体验园、"泊·岸"水寨茶乡精品院落酒店及休闲度假区和乡村特色产品展示交易体验街区四个部分。虽然夹关镇周河扁村的区位及资源优势明显，产业链条较长，但是周一到周四乡村主题酒店的接待人数呈零星态势，大多在 10 人以内，周五、周六却达 30～40 人，而"五一"假期、"十一"黄金周则呈爆满的 300～400 人，酒店床位出现供不应求的现象。

第五，新农村综合体内产业对农民的吸纳度和吸引力有限。"小组微生"新农村综合体坚持新村建设与产村相融(即产村融合新模式)优势产业发展同步推进，培育和提升助农增收主导产业，不断推动产村深度融合，让农民就地创业就业。目前，大多数已建成的"小组微生"新农村综合体内已发展起了相关主导产业，如温江区万春镇幸福村花木园艺优势产业、邛崃市夹关镇的茶产业和乡村酒店产业、郫都区三道堰镇指路村的鸟笼产业和韭菜产业等。部分已建成"小组微生"新农村综合体的内部产业链已经初步成型，如新都区新繁镇高院村玲珑锦院依托明学川芎等 3 家龙头农业企业、花香果居和柚子种植等产业资源，已初步形成一条集特色种植、加工、休闲、观赏、餐饮、互动体验于一体的乡村旅游线。然而，新农村综合体内产业对吸纳农民就业的能力和数量是有限的。首先，对于农业企业、专业合作社和家庭农场(种田大户)而言，随着土地经营规模的扩大，农业机械化水平也大幅提高，而农业机械化的目的就是用机械动力代替人畜力，提高农业生产率，以释放出更多的劳动力投入到二、三产业当中，为国民经济的发展作出贡献。因此，农业企业、专业合作社和家庭农场(种田大户)对劳动力的需求更多的是农忙季节以及技术含量较低劳动环节的临时雇佣，对四川普科农业技术开发有限公司、崇州市五星土地股份合作社和大邑县康伟农机服务专业合作社等实体的雇佣人员调查数据也印证了这一现实状况(表2-11)。

对于新农村综合体内的农家乐而言，其发展有利于增加就业机会，解决了部分剩余劳动力，实现了"让农民在家门口就业"。然而，不同新农村综合体内的农家乐发展情况存在较大差异(表2-12)，在新都区新繁镇玲珑锦院、郫都区三道堰镇指路村、都江堰市天马镇绿凤村凤栖苑小区等新农村综合体内尚没有农家乐经营。在温江区万春镇幸福村和崇州市白头镇五星村仅有1家农家乐，农家乐数量最多的为郫都区三道堰镇青杠树村，共计20家。因此，不同新农村综合体内农家乐产业吸纳村民就业的能力呈现较大差异。同时，农家乐经营季节性强、从业人员流动性大，而从业人员的收入水平偏低这一情况，使大多数村民不愿意长期从事农家乐服务员等职业。

表2-11 部分新农村综合体内农业企业、合作社吸纳就业情况

农业公司、合作社	所属新农村综合体	经营土地面积/亩	长期雇佣人员/人	临时雇佣人员/人
四川普科农业技术开发有限公司	崇州市隆兴镇群安村的荷风水村、余花农门子	>1000	3	6
崇州市五星土地股份合作社	崇州市白头镇五星村	958	2	120
大邑县康伟农机服务专业合作社	大邑县苏家镇香林村	>1100	7	30

表2-12 部分新农村综合体内农家乐吸纳就业情况

新农村综合体名称	农家乐数量/家	吸纳村民就业人数/人	农家乐从业人员月收入水平/元
温江区万春镇幸福村	1	<10	约2000
崇州市白头镇五星村	1	20	约2000
大邑县苏家镇香林村	3	150	约2000
崇州市隆兴镇群安村的荷风水村、余花农门子	8	40~50	约1800
郫都区三道堰镇青杠树村	20	200~300	约2000
邛崃市夹关镇周河扁村	4	10~20	约1500

第六，新农村综合体内产业发展在相关主体间的利益分配规则尚未科学建立。"小组微生"新农村综合体建设过程中涉及村集体经济组织、集体兴办的资

产管理公司等实体、专业合作社、农民以及从外面引进的企业法人等利益主体，因此，探索如何在这些主体间构建紧密的利益共同体是亟待解决的核心问题和关键问题，这涉及新农村综合体内产业发展的可持续性。目前新农村综合体土地综合整治项目节余的集体建设用地指标出让收益，大部分新农村综合体将得到的收益用于交通路网、集中供水、能源电力、污水处理、广播电视、光纤宽带、安全防范等基础设施建设以及人均新建住房补贴，这与农民原有宅基地面积大小并没有直接的关联，致使原有宅基地占地面积较大农户的利益受损，而宅基地占地面积较小的农户受益。另外，新农村综合体内引进的企业与集体经济组织、农民的利益关系也尚未理顺。例如，新农村综合体内引进的农业企业每年均向农民支付相应的土地流转费，虽然农民通过土地流转获得的财产性收益有所提高，但是这部分收益大部分用于弥补农民因土地转出而带来食品购买支出的增加量，农民实际获益量并不明显。究其原因在于农民的土地投入与企业的经营利润之间的关系并不紧密。温江区万春镇幸福村整理土地面积 2861 亩，其中，宅基地 314 亩，建新区用地 126 亩，节余集体建设用地 188 亩就地用于发展乡村度假旅游产业，目前已引进归隐万春、厚德园乡村度假酒店，而这些企业的后期运营收益如何在企业、集体经济组织、农民等主体间分配，不至于将农民排除在未来持续性的收益分配主体之外是值得研究的问题。

第3章 "小组微生"新农村综合体承接城市养老产业的可行性与模式

3.1 "小组微生"新农村综合体承接城市养老产业的构想

在休闲时代趋近、人口老龄化形势日趋严峻、城市养老压力陡增以及"小组微生"新农村综合体在区位、生态环境、配套公共服务设施等方面具有较大优势的背景下，吸引部分城市老年人到"小组微生"新农村综合体休闲养老，进而将"小组微生"新农村综合体打造成为承接城市养老产业的目的地之一是可行的。"小组微生"新农村综合体承接城市养老产业，是指将新农村综合体的自然环境、地理区位、田园风光、特色建筑、基础设施、文化娱乐、绿色有机食品等各方面适合城市老年人休闲健康养老的优势性、可行性与成都市主城区范围内传统养老服务供需关系失衡的紧迫性、现实性衔接起来，在"小组微生"新农村综合体新设接纳城市老年人的养老机构、养老场所，引导有条件、有需求的城市老年人利用自己的闲暇时间以休闲健康养老为目的到合适的"小组微生"新农村综合体暂住或定居，享受返璞归真的乐趣(图 3-1)。

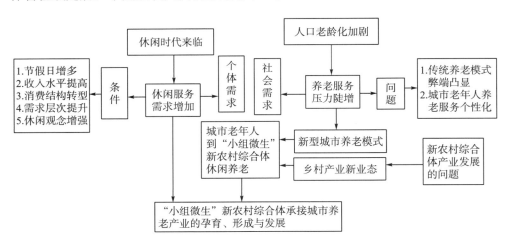

图 3-1 "小组微生"新农村综合体承接城市养老产业示意图

"小组微生"新农村综合体承接城市养老产业不能仅仅停留在构想层面,要想实现该目标,就需要从城市的需求侧和农村的供给侧两个层面同时发力。首先,让"小组微生"新农村综合体在发展休闲养老产业方面有"供给侧",即将乡村发展力瞄准"小组微生"新农村综合体承接城市休闲养老产业,加强农村基础设施建设,提升新农村综合体物质条件,改善乡村生活条件,保证农村休闲养老产业的竞争力,为乡村产业转型升级、农民增收提供先决条件。其次,形成"小组微生"新农村综合体休闲养老的"需求侧",即在城市中扩大"小组微生"新农村综合体休闲养老产业的知名度和影响力,改变城市老年人对农村的传统看法和落后印象,更新城市老年人养老观念,让城市老年人愿意选择到"小组微生"新农村综合体进行休闲养老。在乡村供给和城市需求的双重作用下,既可拉动乡村内部建设发展,又能吸引来自城市的人气和外部投资,从而形成农村休闲养老产业这一新的经济增长点,盘活农村要素资源,不仅缓解城市养老压力,提升农村养老服务水平,而且有利于"三农"问题解决,提高农民收入,助力乡村振兴。

3.2 "小组微生"新农村综合体建设承接城市养老产业发展的可行性

3.2.1 宏观层面可行

国家政府部门虽然没有明确对乡村休闲养老这一特定产业的发展做出部署和规划,但在推进社会主义新农村建设、乡村振兴战略、加快发展休闲旅游业和养老服务业上给予了大力支持。2014 年 2 月,农业部(现农业农村部)将美丽乡村分为 10 种类型,分别为产业发展型、生态保护型、城郊集约型、社会综治型、文化传承型、渔业开发型、草原牧场型、环境整治型、休闲旅游型及高效农业型。那么,依托乡村旅游发展休闲养老产业应该属于休闲旅游型美丽乡村中的一种。2014 年 8 月,国务院印发的《关于促进旅游业改革发展的若干意见》,提出要积极发展休闲度假旅游、大力发展乡村旅游和老年旅游等。2015 年 3 月,全国两会政府工作报告中指出,新农村建设要惠及广大农民,要深化服务业改革开放,促进就业,大力发展旅游、健康、养老、创意设计等生活和生产服务业。2016 年中央一号文件提出要利用乡村独特的乡村景观资源发展休闲度假、养生养老等产业,使其成为改善农村经济的新兴支柱产业。2018 年 1 月,《中共中央国务院关于实施乡村振兴战略的意见》指出:"实施休闲农业和乡村旅游精品工程,建设一批设施完备、功能多样的休闲观光园区、森林人家、康养基地、乡村民宿、特色小镇。对利用闲置农房发展民宿、养老等项目,研究出台消防、特种行业经营等领域便利市场准入、加强事中事后监管的管理办法。"2020 年 7 月，农业农村部发布的《全国乡村产业发展规划(2020—2025 年)》指出："建设美丽休闲乡村。依托种养业、田园风光、绿水青山、村落建筑、乡土文化、民俗风情和人居环境等资源优势，建设一批天蓝、地绿、水净、安居、乐业的美丽休闲乡村，实现产村融合发展。鼓励有条件的地区依托美丽休闲乡村，建设健康养生养老基地。"

按照 2011 年 12 月《成都市城乡养老事业发展第十二个五年规划》的要求，成都市于 2015 年基本形成了"9073"养老格局，即 90%的老年人通过社会化服务实现居家养老，7%的老年人通过政府购买服务实现社区养老，3%的老年人通过入住养老机构实现集中养老，但是居家养老服务覆盖面窄、社区养老基础设施薄弱、机构养老床位数低于国家标准等问题依然突出。成都市养老机构布局以统筹城乡发展为原则，开始重点改善农村养老条件，并充分考虑不同区域发展特点，合理配置养老设施，促进各区域养老事业的协调发展，实现城乡养老一体化。2012 年 12 月，成都市政府制定发布的《成都市养老设施布局规划(2011—2020)》，全市共规划养老点位 395 个，其中，中心城区(五城区含高新区)规划养老点位 83 个，占 21.01%，其余 78.99%的养老点位规划布局在新都、青白江、龙泉驿、郫都、温江、双流、邛崃、蒲江、新津、金堂、都江堰等二、三圈层区(市、县)。拟在城区采取小型化、多点位的布局，突出社区养老功能；在近郊，突出医养结合功能；在远郊突出休闲养老功能。2015 年 12 月发布的《中共成都市委关于制定国民经济和社会发展第十三个五年规划的建议》指出："全面放开养老服务市场，通过购买服务、股权合作等方式，支持各类市场主体增加养老服务和产品供给"。那么，新农村综合体中的集体经济组织和农民应属于"各类市场主体"中的一员并提供养老服务和产品供给。2021 年 11 月，《成都市"十四五"养老服务业发展规划》指出，鼓励利用农村闲置房屋发展一批设施完备、服务优良的乡村养老基地。促进业态多元融合。支持面向老年人的健康管理、预防干预、健身休闲、文化娱乐、旅居养老等业态深度融合，形成大健康产业生态圈，拉动康养产业大发展。把老龄产业的发展融入城市更新之中，倡导发展老年宜居产业，支持社会资本设计开发更多适合老年人居住的商业住宅产品。实施"农业+康养"行动，规划建设农业产业园、田园综合体，打造以森林康养等为主的健康养生基地。

成都市为加强城乡养老服务业的发展，在土地供应、税费优惠、机构发展扶持等方面制定了配套的政策。第一，在土地供应政策方面，将养老服务设施纳入全市土地利用总体规划和城乡建设总体规划，为养老机构的发展预留空间。对经民政部门确认的符合《划拨用地目录》的非营利性养老机构，可采取划拨方式供地；对营利性养老机构可采取租赁、出让等有偿方式供地，并可采取挂牌方式取得；允许通过集体建设用地使用权流转方式取得养老服务设施用地，对列入市级重点项目的养老机构建设项目，依法给予一定的价格补贴。第二，在税费优惠政策方面，对非营利性养老机构建设免征行政事业性收费、免缴基础设施配套费；对营利性养老机构建设减半征收行政事业性收费、减半缴纳基础设施配套费。养老机构、日间照料中心、农村居家养老服务中心及互助幸福院等的电、水、气和光纤、宽带价格，按居民生活类价格执行。第三，在机构发展扶持政策方面，对新建并依法设立许可的社会化养老机构，给予营利性养老机构每张床位 10000元、非营利性养老机构每张床位 12000 元的一次性建设补贴；对利用企业厂房、闲置学校、医疗卫生机构、商业设施等场所进行改建并依法设立许可的养老机构，给予营利性养老机构每张床位 5000 元、非营利性养老机构每张床位 6000 元的一次性建设补贴；对社会化养老机构收住本市户籍老年人的，给予每床每月150 元的服务性床位补贴；对社会力量投资兴建社区养老服务设施并验收合格的，分别给予一次性建设补贴，即社区微型养老机构，城镇每个 40 万元、农村每个 30 万元；日间照料中心，城镇每个 30 万元、农村每个 25 万元；农村互助幸福院每个 20 万元。第四，有效降低养老机构运营风险，促进养老机构健康发展。高度重视养老机构责任保险的推行工作，积极动员、鼓励养老机构参加责任保险；同时，引导相关保险公司积极进行产品创新，结合成都市养老服务的特点，按照公平公正、保本微利原则，合理设计保险产品条款、科学厘定费率，满足多样化养老机构责任保险需求。

3.2.2 微观层面可行

1. 城市老年人方面

第一，城市老年人对农村田园生活的内心向往。随着快速城镇化战略的推进，"大城市病"愈发突出，包括生态环境、交通、食品安全等因素在内的城市生活质量有所下降，而农村良好的生态环境，如清新的空气、灿烂的阳光、清澈的溪流、茂密的树木、遍地的花草、满眼的庄稼、淳朴的民风等，这些成为吸引城市老年人的重要因素。随着年龄的增大，城市老年人更加厌倦城市的嘈杂和喧嚣，厌倦城市钢筋水泥的生活状态，开始关注自己的身体健康，而农村的青山、绿水、洁净的空气、绿色有机食品等能够帮助城市老年人增强体质，愉悦身心。与之相反，在传统的居家养老或机构养老模式下，远离自然环境优美的乡村，环境条件、绿色食品和娱乐等大都不尽如人意，医养结合的新模式又发展乏力，远不能满足老年人日益增长的各类生理和精神需求，以及淡定闲适的养生欲望。

第二，城市老年人到新农村综合体休闲养老的意愿较高。"小组微生"新农村综合体承接城市养老产业的前提，就是要发现城市老年人对到"小组微生"新农村综合体休闲养老的意愿程度，如果绝大多数城市老年人对该休闲养老模式不感兴趣、没有意愿，那么就意味着吸引城市老年人到新农村综合体休闲养老将不可实现或者很难实现，同时意味着在"小组微生"新农村综合体发展休闲养老产业就成了"天方夜谭""空中楼阁"。受访的 397 名城市老年人在回答"假如在新农村综合体内的居民将自家的住房专门改造出一间、两间、多间房屋或者整套房屋出租归您使用，您是否愿意在新农村综合体内进行以休闲养生为目的的养老，并享受该社区内的健康、医疗、教育等各项公共服务"这一问题时，27.71%的受访者表示"愿意"，45.84%的受访者表示"不清楚，视情况而定"，26.45%的受访者表示"不愿意"，这表明大多数城市老年人对到新农村综合体进行休闲养老这一模式持支持态度和中立态度(图 3-2)。

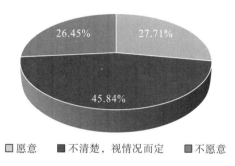

图 3-2 受访城市老年人到新农村综合体养老的意愿分布图

第三，城市老年人到新农村综合体休闲养老预期居住的时间相对较长。由于"小组微生"新农村综合体毕竟不是旅游景点，对于能够吸引城市老年人在此停留多长时间并进行休闲养老是尚存疑问的，故而，城市老年人能够在其中休闲养老居住的时间长短，是关系着"小组微生"新农村综合体承接城市养老产业能否可持续发展的关键，如果大多数城市老年人预期的停留时间仅为短短的几天或者一周，那么，"小组微生"新农村综合体承接城市养老产业很可能变成假日经济、周末经济的翻版。在受访的 397 位城市老年人中，愿意到新农村综合体养老并居住时间在 1 个月以上的占 81.51%，3 个月以上的占 25.52%，半年以上的占 11.98%，可见，城市老年人到"小组微生"新农村综合体以休闲养老为目的的居住，并非能以周末"2 日游"或小长假"7 日游"所代表的时间来衡量，而是以月或年为单位衡量(图 3-3)。

第四，城市老年人的收入普遍较高，经济承受能力强。城市老年人到"小组微生"新农村综合体休闲养老面临着一系列经济开支，包括交通费、住房开支、食品开支、休闲娱乐项目开支、必要的医疗支出等，这对城市老年人的经济能力提出了一定的要求，如果没有收入来源、没有工作以及低收入的城市老年人，就可能承受不起休闲养老的经济成本。在受访的 397 名城市老年人中，月收入在 4000 元以上的占 39.80%，3000～4000 元的占 20.40%，2000～3000 元的占 28.97%，低于 2000 元的仅为 10.83%。加之，城市老年人在退休前多年工作的积蓄以及子女的经济支持等,完全能够支持其在新农村综合体养老所需的租房、日常生活开销等各项支出(图 3-4)。

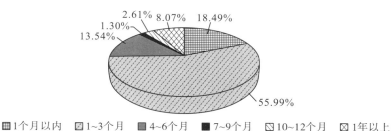

图 3-3 受访城市老年人到新农村综合体养老的期望时间分布图

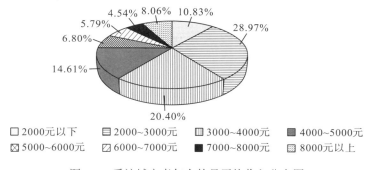

图 3-4 受访城市老年人的月平均收入分布图

2. 新农村综合体和农民方面

第一,新农村综合体能满足城市老年人养老所需的物质和环境需要。在住房方面,"小组微生"新农村综合体建设让农民住房条件发生了翻天覆地的变化,农民普遍搬进了 2 层或 3 层的别墅式的川西民居,这完全不同于城市内的高层住宅小区,能给城市老年人带来纯正的乡村生活体验;预计未来,"小组微生"新农村综合体建设完全可以将城市老年人的住房户型、装修材料、家具家电配置等要求考虑进去。在基础设施和公共服务设施配套方面,"小组微生"新农村综合体在规划建设过程中注重功能集成配套,同步规划实施配套完善交通路网、集中供水、能源电力、污水处理、广播电视、光纤宽带等基础设施和公共服务设施,能够为城市老年人提供良好的生活条件和人居环境。在自然环境方面,"小组微生"新农村综合体以一三产业融合发展为导向,减少了工业"三废"对空气、水质以及土壤等的污染,由于远离城市核心区域,噪声污染也大幅降低,同时,新农村综合体内污水处理、垃圾清运等均有配套安排。针对以往村庄整治中破坏生态、"乡不像乡"的问题,成都市"小组微生"新农村综合体建设要体现"微田园风光",保护好山水田林"生态本底"(姚树荣和余澳,2018)。农房前庭后院、因地因时种植，形成"小菜园""小果园""林盘院落"，保持着房前屋后"瓜果梨桃、鸟语花香"的微田园风光。在成都各地建成的"小组微生"新农村综合体试点中，土地使用大体上分为三部分：农房约占 1/3，公共设施占 30% 左右，剩下的正好属于"微田园"的领地（张怡，2020），可见，新农村综合体的微田园风光所占的比例之大，足以满足城市老年人休闲养老对田园风光的潜在需求。

第二，新农村综合体内的文化娱乐生活能够满足城市老年人的精神需要。在"小组微生"新农村综合体建设中融入和传承传统农耕文化、历史文化、建筑文化、民俗文化、饮食文化，能够使城市老年人在新农村综合体内感受到浓厚的乡村文化气息。"小组微生"新农村综合体内不仅配套有文化活动室、全民健身广场等文化体育设施，而且新农村综合体内农民的文化娱乐生活已经和城市居民没有多大差异，广场舞、太极拳、踢毽子、跳绳、剪窗花、做手工、猜灯谜、图书阅览、书画爱好者交流与培训、摄影爱好者采风交流会和培训、环保健康讲座等精彩纷呈的活动项目，足以满足城市老年人的业余爱好和精神生活需求。另外，城市老年人还可以自主选择参与新农村综合体内的农事体验项目，让城市老年人亲身体验播种、收割、捕捞、果园采摘、农产品加工等内容，体验原汁原味的乡村生活。

第三，农民对城市老年人到新农村综合体内进行休闲健康养老的接纳度高。受访的 71 名新农村综合体农民在回答"在收取费用的前提下，您是否愿意出租房屋接纳城市健康老人到家中进行以健康和休闲为目的的养老"这一问题时，受访者的意愿分布如图 3-5 所示：67.61% 的受访者表示"愿意"，14.08% 的受访者表示"不清楚，视情况而定"，18.31% 的受访者表示"不愿意"，这表明大多数新农村综合体的农民对城市老年人到新农村综合体内养老持支持态度和中立态度。

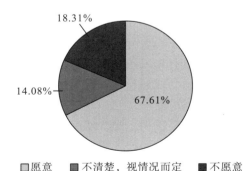

图 3-5　农民对城市老年人到新农村综合体养老的态度分布图

第四，新农村综合体内及周边兴办的养老机构发展势头良好。从政府的角度来看，成都市相关政府部门已经注意到农村承接城市养老产业的可行性和必要性,在崇州市、温江区等二、三圈层区(市、县)已经开始"让城市人到农村养老"的探索和实践。在距离崇州市隆兴镇群安村的荷风水村新农村综合体和余花农门子新农村综合体仅 1.5km 的灵通村 6 组,成都福润乡村旅游开发有限公司投资开发了天府怡园养老中心,该项目占地近 500 亩,总建筑面积约 9 万米^2,是集乡村旅游与养老于一体的新型民办养老机构,项目计划投资 3 亿元,分为两期完成,设计床位 2600 张,具备养老、养生、医疗、休闲等功能。该项目依托隆兴镇是四川省政府重点打造的乡村旅游基地,发展有机农业基地,同时,项目紧邻崇州市政府打造的湿地公园、荷花观光池、芙蓉园、红提庄园、动漫基地、四川农业大学科研基地以及著名的安仁古镇、刘氏庄园、建川博物馆等,周边人文、自然旅游资源十分丰富。另外,天府怡园整理出一套新型养老模式,从配套、原生资源、全程疗养、精神需求、养生等全方位塑造立体化养老模式。目前,天府怡园已成为全国唯一一个集乡村旅游、养生怡养、有机农业于一体的综合养老项目;全国唯一一个配备地源热泵水循环系统,实现恒温、恒湿、恒氧的养老项目;全国唯一一个配套 400 余亩农业种植园区的养老项目;全国唯一一个配备温泉疗养的养老项目;全国唯一一个拥有面积达 6000m^2 的道文化养生酒店的养老项目。

3.3 "多元共融"式产业模式的构思

"多元共融"式产业模式,即"小组微生"新农村综合体内的产业布局和发展围绕"多元共生、相互融合、协调发展"的理念来整体推进,以期形成"百业共兴"的产业发展局面(图 3-6)。其中,"多元"产业主要依托农业发展新农村现代服务业,具体是指在新农村综合体内发展的都市现代农业、休闲观光农业、社区支持农业(community supported agriculture,CSA)、民宿经济、农家乐、承接的城市养老产业,以及新农村综合体外围的自然人文景区旅游业和城市的养老产业等。"共融"是指"多元"产业之间相互衔接、相互依存、互利共生。具体而言,都市现代农业、休闲观光农业、社区支持农业、民宿经济、农家乐、承接的城市养老产业的同时发展,赋予了新农村综合体产业大繁荣的场景,"多元"产业之间可以共享客源,并能为游客提供不同类型且功能互补的服务,同时,"多元"产业形成的规模积聚效应,可以实现综合体内各类资源的共享,达到分摊成本以提高利润的目的。例如,在新农村综合体内承接城市养老产业,可以为其他"多元"产业的发展提供数量可观、长期稳定且优质的消费群体,而新农村综合体内的都市现代农业、休闲观光农业、社区支持农业、民宿经济、农家乐以及新农村综合体外围的自然人文景区旅游业等"多元"产业,不仅为城市老年人在新农村综合体内养老提供了娱乐和消遣场所及平台,延长了产业链条,推进游客的二次消费，而且也为新农村综合体吸引了源源不断的"人气"，并为新农村综合体承接城市养老产业提供新的、潜在的客源。

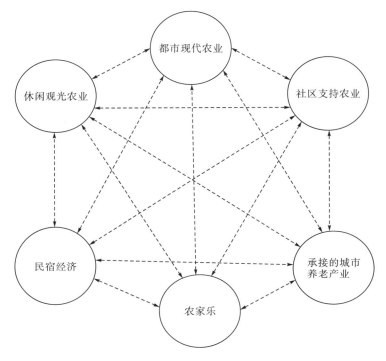

图 3-6 新农村综合体"多元共融"式产业构思示意图

通过打造"多元共融"式的产业发展模式，将实现新农村综合体的脱胎换骨。把体现田园风貌、体现乡村风格、体现现代生活、方便农民生产的"小组微生"新农村综合体提升为乡村旅游目的地，并可以为城市老年人提供老有所养、养有所乐、乐有相依的一流社会环境，同时，发展农村生态种植业、旅游观光服务业、民宿产业、社会养老帮扶业，走产业规模化、社会服务多样化、农村养老人性化、文化繁荣人性化的特色道路。更为重要的是，"多元共融"的产业发展模式完全符合中共十八届五中全会提出的"创新、协调、绿色、开放、共享"新发展理念，是一种可持续的产业发展模式。

3.3.1 "多元"：因地制宜依托资源优势发展乡村一三产业

1. 都市现代农业

都市现代农业是指在都市化区域利用田园景观、自然生态及环境资源，结合农林牧副渔生产、农业经营活动、农村文化及农家生活，为人们休闲旅游、体验农业、了解农村提供场所，是集经济功能、社会功能和生态功能于一体的都市区域性农业。都市农业的概念产生于 20 世纪 50 年代末至 60 年代初，最早由美国学者提出，表述为"都市农业区域"与"都市农业生产"。1977 年，艾伦·尼斯在《日本的农业模式》一书中明确提出了"都市农业"一词，此后日本、韩国的学者相继对其展开研究，都市农业成为农业经济学研究的分支(毛帅，2008)。中国都市农业的提出与实践始于 20 世纪 90 年代初，目前我国各地的都市农业均得到蓬勃发展，发展较好的地区有北京市、上海市、广州市、杭州市、成都市等。世界各国的社会经济、自然条件不同，都市农业发展的模式也不同，总结起来，都市农业可以归纳为三种模式(丁圣彦和尚富德，2003)。第一，偏重生产、经济功能的模式，重点是提供新鲜、特色、无污染的优质农产品以满足都市消费需求，增加城市就业机会、优化城郊产业结构及实现农业增产以提高农民收入等功能。在区域空间内，都市和农村相互交叉，融为一体，农业如网络一样分布在城市群中。第二，偏重生态、社会功能的模式。重点是为都市居民提供接触自然、体验农业以及观光、休闲场所的高新技术农业，充分发挥农业的绿化、净化和美化作用，充当都市的绿化隔离带，防止城市无限制扩张，保持乡村的自然景观，作为市民娱乐休闲场所，实现城乡经济共同发展和社会全面进步。第三，生产、经济功能和生态、社会功能兼顾的模式。发展都市农业具有重要的意义，毕竟都市现代农业发展，是现代农业和乡村振兴的重要组成部分。都市现代农业除了为社会提供农产品的基本职能外，还是城市生态系统、社会系统的重要组成部分，更是提升区域农业竞争力的核心内容。系统构建都市现代农业功能体系，对优化农业空间秩序、提升城郊空间价值具有重要支撑作用，是促进城乡区域统筹融合发展的有效路径(彭锐等，2021)。2012 年 8 月 30 日，《农业部办公厅关于加快发展都市现代农业的意见》(农办市〔2012〕21 号)提出"五个有利于"，即有利于全面优化农业生产力布局，有利于保障大中城市农产品有效供给，有利于改善城市生态人居环境，有利于促进农民就业增收，有利于实现"三化同步"。

成都市地处四川盆地，拥有良好的都市农业发展条件。成都市都市农业在发展过程中，经过不断的完善，形成一系列符合当地区域战略、目标定位的都市农业发展模式。作为西部经济中心，成都市对西部地区各城市的发展起着一定的辐射带动作用，其都市农业发展模式对西部地区城市近郊农业发展具有一定的借鉴作用(钟佳利等，2022)。根据《2017 中国都市现代农业发展报告》，成都市都市现代农业综合发展指数位居全国 35 个大中城市第 6 位、中西部地区第 1 位。具体特征体现为：农业基础规模逐步巩固壮大、农业生产经营水平明显提升、农商文旅体融合发展模式凸显(宋艺等，2021)。在"小组微生"新农村综合体发展都市现代农业是非常可行的，具体原因为：第一，"小组微生"新农村综合体位于成都二、三圈层，属于成都都市圈的范围，符合发展都市现代农业的地理位置条件；第二，"小组微生"新农村综合体属于城郊农村，以农业生产为主，因此农地资源丰富；第三，"小组微生"新农村综合体已经发展起专业合作社、家庭农场、农业企业等新型农业经营主体，大量新型农业经营主体通过土地流转、规模经营、综合发展的方式参与到都市现代农业的发展中来，以前"单家独户、小块耕种"的传统农业形态正在被"粮经复合、规模经营"的新模式逐渐取代，推动着成都都市现代农业走向更高的水平；第四，成都市鼓励在城郊农村发展都市现代农业。为了从政策上保障都市现代农业的发展，成都发布了《成都市人民政府关于加快推进粮食适度规模化经营的意见》（成府发〔2014〕1号），在工厂化育秧、农机补贴、财政奖励、扩大政策性农业保险、拓宽适度规模化生产的融资渠道等领域都制定了相关促进和补贴政策。例如，对水稻、小麦、玉米规模化生产连片面积在 50 亩及以上，财政给予每亩 140～200 元的奖励。2015 年 12 月发布的《中共成都市委关于制定国民经济和社会发展第十三个五年规划的建议》中专门指出要发展都市现代农业。完善现代农业产业体系、生产体系、经营体系，推动种养加一体、一二三产业融合发展，走产出高效、产品安全、资源节约、环境友好的农业现代化道路。2016 年 11 月，成都市政府同意《成都市都市现代农业功能区规划(2016—2025)》进入实施阶段。通过延伸农业产业链条，推进农产品加工"六园""十基地"建设，突出发展农产品精深加工，深化一二三产融合互动，优化发展休闲农业与乡村旅游，不断完备和提升农业供给功能，以适应和满足市民对农业供给的品种和功能需求（成都市农业委员会，2017）。

2. 休闲观光农业

休闲观光农业(agritourism)是由农业(agriculture)和旅游(tourism)组合演化来的。休闲观光农业是指在城市周边或农村区域内，利用当地的农业自然环境、田园景观、农业生产、农业经营、农业设施、农耕文化、农家生活等资源，通过科学规划、合理开发，为游客提供休闲、观光、度假、娱乐、体验、参与、教育示范等多方面需求的活动。休闲观光农业属于一种综合性的农业活动，能够满足部分消费者在休闲娱乐等方面的需求。其面向的主要群体是城市居民，以休闲旅游的方式为消费者提供多样化的服务，充分展现农村文化特色，有助于为消费者带来高质量的体验（吴克润，2021）。

休闲观光农业是传统农业与现代旅游业相互交叉形成的新业态，在外国已发展一百多年，在国内也有几十年。作为世界上旅游业最发达的国家之一，1865年，意大利"农业与旅游全国协会"的成立标志着农业旅游的诞生，该协会鼓励城市居民到农村去体味农业野趣，与农民同吃、同住、同劳作，意大利是首个将农业旅游纳入法律的欧盟国家。20 世纪 30～40 年代，休闲观光农业最早在意大利、奥地利等国兴起（俞文正，2001）。20 世纪 60 年代以后，农业休闲观光旅游逐渐兴起于美洲和欧洲一些经济发达国家的大都市郊区，如美国、法国、英国、德国等。到 20 世纪 70～80 年代，休闲观光农业开始成为亚洲的发展热点，并在日本、新加坡等地陆续发展起来。目前，美国、日本等一些经济发达的国家和地区，休闲观光农业项目已发展到相当规模，并已进入其发展的最高阶段——租赁农园阶段(黎江和黄璜，2013)。我国休闲观光农业起步较晚，最早发展休闲农业的是台湾地区。纵观其发展历程，可分为三个阶段，即 20 世纪 90 年代以前的萌芽阶段，20 世纪 90 年代到 2001 年的兴起阶段，以及 2002 年以来的高速发展阶段(靳晓青，2011)。进入 21 世纪后，全国掀起了休闲观光农业的投资热潮，休闲观光农业项目在全国，尤其在经济发达的大城市郊区如雨后春笋般涌现(徐光良，2012)。

休闲观光农业促使农业由第一产业向第三产业跨越，强化了旅游功能，使农业用最小的资源成本获得了最大的经济效益和社会效益；扩大了农业经营范围、规模，消费者可直接参与，带动了农村商业、服务业、交通运输业、建筑业、加工业等相应产业的发展，既促进了农业增效，又为农村经济找到了新的增长点。然而，发展休闲观光农业需要具备以下四个条件：第一是区位条件，位置要优越，交通需便捷。第二是政策条件，地方政策有意扶持农业休闲观光产业；第三是经营管理条件，规划、定位、管理三者到位；第四是文化条件，借力人文景观，突出民俗与异地文化特色(余贵贤，2015)。"小组微生"新农村综合体是具备发展休闲观光农业的各项条件的，原因有以下四点。

第一，在区位方面，"小组微生"新农村综合体大都位于"1 小时成都经济圈"，地理位置优越，与成都市主城区之间的交通便利，城市居民方便"小组微生"新农村综合体休闲观光。

第二，在政策方面，近年来，四川省高度重视休闲农业发展，把休闲农业作为农业和农村经济转方式、调结构的重大举措，作为拓展农业功能、延长产业链、提升价值链，促进一三产业融合发展和帮助农民就业、增收的重要抓手，成为建设幸福美丽新村的重要任务。争取把产业特色突出、生产技术水平高、品牌效益好、规模集中的农业生产园区(基地)，提升为休闲农业景区。2015 年 12 月发布的《中共四川省委关于制定国民经济和社会发展第十三个五年规划的建议》明确提出"延展农业功能，发展休闲农业等新型业态"。成都市也在发展思路、政策导向、设施建设、市场推介、人才资源建设、资金投入等诸多方面对发展休闲观光农业给予支持。温江区甚至打出了"建设西部一流生态休闲观光农业基地"的口号。

第三，在经营管理条件方面，"政府主导，科学规划"是休闲农业与乡村旅游发展的重要前提，在"小组微生"新农村综合体规划布局发展休闲观光农业与乡村旅游过程中，地方政府部门、专业化公司、专家学者等主体均参与对项目的科学论证和规划编制。2015 年 9 月，成都休闲农业与乡村旅游产业协会成立，通过调研，成都市制定休闲农业和乡村旅游行业规范和服务标准，以加强休闲观光农业的行业自律和规范化运营。

第四，在文化条件方面，"小组微生"新农村综合体借助自身资源优势，可以发展各具特色的休闲观光农业项目。例如，崇州市隆兴镇群安村的 8000m² 绿地以及周边形成的千亩荷花、千亩红提、千亩金银花，形成以赏荷花、采红提、游康道、品特色餐饮、听余家故事、住乡村客栈等集吃、住、玩于一体的西蜀历史文化旅游村落。温江区万春镇幸福村依托 2000 亩现代花木基地，打造田园绿道、"水立方"生态公园、幸福田园湿地公园、"紫薇博览园"生态园林、农耕文化实景展览馆等生态休闲产业项目，形成融农业观光、生态游憩、文化体验、田园度假功能于一体的文化旅游村落。崇州市白头镇五星村 58km 的稻香旅游环线，将一路的风景"串连"起来，并以"健康食地，生态湿地"为理念，按照 4A 级景区标准建成 2.8km² 的桤木河湿地，依托川西林盘保护开发，发展草莓采摘等旅游项目。

3. 社区支持农业

社区支持农业(CSA)是一种新型的农业生产及销售模式，农业生产者与消费者之间达成合作关系，由消费者提前支付农业生产费用或参与农业生产劳动，农场则保证定期向消费者提供安全的农产品，双方之间"利益共享，风险共担"。香港社区伙伴组织(Partnerships for Community Development)认为，社区支持农业指社区的每个消费者对农场运作做出承诺，让农场可以在法律上和精神上成为该社区的农场，让农民与消费者互相支持以及承担粮食生产的风险和分享利益。这是一种城乡社区相互支持，发展本地生产、本地消费模式的小区域公平经济合作方式(屈学书和矫丽会，2013)。社区支持农业(CSA)作为一种新兴的农业生产模式，被认为是解决食品安全问题、重构城乡关系、促进农业可持续发展的有效方法。1986 年，美国首个此类农场的建立者罗宾·范·恩将这种模式正式命名为 CSA。目前，CSA 是世界上主要发达国家使用最为广泛的永续农业运作方式之一(朱明，2018)。

CSA 的概念于 20 世纪 70 年代起源于日本(陈卫平，2014)，在 20 世纪 60 年代中期，日本东京等大城市的家庭主妇为了避免农民使用化肥和农药，希望获得新鲜健康的食物，通过直接联系农户的方式，向农户承诺对农业生产给予支持(一般是年初预付购买有机农产品的费用)，与农户共同承担粮食生产的风险和分享利益。这种城市社区居民与农业生产者直接沟通，相互支持实现共担农产品生产风险和共享利益的合作形式，就是社区支持农业(周飞跃和孙浩博，2020)。后来，这一理念传播到欧洲和北美，并逐渐发展成为现代社区支持型农业。20 世纪 80 年代，CSA 发展进入成长期，社区支持者(消费者)以农户市场为基础，在价格决策中发挥决定性作用，生产者主要承担运送产品的角色；20 世纪 80 年代晚期，CSA 进入调整期，生产和消费者共担有机农耕的风险，共享收成，增强二者的平等地位;20 世纪 90 年代,CSA 进入制度化阶段——会员制,该时期消费者不参与农耕,但在产品的价格和数量决策上仍然发挥主导地位(周飞跃等,2018)。当前,我国的社区支持农业项目尚处于起步阶段,2005 年初创建于广西柳州市的"土生良品展览馆"是我国社区支持农业的雏形,其后成都城市河流研究会的安龙村可持续农业示范项目、昆明绿耕城乡合作促进中心的城乡合作项目、河南兰考县的"购米包地"项目、广州的"沃土工坊"、上海的"青蓝耕读合作社"等进一步对 CSA 模式进行了探索,而 2009 年北京的"小毛驴市民农园"则是国内首次对 CSA 模式较完整的实践。至 2011 年,我国以 CSA 模式运作的农场已达近百家。成都市郫都区安德镇安龙村的高一程从 2008 年从事生态耕种和 CSA 实践,在 CSA 领域已经小有名气,目前他的农场为消费者提供两种计划选择:配送份额和城市农夫。对于配送份额计划,消费者在产季之初预付下一季蔬菜份额的全部费用,农户则承诺按照预定计划生产各种安全、健康的蔬菜和其他农产品,定期配送给消费者,消费者也可以选择自己到生产地或取菜点取菜。对于城市农夫计划,消费者在产季前向农户预付一定费用,农户将一定面积的菜地租给消费者耕种,并提供一季中种植所需的全部种子、有机肥料、水、农具和种植技术服务,而消费者需要自己做耕种决策,并承担种植任务以及收获全部农产品。

CSA 提倡有机生产,倡导互助合作,具有良好的经济、生态和社会效益,既促进当地经济发展、改善农民的经济状况,重视生物多样性、发展永续农业、提供生态自然的舒适环境,又加强城市与农村的沟通和联系,增进人们之间的信任,促进社会的和谐发展。但 CSA 的发展需要具备一定的前提条件:一定数量愿意承担较高价格的城市消费者群体、消费者对生态农产品的追求、消费者和农场经营者之间的信任、一定规模成片经营的土地、农产品的绿色有机、充足的发展资金保障。"小组微生"新农村综合体是具备上述 CSA 发展的元素,具体表现在以下五个方面。

第一,在消费群体方面,城市消费者高度关注食品安全问题,物价、房价和食品安全位列居民最关注的十大热门话题前三位,大部分城市居民越来越追求食品的绿色、有机,并愿意为保障食品安全支付额外的费用。因此,在保障农场农产品绿色有机的前提下,通过适当的宣传,消费群体的培育和发展大有前景。

第二,在生产者和消费者信任方面,要使双方完全信任对方,特别是消费者对农业载体的信任,这种信任的感知并不仅是完全依托于农场的送货上门,还需要农场为消费者提供更多的食品安全信息。在营造信任机制方面已经具有比较成熟的经验可以直接借鉴,如关怀理念、开放的生产方式、与消费者的频繁互动、共享的第三方关系、高质量食品的供应。

第三,在成片土地方面,新农村综合体内的家庭农场(种粮大户)、农业企业、专业合作社等已经形成了一定程度的土地适度规模化经营。

第四，在生产的农产品质量方面，CSA 实践者已经在绿色有机农产品种植方面形成了比较科学的方法和经验，如避免使用化肥、农药、塑料薄膜，用生态种养方法，实现农业园区内的生态循环等；用"自然农法"恢复土壤的有机活力与生物多样性等。

第五，在发展资金保障方面，社区支持农业的农产品生产者可以通过盘活土地经营权、大型农机具、宅基地及其地上房屋、城市居民的订单等资产向金融机构贷款融资以及争取政府的财政支持等形式获得发展所需资金。

4.民宿经济

民宿是指利用当地农民自有住宅空闲的房间，结合地域性自然景观、生态环境、自然资源及农林牧渔生产活动，以"慢生活""家服务""趣体验"为特色，以家庭副业方式经营，为游客提供乡野生活空间，是深度旅游的标志性产物。2015 年 11 月 19 日，《国务院办公厅关于加快发展生活性服务业促进消费结构升级的指导意见》(国办发〔2015〕85 号)中出现"民宿"一词，"民宿"首次出现在国家政策文件中。2019 年 7 月 3 日，文化和旅游部颁布的《旅游民宿基本要求与评价》(LB/T 065-2019)行业标准，给出了民宿的行业定义，民宿是指：利用当地民居等相关闲置资源，经营用客房数不超过 4 层、建筑面积不超过 800m^2，主人参与接待，为游客提供体验当地自然、文化与生活方式的小型住宿设施(冯晓兵，2022)。民宿经济是乡村旅游发展的必然产物，是"农家乐"的升级版，是一种将生态农业、生态旅游和生态人居业"三合一"的新业态，是一种和未来、和国际接轨的新兴经济形态。民宿经济对于缓解游客住宿难和住宿贵的压力、解决部分闲置劳动力就业、促进农民增收、推动农村经济发展等方面具有重要作用。随着老龄化社会的步入，人们的生活追求由一般的物质层面，不断向精神及人文层面演进，休闲、养生、探险、游历、摄影、写作、交友、亲子等特色需求也越来越多元化、越来越个性化，民宿市场还在显著扩大之中。民宿旅游既可成为乡村振兴的产业基础，又能成为促进乡村文明复兴的有效方式，同时也让我国广大乡村更具个性和特色(游上和史策，2018)。

关于民宿的起源，一种观点认为民宿源于欧美发达国家，以美国的Homestay 和英国的早餐民宿客栈(bed & breakfast，B&B)为代表，是民宿作为经营性行业的雏形；一种观点认为民宿是源于日本的民办旅店(minshuku)，是开发农渔山村[①]让都市居民居住在农家民宅的新型度假方式(马勇，2018)。在英国的早餐民宿客栈(B&B)或农庄民宿(farm stay)，源于 18 世纪法国贵族式的农村休闲度假，欧洲贵族闲暇时到乡村别墅进行定点度假旅游，体验平民化的田园景观

---

① 农渔山村是指依靠农业或渔业的乡村。

和农家生活，逐渐发展为今天的民宿(王渝和廖成林，2017)。日本于 20 世纪初出现民宿，即为本土型的家庭旅馆，据《全国民宿》介绍，1997 年能够亮出特色并登上该书做广告的民宿，就有近千家，而且这近千家民宿只是"冰山一角"。此外，还有 700 余个民宿村。所谓民宿村，就是在游览胜地，因民宿集中而又有特色形成的村落。由数量和规模推知，民宿在整个日本旅游业中，扮演着非常重要的角色。

20 世纪 80 年代，民宿经济出现在我国台湾地区，是农户闲置房屋的临时性功能转变以解决旅游区住宿设施不足问题，是一种简单的旅游住宿形态。经过了近 30 年的发展，已经形成了台湾地区特色的民宿产业，是台湾旅游发展的重要品牌和核心竞争力(张海洲等，2019)。我国乡村旅游兴起时间并不长，民宿旅游更是处于起步阶段。近年来，民宿经济在浙江城镇、乡村的兴起，外来资本和本土风俗两股力量推动着民宿经济的发展。浙江省桐庐县已按照"以景区的理念规划全县，以景点的要求建设镇村"的要求，为因地制宜发展民宿经济，积极创造良好的外部环境，并建成合村乡的"城里人的第二居所"和富春江镇的"画中芦茨"两个乡村民宿旅游典型样点。

从我国台湾地区的民宿产业发展情况看，生态环境、区位优势、乡村自然景观、农民闲置用房、乡土人文习俗、生产活动是发展民宿经济的基本元素。"小组微生"新农村综合体具备民宿经济发展所需的上述元素，具体表现在以下六个方面。

第一，从生态环境来看，"小组微生"新农村综合体建设尊重自然、顺应自然，充分利用自然地形地貌，正确处理山、水、田、林、路与民居的关系，严格保护优质耕地、保护林盘、保护田园、保护农耕文化，避免夹道建设，体现"背山、面水、进林盘"的乡土味道和农村特点，让居民"望得见山、看得见水、记得住乡愁"。可以说，"小组微生"新农村综合体具有自然生态人文环境俱佳的特点。

第二，从区位优势来看，"小组微生"新农村综合体位于成都市二、三圈层，在未来，成都市将依托四川天府新区、成都平原经济区、成渝经济区等建设，把二、三圈层升级为具有辐射作用的区域中心，加快经济发展，可以说，"小组微生"新农村综合体具有自然区位、经济区位、交通区位俱佳的天然优势。

第三，从农民闲置用房来看，新农村综合体建设使农民的住房条件大幅改善，住房呈现别墅化的发展趋势，同时，住房面积的宽裕以及青壮年劳动力的常年外出务工等因素，使农户内部均有不同程度的空余住房，这为新农村综合体发展民宿经济提供了坚实的物质基础。

第四，从产业特色来看，按照"产村一体""产村共融"的发展理念，新农村综合体内的一三产业互动发展成效明显，休闲农业、观光农业、旅游景点的打造，吸引了大量的游客到新农村综合体旅游观光，这些游客中存在着一部分需要留宿的群体，这为发展民宿经济提供了潜在客源。

第五，从娱乐文化活动来看，新农村综合体本身的传承传统农耕文化、历史文化、建筑文化、民俗文化、饮食文化以及开展的丰富多彩的文化艺术活动等，为民宿经济的发展提供了文化吸引力。

第六，从民宿经济的实践运作来看，崇州市隆兴镇群安村的荷风水村新农村综合体和余花农门子新农村综合体对林盘内的农户房屋采取租（租赁）、转（转让）、安（安置），腾出一批房屋，打造以"农家客栈"为主题的乡村历史文化特色旅游村落。崇州市白头镇五星村，为带动乡村旅游的发展，五星村新成立了旅游合作社，村民们将空闲出来的新房交给村旅游合作社统一经营，通过旅游合作社与联创公司合作的方式，将部分农户的余房按标准装修成客房，使用"闲来民宿"品牌统一对外接待游客，游客可以通过网络预订，走上了"互联网+"的路子。截至 2019 年，"闲来民宿"呈现供不应求的局面，住宿价格应声上涨，房间标价从最初的 160～220 元上涨到 220～260 元。如今，五星新村成为一个闲居民宿酒店聚落，逐渐培育出民俗群落、教育培训、物业服务、都市现代农业等四个新业态，已引进五星春天酒店、闲来民宿等主题民宿，形成产业聚落群发展，村里客房达 200 间，民宿及配套产业年营收达 510 余万元，促进乡村旅游产业新业态不断升级。

5. 农家乐

农家乐是指以"吃农家饭、品农家菜、住农家屋、干农家活、享农家乐、购农家品"为主要内容，依托乡村自然、人文景观环境兴起的新型乡村旅游经济业态（易开刚和俞富强，2010）。农家乐，一般是指以农村居民家庭为接待单位，利用或改造现有农村家庭自住房屋，加工当地特色农产品，吸引城镇居民体验农家生活、感受田园风光、放松休闲的一种休闲旅游方式（庞启健，2020）。2010年，四川省旅游局在颁布的《四川省农家乐/乡村酒店旅游服务质量等级评定管理暂行办法》中对农家乐做了如下定义：利用乡村自然资源、生产活动和民风民俗等人文资源吸引旅游者，以提供餐饮服务为主的经营实体。

19 世纪，伴随着工业城市污染加重和生活节奏的加快，政府为解决乡村地区尤其是传统农业衰退地区面临的经济社会问题，大力推广乡村旅游，并提供了大量的经济支持（孙立棉和史仕新，2009）。英国、法国、意大利等欧洲国家率先兴起了乡村旅游这一消费形式。1865 年，意大利成立了"农业旅游全国协会"，标志着这一消费形式的产生。20 世纪 70 年代以后，这种消费形式在美国和加拿大得到迅速发展，欧盟和世界经济合作与发展组织把乡村旅游定义为"发生在乡村的旅游活动"，并且认为"乡村性"是乡村旅游整体推销的核心（唐冰和王邦泉，2021）。与西方国家 19 世纪末期乡村旅游经济的先行发展相比，我国农家乐起步相对较晚。20 世纪 80 年代,乡村旅游开始在我国兴起,在乡村旅游的发展过程中,为了适应市场需要,出现了各种不同的形态,诸如成都的"农家乐"、北京的"民俗村"、皖赣的"古村落"以及台湾的"休闲农业",而其中尤以成都的"农家乐"最为出名,目前我国大部分地区的乡村旅游形式都被称为"农家乐"。成都作为农家乐的发源地,这里的农家乐发展得十分繁荣。据成都市旅游局局长介绍,2005 年,成都市农家乐数量已达 5596 家,接待游客 2038 万人次,实现旅游接待收入 7.3 亿元,带动相关产业发展实现收入 16.3 亿元。农家乐旅游是人们逃避城市高压生活,追求原始乡村生活的一种回归心理选择,目的是体验和学习大过于享受。同时,农家乐促使农民转而利用农村现有空间资源和绿色资源,就地发展第三产业,有助于促进农村产业链的延伸和新的产业面形成,实现相关产业之间的协调发展,同时,开辟了农村劳动力转移渠道,拓宽农民的收入途径,并为城乡文化的互动交融提供了一个交汇点。虽然我国农家乐发端较晚,但是发展速度快、劲头强,在较短的时间内完成了发展类型的迭代更新与升级,并形成巨大的规模效应,有效推动了我国乡村地区社会、经济、生态建设与发展(耿虹等,2019)。

农家乐的发展需要具备一定的外部条件和内部条件,具体包括良好的区位条件、优美的自然环境、完善的基础设施、特色的产业项目、规范化的管理和运营、政府的支持和引导等方面。"小组微生"新农村综合体发展农家乐拥有得天独厚的条件,具体表现在以下六个方面。

第一,在区位条件和自然环境方面,"小组微生"新农村综合体位于成都二、三圈层,地理位置优越,交通便利,当天旅游可当天往返。同时,"小组微生"新农村综合体具有优美的生态环境、秀丽的自然风光及别具一格的田园风光。

第二,在潜在客源方面。中国成都作为国内外颇具名气的休闲城市,市民以会享受生活而闻名国内外。从成都市统计局获悉,经四川省统计局审定,2021年末成都市常住人口为 2119.2 万人,不仅潜在客源量大,而且市民的餐饮消费能力强。餐饮业是成都市的传统优势产业,2020 年在遭遇新型冠状肺炎疫情的不利影响下,成都市依然实现餐饮收入 1124 亿元,餐饮业规模在全国排名前四。"小组微生"新农村综合体属于大成都的范围,距离潜在消费客源近,便于对接城市居民乡村旅游时的餐饮需求。

第三,在基础设施和公共服务设施方面,"小组微生"新农村综合体建设过程中同步规划建设配套基础设施和标准化的社区公共服务设施,让农民群众享受到与城市居民同质的基础设施和公共服务。为减少公共服务资源配置的随意性、盲目性,成都市在全国率先制定了系统、全面、多层次的重点镇、一般镇

"1+28"①、"1+27"②，涉农社区和村(农民集中居住区)"1+23"③、"1+21"④
的农村公共设施配置标准体系。其中，"小组微生"新农村综合体参照"1+21"
标准执行。通过"1+21"的公共服务和社会管理配置标准建设，"小组微生"新
农村综合体内的路网、通信、引水、供电、供气等乡村旅游基础设施完善。

第四，在特色的产业项目方面，吸引游客去农家乐旅游的因素中占比最多的
是娱乐活动有吸引力(唐冰和王邦泉，2021)，而在新农村综合体内的旅游资源丰
富且类型多样，这能够为到农家乐的游客提供景点观光、农事体验、休闲采摘等
一系列娱乐项目。

第五，在规范化的管理和运营方面，成都市农家乐发展模式已经非常成熟。
成都作为中国农家乐的发源地，根据自身的资源特色、地理区位和市场需求等已
经开发了不同类型的农家乐形式，形成了农家乐多样性健康发展的格局。

第六，在政府的政策支持方面，1987 年至今，成都市各级政府一直努力为
农家乐的发展提供较好的发展环境和政策支持及法律和法规条例保障，政府的一
系列做法、方针和政策为农家乐提供了良好的产业发展环境。

3.3.2 "共融"："多元"产业之间的高度融合互促

"多元"产业"共融"是指"小组微生"新农村综合体内部与外部现在发展
的各类产业之间达到相互有机衔接、互相补充、互相带动、互利共生，进而实现
"高度融合""共同繁荣"。这种产业之间的共融性体现在新农村综合体内现有

---

① "1+28"中的"1"为 1 个新农村综合体，"28"为需要配置的 28 项重点镇公共服务和社会管理配置，分别
为：城乡规划建设体系；综合便民服务中心(含水、电、气等代收代缴网点等)；城市管理队伍；农业服务中
心；网络设施；标准化学校；幼儿园；标准化卫生院；职业技能培训点(应急教育宣传点)；社会福利院(敬老
院)；综合体育设施；全民健身广场；综合文化活动站(含青少年空间)；农贸市场；市场化商业服务设施(超
市、中西药店、出版物发行网点、农资等服务设施)；特色商业街区或商业综合体；污水收集及处理系统；自
来水供应系统；环卫洒水车；垃圾收运设备；交通客运站(公共交通站点)；公园或公共绿地；公厕；公共停
车场；非机动车公共存放处；金融服务网点；邮政网点；电信业务网点。
② "1+27"中的"1"为 1 个新农村综合体，"27"为需要配置的 27 项一般镇公共服务和社会管理配置，分别
为：城乡规划建设体系；综合便民服务中心(含水、电、气等代收代缴网点等)；城市管理队伍；农业服务中
心；网络设施；标准化学校；幼儿园；标准化卫生院；职业技能培训点(应急教育宣传点)；社会福利院(敬老
院)；综合体育设施；全民健身广场；综合文化活动站(含青少年空间)；农贸市场；市场化商业服务设施(超
市、中西药店、出版物发行网点、农资等服务设施)；污水收集及处理系统；自来水供应系统；环卫洒水车；
垃圾收运设备；交通客运站(公共交通站点)；公共绿地；公厕；公共停车场；非机动车公共存放处；金融服
务网点；邮政网点；电信业务网点。
③ "1+23"中的"1"为 1 个新农村综合体，"23"为需要配置的 23 项农村公共设施，分别为：警务室；社会
综合服务管理工作站；社会组织和志愿者服务工作室；水、电、气等代收代缴网点；网络设施；幼儿园；卫
生服务站；人口计生服务室；全民健身广场；综合文化服务室；老年/青少年活动中心；农贸市场；日用品放心
店；农资放心店；污水处理设施及排水配套管网建设；垃圾收集房(点)；公厕；民俗活动点；公共停车场(公共
交通招呼站点)；非机动车公共存放处；小区物管用房(有线广播电视站)；金融服务站自助设施；村邮站。
④ "1+21"中的"1"为 1 个新农村综合体，"21"为需要配置的 21 项农村公共设施，分别为：社会综合服务
管理工作站(劳动就业、社保等)；社会组织和志愿者服务办公室；水、电、气等代收代缴网点；网络设施；
幼儿园；卫生服务站；全民健身广场；综合文化活动室；农贸市场；日用品放心店；污水处理设施及排水配套管网建设；垃圾收集房(点)；公厕；民俗活动点；公共停车场所(公共交通招呼站点)；小区
物管用房(有线广播电视站)；金融服务站自助设施；电信业务代办点；工具房；养殖房。

的都市现代农业、休闲观光农业、民宿经济、社区支持农业、农家乐、承接的城市养老产业，以及新农村综合体外围的自然人文景区旅游业、城市内的养老产业等"多元"产业之间。为便于分析，本书将"多元"产业细分为新农村综合体内部现有产业（简称"现有产业"）、新农村综合体承接的城市养老产业（简称为"承接产业"）和农村综合体外围的自然人文景区旅游业、城市内的养老产业等（简称"外部产业"）。

1. 新农村综合体内部现有产业的"共融"

"小组微生"新农村综合体内现有产业包括都市现代农业、社区支持农业、休闲观光农业、民宿经济、农家乐等，然而，如果这些现有产业以孤零、独立的个体形式存在着，那么无论是对单个产业还是对新农村综合体的产业整体而言，都是极其不利的，故而，需要建立起产业之间的有机衔接纽带，实现产业的"共生""共存""共融"，这样才有利于新农村综合体产业链条的可持续发展（图 3-7）。具体表现在以下八个方面。

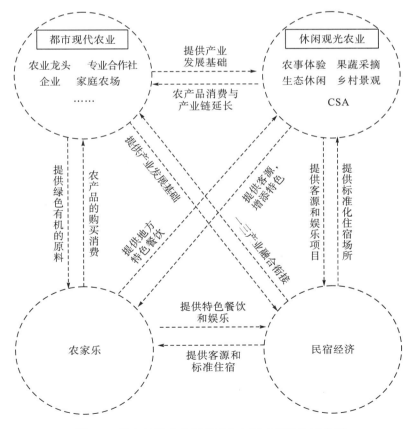

图 3-7 新农村综合体现有产业之间"共融"示意图

第一，都市现代农业是现代农业的组成部分，也是一个国家农业现代化及现代化水平的重要标志，而家庭农场、专业合作社、农业龙头企业等新型农业经营主体的培育是夯实建设都市现代农业的微观基础，只有它们发展壮大，才能促进都市现代农业的快速可持续发展。

第二，都市现代农业为休闲观光农业发展提供了规模化成片经营的土地、完善的农业基础设施、优秀的农业经营管理人才，然而，都市现代农业不仅要具有满足都市农产品消费需求的生产属性，而且应具有能充分满足都市居民"亲土近绿"精神需求和生态诉求的生活、生态属性，而休闲观光农业就是都市现代农业这一功能的重要体现，将休闲观光农业有机融入都市现代农业之中，能够实现将农业生产(粮食、瓜果蔬菜等)与农业观光(休闲、娱乐等)紧密结合起来，实现一三产业融合。

第三，都市现代农业发展为 CSA 项目的发展提供了生存的沃土和发展空间，CSA 模式的推广与生态农业、高端农业、休闲体验农业、观光农业、科技农业有机结合起来，使得社区高端消费群体与都市现代农业能够提供高质量的绿色有机农产品之间的互信机制更加牢固，这进一步倒逼都市现代农业走低碳绿色之路，进而实现跨越式发展。

第四，都市现代农业不仅为农家乐的发展提供了场地平台基础，而且为农家乐提供着源源不断的绿色有机农产品，而农家乐在依托都市现代农业发展的同时，也可以成为都市现代农业内的农业公司、专业合作社或家庭农场等新型农业经营主体生产农产品的稳定消费者。

第五，休闲观光农业提供的各类休闲娱乐项目，可以吸引大批游客到新农村综合体进行旅游观光、休闲度假、农事体验等，这不仅为农家乐提供着潜在持续稳定的客源，而且也可以成为农家乐对外宣传营销的一张名片；农家乐也可以为游客提供品茗、民间菜和农家菜等特色菜肴以及棋牌、KTV 等娱乐项目，实现与休闲观光农业所提供娱乐休闲项目的互补和结合。

第六，休闲观光农业作为立足农村、面向城市的新兴产业，它的发展不仅延长了生产链条，加速了农业、林业与加工业、服务业的融合，而且增加了旅游吸引物的类别与特色，可以大幅延长游客在新农村综合体内的逗留时间、消费时间，使"一天经济"延伸为"两天经济"甚至"多天经济"，这使得发展民宿经济成为可能；民宿经济的发展则可以为休闲观光农业消费者和社区支持农业的城市农夫提供标准化的客房住宿，使得消费者在农村也能住上满意舒适的高质量客房，且能够体验乡村民宿的别样风格。

第七，在新农村综合体的游客过夜留宿，将使农家乐的"午餐"经济转变成"午餐+晚餐+夜宵"经济，同时，为农家乐的棋牌、品茗、KTV、儿童游乐等娱乐项目提供了市场空间，而民宿经济则可以为在新农村综合体内留宿过夜的游客提供优惠、整洁、安全的住宿场所，且民宿经济、农家乐结合发展，将使得

"吃住行游购娱"六位一体的产业融合发展格局之实现向前迈出关键一步。

第八，"小组微生"新农村综合体建设和都市现代农业的发展，是民宿经济这一新业态产生的基础，而民宿经济、休闲观光农业、都市现代农业、农家乐等业态相结合形成了一三产业互动、农旅结合的新模式，并逐渐形成都市农庄这种以乡土文化、农作生产、农村生活为引线，集生产、加工、经营、观光、娱乐、运动、住宿、餐饮、购物等生产、服务功能于一体的农业企业形态。

新农村综合体内部现有产业的"共融"已经有所体现，具体表现在以下三个方面。

第一，在白头镇五星村，按照"小组微生"的模式对聚落形态进行重组，将分散的聚落形态布局整合成小规模、组团化的新农村综合体，并融合自身的田园、湿地、林盘作为产业发展基础，吸引"闲来民宿""风谷"文创工坊等乡村旅游主体 26 家，同时，又引进了百亿项目天府国际慢城，使这里变成了具有国际水准的乡村旅游目的地。五星村在产业发展过程中加入民宿、农家乐、田园观光等旅游业态，推进农商文旅体产业的融合发展，打造出了"白头民宿小镇"等乡村经济新形态、新品牌(孙坤，2020)。

第二，天马镇凤栖苑通过实现一三产业互动、农旅融合的良好开端，借助葡萄采摘节充分展示和彰显"天府农耕风情小镇"的魅力，并致力于都市现代农业和乡村体验游的互动融合发展，为广大城市居民、旅游爱好者、美食爱好者打造一个理想的农耕乐园①。

第三，三道堰镇青杠树村创新旅游发展新业态，做好农旅融合，青杠树村组建福安粮经农民专业合作社，配套稻、鱼、虾共生养殖基地，与乡研究院、村史馆和党史馆形成农商文旅产业圈，培育农事体验、旅游观光、休闲娱乐等多种业态和功能于一体的乡村旅游业态，实现了农旅一体化发展。通过几年乡村旅游的不断发展，目前青杠树村经营户已达 230 余家，涵盖餐饮、会议、民宿、农耕文化传承等领域(熊晴娅，2020)。

2. 新农村综合体内承接产业与现有产业、外部产业之间的"共融"

"小组微生"新农村综合体内承接的城市养老产业与新农村综合体内现有的都市现代农业、社区支持农业、休闲观光农业、民宿经济、农家乐等"多元"产业之间也可以实现互为补充、互相支撑、相互促进，实现产业之间的"共生""共存""共融"，具体表现在以下四个方面。

第一，都市现代农业的发展不仅为在"小组微生"新农村综合体内休闲养老的城市老年人提供价优绿色有机的各类农产品，而且也给城市老年人提供了亲绿近绿、亲自体验农业的机会；而在新农村综合体休闲养老的城市老年人可以成为

---

① 四川省人民政府. 5 年成都建设"小组微生"新农村综合体 123 个[OL]. [2016-04-18]. https://www.sc.gov.cn/10462/10464/10465/10595/2016/4/18/10376553.shtml.

农产品的长期固定的优质消费客户，不仅实现部分农产品的就地生产、就地售出，降低运输及损耗成本，而且还可以将高端的有机绿色农产品销售给这类优质客户，实现农产品价值的提升。

第二，休闲观光农业提供的农事体验、果蔬采摘、生态休闲、乡村景观等娱乐项目，不仅丰富了城市老年人在"小组微生"新农村综合体内的日常生活，使他们过上寄情山水、体验农趣的田园生活，而且也成为"小组微生"新农村综合体承接城市养老产业的对外宣传点和吸引物；而通过办理会员卡等形式，在"小组微生"新农村综合体内休闲养老的城市老年人则可以成为休闲观光农业提供的各类旅游娱乐项目长期稳定的优质消费群体，以服务于休闲观光农业的投资回收和盈利的目标。

第三，城市老年人在"小组微生"新农村综合体休闲养老的就餐方式可以分为"自炊""合炊""堂食""下馆子"四种方式。其中，"自炊"是指城市老年人到农贸市场或者超市采购食材自己做饭，这种就餐方式针对想要体验乡村生活，想要吃得放心且降低生活开销的城市老年人群体；"合炊"是指城市老年人和当地农民搭伙做饭，均摊餐饮费用的形式，这种就餐方式针对能够和当地居民打成一片的城市老年人群体；"堂食"是指在"小组微生"新农村综合体内建造类似职工食堂、学生食堂提供一日三餐以供城市老年人集中解决吃饭问题，这种就餐方式针对不愿意自己做饭但又想吃到相对便宜且放心食品的城市老年人群体；"下馆子"是指城市老年人选择在"小组微生"新农村综合体的农家乐、餐馆等就餐，以体验当地的特色美食和风味食品，这种就餐方式适用于追求生活品质且能够承受较高餐饮开支的城市老年人群体(刘灵辉等，2021)。"小组微生"新农村综合体内休闲养老的城市老年人的一日三餐是最大的民生问题，而农家乐不仅可以为他们提供地方特色餐饮，而且可以为他们提供日常送餐、订餐、聚会宴席、品茗以及棋牌、KTV 等娱乐服务，而城市老年人由于经济支付能力强、消费欲望强，可以成为农家乐长期稳定的优质客源。

第四，一般而言，民宿经济主要功能是为游客提供临时住宿，一般住宿的期限较短，然而，民宿经济可以采取"月租""季租""半年租""年租"，并配置以相应打折优惠措施的方式，吸引城市老年人在民宿长期居住以休闲养老。同时，通过住房资源的合理调配和整合，民宿经济可以和新农村综合体承接城市养老产业共用农民住房及基础设施和公共服务配套设施等，将"小组微生"新农村综合体内的农民住房与民宿开发相结合起来，这就可以使临时居住的游客亲身体验到农民别墅化住房及配套服务设施的优越性，进而使部分短期居住的游客转变为到新农村综合体内休闲养老的潜在客源。

"小组微生"新农村综合体内承接的城市养老产业，不仅可以与新农村综合体的现有产业之间实现共同融合发展，而且还可以与新农村综合体的外部产业之间相衔接融合(图 3-8)，具体体现在以下两个方面。

　　第一，新农村综合体承接的城市养老产业与周边景区经济相衔接。例如，邛崃市夹关镇周河扁新农村综合体周边的景区（点）包括天台山、平乐古镇、碧峰峡等，大邑县苏家镇香林村和隆兴镇群安村可以依托的景区（点）包括安仁古镇、西岭雪山；都江堰天马镇绿凤村凤栖苑可以依托的著名旅游景区（点）包括青城山、都江堰水利工程。这些著名的自然景观与人文景观不仅可以成为新农村综合体承接城市养老产业转移的宣传点，而且可以使城市老年人在休闲养老过程中便捷地到风景名胜旅游观光，实现"生活在景区周边，游玩生活两不误"的目标和理想。具体而言，可以通过"年卡"或"会员"等形式，使生活在新农村综合体休闲养老的城市老年人以优惠的价格享受到景区的旅游资源，这不仅给景区带来持续的客源，而且可以顺便带动景区内的购物、餐饮、娱乐等产业项目的发展。

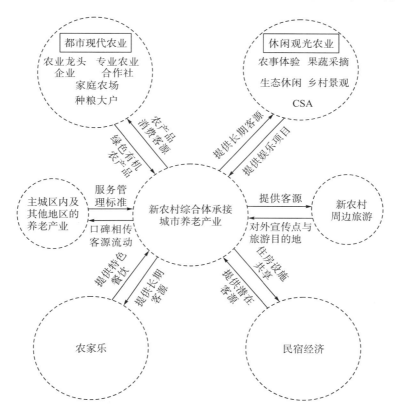

图 3-8　新农村综合体承接产业与现有产业、外部产业之间"共融"示意图

　　第二，新农村综合体承接的城市养老产业与主城区内或其他地区的养老产业相衔接。新农村综合体内优越的生态环境、良好的居住环境、有机绿色的食品、丰富多彩的娱乐生活、完善的公共服务设施配套，都会给已经居住在新农村综合体的城市老年人留下美好而深刻的印象，这些已经在新农村综合体休闲养老的城

市老年人通过口碑相传、微博宣传、微信朋友圈宣传、抖音直播等方式，可以让更多仍然在主城区内或其他地区采取传统养老方式的老年人知晓新农村综合体休闲养老的各方面消息，如休闲娱乐项目、住宿条件、特色餐饮、自然与人文景观、价格水平、管理服务等，进而实现"一带一""一带多"的发展格局，逐步带动越来越多的城市老年人在新农村综合体内"集体大联欢"，这无疑会加速主城区内的城市养老产业向"小组微生"新农村综合体的转移起到正面的促进效果。而主城区及其他地区的养老机构已经发展得非常成熟，可以为新农村综合体承接城市养老产业提供科学规范的服务标准和管理体系，并输送各类养老机构所需的服务管理人才。

3.3.3 "多元共融"式产业下"小组微生"新农村综合体的转变

1. 形成城乡居民双向交流互动的居住生活格局

受城乡二元社会经济结构的影响，我国城乡居民的居住生活呈现地域分隔的局面，即"农村人的家在农村""城市人的家在城市"。虽然早在 2010 年 9 月，《中共成都市委成都市人民政府关于全域成都城乡统一户籍实现居民自由迁徙的意见》（成委发〔2010〕23 号）指出"城乡居民在全域成都范围内统一户籍，实现自由迁徙"，但是受农村贫困及农业与非农业比较利益的驱动，城乡人口流动仍主要表现为"农村到城市的大规模单向性人口流动"，即大量农民外出务工并在城市居住，且这种居住是非定居性、不固定、"候鸟式"的临时性居住。目前，大量城市居民反向流入农村并长期定居在农村的现象基本没有出现，城市居民到农村居住仅出现在假期到乡下探亲的短暂停留、到农村游玩的短期住宿等。

"小组微生"新农村综合体拥有完善的基础设施、配套齐全的公共服务设施、美丽的农村田园风光、绿色有机的农产品、精彩纷呈的乡村娱乐项目、特有的乡村民俗文化，"小组微生"新农村综合体承接的城市养老产业与都市现代农业、休闲观光农业、社区支持农业、民宿经济、农家乐等共同融合发展，使得"农村不再是可以任其消亡的穷乡僻壤，而是可以体面生活的地方"。这不仅能够留住农村人口在家乡就业、吸引大量的农民工群体返乡回流，而且能够吸引大批城市老年人从枯燥孤独且很少进行乡村旅游的城市生活状态中走出来，促使他们向新农村综合体转移并长期以休闲养老的方式居住生活，使"小组微生"新农村综合体成为城乡居民长期共同居住生活的连接点，进而打破城乡居民居住生活单元互相分隔化的局面。

2. 形成农民收入来源就地多元化的格局

改革开放以来，大规模的农村剩余劳动力转移到城市就业，对中国经济和社会发展都产生了广泛而深远的影响。根据国家统计局发布的数据，2021 年农民工总量达 2.93 亿人。同时,农民收入结构呈现新特点,以外出务工收入为代表的工资性收入所占比例稳定上升,成为农民增收的主要来源。根据历年《中国统计年鉴》的统计数据,农户人均工资性收入占人均纯收入的比例已由 1990 年的 20.22%上升到 2020 年的 40.71%。然而,农民工在城市务工主要分布在建筑业、采矿业、第三产业和其他产业链低端或劳动密集型产业,有"苦""脏""累""险"四大特点,并且农民工在城市打工获得的收入也相对较低。根据 2018 年 2 月 1 日国家统计局成都调查队发布的《成都进城农民工就业生活状况调查报告》,从事工资性收入工作的进城农民工平均月工资收入为 3770 元,其中 45.1%的农民工对自己的收入表示满意,43.9%的农民工表示一般,10.7%的农民工表示不太满意,仅有 0.3%的农民工表示非常不满意。从事经营活动的农民工人均月收入为 4784 元,其中 47.3%的农民工对自己的收入表示满意,29.7%的农民工表示一般,20.3%的农民工表示不太满意,2.7%的农民工表示非常不满意。同时,虽然大量农民外出务工有力地支援了城市的现代化建设和发展,并实现了家庭收入的增加,但是也带来了农村"空心化",以及农村留守儿童、空巢老年人等问题。

在"小组微生"新农村综合体内构建起"多元共融"式产业体系,能够使农民在新农村综合体内实现创业,或在企业内实现稳定就业,或在各个产业之间实现灵活流动式就业。"小组微生"新农村综合体通过发展"多元共融"式产业体系,将使农民拥有更完整、更稳定、更丰厚的多元收入结构,农民的收入将呈现渠道拓宽、大幅提高两大特点,具体实现途径包括以下四个方面。

第一,新农村综合体承接城市养老产业,实现了让城里人到农村来长期居住消费的目的。农民可以将自己的房子租给城市老年人养老以获得固定租金收入,也可以用于发展民宿经济赚取住宿费,同时,农民可以为在新农村综合体内休闲养老的城市老年人提供有机绿色蔬菜、土猪肉、土鸡蛋等土特产赚取收入。

第二,农民可以将土地出租给农业龙头企业或家庭农场等主体赚取土地流转收益,也可以将土地入股到专业合作社、农业公司或家庭农场等新型农业经营主体用于发展社区支持农业、休闲观光农业,而休闲观光农业的产值往往高于普通种养业。例如,休闲观光农业中的采摘水果的销售价格比一般市场高 3~4 倍,采摘果园单位面积利润比一般种植高 2~3 倍。因此,农民可以获得更多的分红收益。当然,农民也可以将自家承包的土地分割成小块,将一小块一小块的土地分别租给不同的城市老年人耕种并收取相应的土地租金,而城市老年人在租赁的土地上种植瓜果蔬菜等农产品,不仅解决了城市老年人在新农村综合体生活的蔬菜问题,而且可以让老年人亲身体验种地的乐趣。

第三,农家乐、现代农业企业等主体都会有或多或少的用工需求,农民可以到"小组微生"新农村综合体内的农业企业、旅游企业等单位兼职或者全职工作赚取工资。

第四,农民可以为城市老年人养老、休闲观光农业、民宿经济、农家乐等产业提供车辆服务、运输配送、场地看管、社区安保、旅游讲解等服务赚取收入。因此，在新农村综合体内构建起"多元共融"式产业体系，能够实现农民就地收入多元化，使得农民收入以外出务工收入为主的格局得到一定程度的改变。

3. 形成城乡居民文化生活互动交融的格局

受城乡二元社会经济格局影响，城乡居民生活在各自不同的社会环境中，分别积淀形成了不同的社会生态、心理意识、行为习惯和文化价值。由于城乡文化发展存在不平衡、不协调等问题，形成了城乡文化二元结构，并彼此呈现出不对等状。具体表现在以下方面。逐渐扩大的城市市场经济文化和农村自然经济文化两者之间的差异，逐渐增大的城市与乡村之间的生活方式差异，以及愈发明显的城市人与乡村人两者之间思维方式的差异。发展"小组微生"新农村综合体文化有"输血"和"造血"两种方式。"输血"，即政府加大对新农村综合体乡村文化建设的资金投入，改善群众文化活动条件，提高群众精神文化生活水平。"造血"，即"小组微生"新农村综合体利用乡村的民俗文化、节庆文化、民间艺术，乃至历史文化遗产和山水田园风光、绿色有机食品，以乡村养老产业为载体，发展休闲观光农业、都市现代农业、社区支持农业、农家乐，民宿经济等多元产业，继续挖掘乡土文化资源，努力提高农村公共文化服务水平，吸引城市老年人或城市居民到农村长期生活居住或旅游观光、休闲体验，将城市优质文化资源送到农村。

实践证明，政策"输血"不如自我"造血"。城乡融合的最可行渠道就是城市居民深入到乡村，了解、学习、体验农村生产、生活状态及其存在的价值，城乡居民长期共同生产生活在一个地域空间范围内；同时，从城市来的人群与其行为特征以及他们携带的物质和信息也将对乡村产生潜移默化的影响（王海滨等，2007），城市居民到农村交流的增多，能给农村注入全新的思维和理念，有利于推进农民文化素质和农村文明程度的提高（黄梅君和袁玲儿，2005）。另外，一个城市老年人一般联系着两个城市家庭，将吸引大量的都市夕阳人群的子孙辈及亲戚朋友在节假日前来探望并留宿居住，故而，抓住城市老年人的亲朋好友间歇性下乡探视的规律，适时发展乡村度假产业，这既能有效推动当地旅游经济的快速发展，又能给农村带去丰富的城市现代化元素，实现城乡文化的互动与交融，从而带动农民的观念更新和素质提升（胡雪琴，2009）。目前，虽然农民工到城市打工也将城市的文化生活习惯带回了农村，但是在城市生活的农民工并未和当地城市居民融为一体，基本上是以农民工群体性居住的形式存在，呈现出"城市二元"的格局。总之，"多元共融"式产业格局下的新农村综合体建设将促进农民生活方式变革：实现生活方式的现代化，构建健康、文明、科学的生活方式；构建崭新的乡村生活方式、推进城乡高度融合化的生活方式。

在新农村综合体内，在住房城镇化、基础设施和公共服务设施城镇化的同时，当地农民已经开始注重文明素质市民化。例如，郫都区安德镇安龙村新农村综合体注重对村民生活习惯的引导,强调"要让入住群众从心理上和文明习惯上进城"。将"每周至少洗澡一次"等新生活习惯的提倡写在展板上、摆进小区。新都区斑竹园镇建设竹柚塘居新农村综合体注重对环境卫生的引导。组织开展最美组团和最美小院卫生评比,建立组团互评制度,实行卫生月评打分,每年评选1 个最美组团,给予 5000 元的奖励,用于组团绿化、卫生补贴及公共设施维护。"最美小院"评选,由各组团委员会考察后提出评选名单,公示后由社区两委给予 500 元奖励。郫都区万春镇幸福村新农村综合体经群众自主议定,以户为单位在全村长期开展"幸福积分"激励活动,主要内容包括环境卫生、道德诚信、公益参与、家庭文明、邻里和睦等分项,积分较高的农户可获得荣誉激励和新村内部分商户优惠。

4. 形成"居住形态别墅化""公共服务标准化"的格局

由于长期缺乏指导和监管,农村住宅建设处于自发、无序状态,农村建设用地零星分散,点多量大,利用粗放、不集约,导致农村人均建设用地面积偏大。据成都地区集体建设用地总量综合分析,成都市区域农民人均宅基地(集体建设用地)面积为 120~180m^2。同时,农民住宅建设存在着标准低、质量差、功能设施不完备等问题。另外,受城乡二元体制和"重城轻乡"观念的影响,城乡有别的公共服务供给体系仍没有根本改变,我国在城市实行的是以政府为主导的公共服务供给制度,在农村很大程度上实行的则是以农民为主的自给自足型公共服务供给制度,农村公共服务大多由农民自己提供(赖扬恩,2014),这直接导致在城市公共设施体系日臻完善的同时,农村公共设施建设仍不成体系、缺乏建设标准,造成城市的公共服务无论是数量上还是质量上都绝对优越于农村,公共服务设施不完善,无法满足住区内农民的使用。

"小组微生"新农村综合体建设根据一户一宅的建设政策,充分考虑各家各户的人口状况、经济承受能力,统一设计不同的户型,建设"紧凑型、低楼层、川西式"特色民居,大多数农民原有破旧的房屋变成了现代化的 2 层或 3 层的独栋小别墅,设计有存放农具、摩托车甚至小轿车的库房以及晾晒衣物、谷物的阳台。同时,根据成都市规划部门对新建农村新型社区的用地指标的规定,新农村综合体的人均综合占地面积应控制在 50~70m^2,人均农房宅基地一般不超过 30m^2,农村的宅基地集约化程度较之前大幅提高。在"小组微生"新农村综合体建设过程中按照公共服务向农村覆盖的要求和"1+21"的配置标准,同步规划建设公共服务中心,全面配套公共管理服务、教育、医疗卫生、文化体育、商业服务、市政公用、金融邮电、生产配套等 8 个大类、21 项服务设施,着力构建"10 分钟生产生活圈",提高了农民现代生活品质。随着"多元共融"式产业模式的打造和发展,新农村综合体内农民住房的工程质量、功能质量、环境质量和服务质量将有进一步的提升,适应农民生产生活方式转变要求的基本公共服务体系将更加完善，公共服务设施配套将在现有的基础上实现更加精准化的增量供给。例如，未来新农村综合体内可考虑统一配置自动取款机（automated teller machine，ATM）、快递便利店和快递自取柜等，以更好地服务城市老年人在新农村综合体内的生活。

5. 形成精准化精细化的农村社会治理发展格局

长期以来，受到粗放管理理念的影响，各级政府部门在进行社会管理时也习惯运用笼统式、模糊化的方式处理问题，使得很多社会公共事务的管理呈现表面化、功利化现象，社会管理的标准化水平、精细化程度较低，致使最贴近民众的"最后一公里"问题难以解决，虽然政府在社会管理服务中投入了大量人力、物力和财力，但是却无法得到良好的预期效果。同时，在传统的农村社会管理中，政府习惯用"运动式"管理手段来解决社会问题（麻宝斌和任晓春，2011），而不习惯借助市场化和社会协商等方式进行社会管理，社会管理主体呈现极化现象，仅包括政府部门和社会组织两大类，这严重束缚了农民、集体经济组织等主体参与到社会管理之中。

随着在"小组微生"新农村综合体内"多元共融"式产业的打造与发展，需要进一步完善新型村级治理机制，基于传统一元化社会管理体制必须走向适应新时代要求的社会治理模式，必须克服以前社会管理中的传统思维，以精准化治理理念代替以往粗放、经验性的管理思维。首先，农村社会治理应该是政府、金融机构、企业、社会组织、集体经济组织、农民等多元行动主体通过协商合作的方式对农村社会事务和社会生活进行规范和管理，强化各行动主体之间的协同治理理念，形成农村社会治理多元行动主体平等参与、良性互动的协同治理网络。其次，在"互联网+"时代，互联网是企业、社会组织、农民、集体经济组织等多元主体参与管理社会事务的重要渠道，是实现系统治理、依法治理、综合治理和源头治理的重要途径，不同利益主体可以不受时间、地点、人员数量的限制，向政府部门表达各自的利益诉求，而社会管理部门亦可以通过互联网及时回应社会关切，调节利益关系，化解社会矛盾。同时，运用"互联网+"思维，在社会治理创新过程中，可以强化大数据的应用，实现治理决策的精准研判，超前谋划，实现社会治理与服务的精准化。最后，随着"小组微生"新农村综合体内产业的多元化发展、人口流动频率的增大，将网格化管理运用到新农村综合体成为一种可能趋势。通过建立组织机构模块、人口信息模块、房屋信息模块、重点场所模块、社区管理模块、网格地图模块、特殊人群信息模块及治安信息模块等网格基础信息库，形成综合性、集成式、共享型的"大信息系统"，对网格内的"人、地、事、景、情、组织"等信息及时进行收集、分类、汇总，做到在第一时间发现问题、第一时间反馈问题、第一时间解决问题，使管理服务的触角延伸到农村社会治理的末梢，实现服务群众、社会治理精准化。

第4章 "小组微生"新农村综合体承接城市养老产业的宏观分析

4.1 SWOT 分析法

SWOT 分析法是由美国旧金山大学的管理学教授海因茨·韦里克于 20 世纪 80 年代初提出的基于内外部环境和竞争条件下的态势分析方法。首先,将研究对象的优势(strengths)、劣势(weaknesses)、机遇(opportunities)和威胁(threats)一一列举出来,并作矩阵形式排列,然后,系统分析并提出对策。这种分析方法能够非常清晰明了地发现问题的内外部情况,把一些看似独立的因素综合起来进行分析,统筹全局,有针对性地提出战略建议,促进全面系统地解决问题。作为常用的战略管理工具,SWOT 矩阵模型因具有操作成本低、主客观结合、竞争与合作联结、结构化系统化明显等特点而被广泛应用(金晓艳和赫天姣,2022)。SWOT 矩阵分析模型如图 4-1 所示。

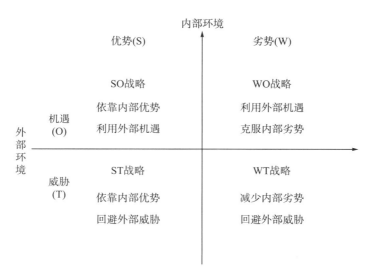

图 4-1 SWOT 矩阵分析模型

4.2　"小组微生"新农村综合体承接城市养老产业的 SWOT 分析

"小组微生"新农村综合体承接城市养老产业、发展休闲养老产业，是未来养老产业的一个重要发展方向。然而，城市老年人到新农村综合体休闲养老会面临农村医疗条件差、配套建设用地指标来源难、住房个性化需求难以满足等瓶颈和障碍，如果这些问题得不到妥善地解决，城市老年人到新农村综合体休闲养老的构想将仅仅停留在遐想阶段或自发无序发展状态，致使"小组微生"新农村综合体根本无法形成承接城市养老产业转移这一新的经济增长点(刘灵辉，2018)。故而，"小组微生"新农村综合体承接城市养老产业既有优势又有劣势，同时面临着新时代背景下的发展机遇和威胁。本章用 SWOT 分析法对其内部优势与劣势进行客观认识，对其外部面临的机遇与威胁进行综合分析，将优势、劣势、机遇、威胁两两组合，建立了可行性对策矩阵。

4.2.1　优势(strengths)

(1)优质的生态环境。在"大城市病"愈演愈烈的大背景下，城市内部交通拥堵、环境污染等使得城市越来越不适于高品质生活和养老，然而，"小组微生"新农村综合体具有良好的生态环境，如清新的空气、灿烂的阳光、清澈的溪流、茂密的树林、遍地的花草、满眼的庄稼、精致的田园等，同时，老年人在乡村养老，可开展种植、养殖、采摘、垂钓等各种休闲活动，贴近大自然，满足田园梦，有利于老年人身心健康，说明乡村是养老的一块"宝地"(吴正金，2019)，那么，"小组微生"新农村综合体优渥的生态环境条件就成为吸引城市老年人到乡村休闲养老的重要因素。

(2)位于城市"一小时经济圈"，交通通达度和便利度高。成都平原经济区环线高速全长约 458km，串联成都平原经济区中的都江堰、彭州、什邡、绵竹、中江等 15 个县(市、区)，通车后区段之间的城市实现 1 小时内到达。同时，"小组微生"新农村综合体大都位于成都"一小时经济圈"内，地理位置优越，与成都市主城区之间的交通便利。

(3)公共基础设施逐步健全。"小组微生"新农村综合体建设过程中同步规划建设配套基础设施和标准化的社区公共服务设施，让农民群众享受到与城市居民同质的基础设施和公共服务。为减少公共服务资源配置的随意性、盲目性，成都市在全国率先制定了系统、全面、多层次的重点镇、一般镇"1+28""1+27""1+27"，涉农社区和村(农民集中居住区)"1+23""1+21"的农村公共设施配置标准体系。其中，"小组微生"新农村综合体参照"1+21"标准执行，全面配套公共管理服务、教育、医疗卫生、文化体育、商业服务、市政公用、金融邮电、生产配套等 8 个大类、21 项服务设施。可以说，"小组微生"新农村综合体内的基础设施和公共服务设施发生了翻天覆地的变化。

（4）有机绿色食品。在"小组微生"新农村综合体内能够便捷地品尝到绿色健康的有机瓜果蔬菜，降低了食品安全风险，减少了"病从口入"的发生概率，提升了饮食养生的可能性，这都是吸引城市老年人到此休闲养老的金字招牌。例如，在新都区斑竹园镇的竹柚塘居新农村综合体，城市老年人可以品尝到当地的特色农产品"新都柚"，该农产品先后获得"绿色食品 A 级""有机食品认证产品"称号。在崇州市隆兴镇荷风水村新农村综合体和余花龙门子新农村综合体，建成了以红提（1250 亩）、荷花（1050 亩）和金银花（1000 亩）为代表的"三千"特色产业基地，可以体验果蔬采摘，品尝绿色有机的红提。

（5）二、三圈层的资源禀赋高，且老年人口密度低。"小组微生"新农村综合体承接城市养老产业，必须要有自己的资源优势，否则，将支撑不起产业发展的重任。通过《成都市统计年鉴》查找成都市下辖区（市、县）的土地面积、耕地面积数据，以及第七次全国人口普查公布成都市下辖区（市、县）的常住人口统计口径下的 60 岁及以上老年人口数据，通过计算可以获得成都市下辖区（市、县）的老年人口密度、每名城市老年人对应的耕地面积数量（表 4-1）。从老年人口密度这一指标来看，在第一圈层，锦江区的老年人口密度最高，达到 2942.62 人/km²，青羊区排第二，老年人口密度为 2871.21 人/km²，最低的为武侯区，老年人口密度为 1262.30 人/km²，第一圈层老年人口密度平均值为 2064.11 人/km²；在第二圈层，温江区老年人口密度最高，为 546.74 人/km²，青白江区排第二，老年人口密度为 542.22 人/km²，最低的为双流区，老年人口密度为 116.39 人/km²，第二圈层老年人口密度平均值为 349.14 人/km²，仅为第一圈层平均值的 16.91%；在第三圈层，新津区老年人口密度最高，为 666.87 人/km²，蒲江县排第二，老年人口密度为 408.62 人/km²，最低的为简阳市，老年人口密度为 118.38 人/km²，第三圈层老年人口密度的平均值为 259.79 人/km²，仅为第一圈层的 12.59%、第二圈层的 74.41%。从每位城市老年人对应的耕地面积这一指标来看，在第一圈层，成华区每位城市老年人对应的耕地面积最大，为 0.1115 亩，锦江区排第二，每位城市老年人对应的耕地面积为 0.0714 亩，最小的为青羊区，每位城市老年人对应的耕地面积为 0.0371 亩，其中，第一圈层每位城市老年人拥有的平均耕地面积 0.0654 亩；在第二圈层，双流区每位城市老年人对应的耕地面积最大，为 4.8036 亩，新都区排第二，每位城市老年人对应的耕地面积为 2.5701 亩，最小的是龙泉驿区，每位城市老年人对应的耕地面积为 0.8063 亩，其中，第二圈层每位城市老年人对应的平均耕地面积为 2.1728 亩，为第一圈层的 33.22 倍；在第三圈层，简阳市每位城市老年人对应的耕地面积最大，为 6.1443 亩，金堂县排第二，每位城市老年人对应的耕地面积为 3.8107 亩，最小的是新津区，每位城市老年人对应的耕地面积为 1.0410 亩，其中，第三圈层每位城市老年人对应的平均耕地面积为 2.7009 亩，为第一圈层的 41.30 倍，为第二圈层的1.24 倍。从上述分析中可以看出，无论是老年人口密度，还是每位老年人对应的耕地面积，总是呈现出第三圈层优于第二圈层、第二圈层优于第一圈层的状况，并且优越的程度十分明显，故而，第一圈层的城市老年人向第二圈层、第三圈层转移，依托"小组微生"新农村综合体承接城市养老产业具有得天独厚的资源禀赋优势。

表 4-1　成都市下辖区（市、县）土地面积、耕地面积、60 岁及以上老年人口数量、老年人口密度及每位城市老年人对应的耕地面积情况

地区所处圈层	地区	土地面积 /km²	耕地面积 /hm²	60 岁及以上老年人口数量/万人	老年人口密度 /（人/km²）	每位城市老年人对应的耕地面积 /亩
第一圈层	锦江区	61	855	17.95	2942.62	0.0714
	青羊区	66	469	18.95	2871.21	0.0371
	金牛区	108	752	17.67	1636.11	0.0638
	武侯区	122	444	15.4	1262.30	0.0432
	成华区	108	1291	17.37	1608.33	0.1115
第二圈层	龙泉驿区	556	7886	14.67	263.85	0.8063
	青白江区	379	18884	20.55	542.22	1.3784
	新都区	496	25632	14.96	301.61	2.5701
	温江区	276	13165	15.09	546.74	1.3086
	双流区	1068	39806	12.43	116.39	4.8036
	郫都区	437	20485	14.16	324.03	2.1700
第三圈层	新津区	329	15226	21.94	666.87	1.0410
	简阳市	2214	107361	26.21	118.38	6.1443
	都江堰市	1208	26712	24.04	199.01	1.6667
	彭州市	1421	50703	25.27	177.83	3.0097
	邛崃市	1377	44310	24.92	180.97	2.6671
	崇州市	1089	39124	22.51	206.70	2.6071
	金堂县	1156	56500	22.24	192.39	3.8107
	大邑县	1284	29638	24.05	187.31	1.8485
	蒲江县	580	23909	23.7	408.62	1.5132

注：成都市下辖区（市、县）的土地面积、耕地面积来源于《成都市统计年鉴》、老年人口数据来源于第七次全国人口普查数据，按照常住人口统计。

(6)当地居民的意愿高。"小组微生"新农村综合体承接城市养老产业必须尊重当地农民的意愿才能很好地推进,给城市老年人出租住房、流转土地给城市老年人种菜等都需要当地居民的紧密配合和合作。否则,难免造成城市老年人和当地居民之间的矛盾以及不和谐现象的发生。受访的 71 名新农村综合体农民在回答"在收取费用的前提下,您是否愿意出租房屋接纳城市健康老年人到家中进行以健康和休闲为目的的养老"这一问题时,67.61%的受访者表示"愿意",14.08%的受访者表示"不清楚,视情况而定",这表明大多数新农村综合体农民对城市老年人到新农村综合体内进行休闲养老的接纳度高。

4.2.2　劣势(weaknesses)

(1)农村医疗条件差。由于老年群体的特殊性,在异地进行休闲养老过程中身体健康状况存在着较大不确定性,这对"小组微生"新农村综合体内的医疗卫生条件和护理人员的专业技能提出了较高的要求。然而,由于城乡医疗资源配置的巨大差异,现有农村的医疗水平仍较欠缺。因此,城市老年人到新农村进行休闲养老的最大顾虑就是医疗问题。通过外业调查发现,虽然"小组微生"新农村综合体各方面软硬件设施经过资金投入达到了较为完善的水平,但是目前新农村综合体内的卫生所(室)医疗条件普遍一般,医疗条件较差,具体体现在:第一,农村医疗人才队伍缺乏,在调研的"小组微生"新农村综合体内,全科医生数量普遍仅有 1 人,最多 2 人;第二,农村医生的医学基础薄弱,知识结构较为陈旧,在针对老年人疾病的专业知识和健康理念上与城市医生有差距;第三,农村地区大多分布的是医务室、卫生站、便民医疗服务站,缺少针对老年人常见疾病和康复治疗的医疗单位,缺乏老年病专科、心理诊疗服务体系,缺少短期、中期、长期的医疗中心、医院、护理院为老年人提供阶段性的医疗服务;第四,由于资金缺乏等缘故,农村的医疗设施设备落后、不齐全。

另外,"小组微生"新农村综合体承接城市养老产业转移在医疗方面还存在如下问题:由于"小组微生"新农村综合体与市区大医院之间还有一定的距离,在城市老年人出现突发性疾病时,如何安排车辆以及送往哪家医院治疗,是必须事先考虑的现实问题。

(2)农村环境适老化程度低。"小组微生"新农村综合体承接城市养老产业,势必会吸引大量的城市老年人到新农村综合体生活和居住,那么,这些原来适应当地居民和老年人的农村环境,可能并不适宜来自城市的老年人群体,而适老化环境建设理念和意识尚未进入到农村建筑物设计评审和建设评估环节(谭文静,2018),是造成农村环境的适老化程度低的重要原因,农村环境适老化程度低具体表现在以下三个方面:第一,住房方面,房间面积、户型设计、家具尺寸适老化程度不高;第二,交通等基础设施方面,农村交通管理理念以机动车为主,步行交通系统设施建设落后，道路无障碍设计不到位；第三，公共服务设施方面，生活辅助设施(流动手杖、助行器、轮椅)、老年人健身娱乐设施等适老化程度不高。

(3)农村居民与城市老年人在思维方式、文化生活习惯等方面存在矛盾。由于城乡居民在收入水平、教育程度、日常生活环境以及社区制度规范等方面存在显著差异，故而，城市老年人到"小组微生"新农村综合体休闲养老可能与当地居民在生活习惯方面存在矛盾，具体体现在：第一，卫生保健意识差异，城市老年人中能够承担得起外出休闲养老费用的群体，往往对生活品质也有比较高的追求，然而大多数农村居民对床单、衣物、餐具的消毒和更换意识较弱，这会造成这些城市老年人的不适应；第二，思维方式冲突，虽然随着生活水平的提高以及教育程度的提升，农村居民的思想观念得到了极大改善，但与城市居民仍有一些差距；第三，生活习惯冲突，农村居民言行举止、穿着打扮、作息时间等与城市老年人的生活习惯存在差异。

(4)农村的接待能力、服务能力和管理规范化程度较低。传统农村往往只能应对由于婚丧嫁娶对客人的临时、短期的接待，不仅缺乏规范性，而且存在一定的食品安全等方面的风险，且对于应对城市老年人在新农村综合体休闲养老具有不可复制性。随着大量城市老年人前往"小组微生"新农村综合体休闲养老，这对农村的服务能力、接待能力和管理能力提出了更高的要求。因此，"小组微生"新农村综合体在为大量外来人员提供长期高质量的服务意识、服务能力以及规范化管理等方面均存在较大提升空间。

(5)新农村综合体的农民物业费缴纳的规范化体系尚未建立。由于农民过去的生活基本处于"房屋自建、垃圾自理、环境自护"的状态，不存在物业费缴纳的问题，农民普遍没有形成住房消费意识。因此，搬入新农村综合体的农民对物业费缴纳存在一定的排斥心理。根据外业调查，不同新农村综合体对物业费的缴纳有不同的方式，没有形成统一规范化的标准模式。第一，不收取农民物业管理费，以村级公共服务和社会管理专项资金代缴物业管理费，如郫都区三道堰镇指路村新农村综合体和三道堰镇青杠树村新农村综合体。第二，以前不收取农民物业管理费，但是之后会启动收取物业管理费。2015年，崇州市白头镇五星村新农村综合体内的农民不用缴纳物业管理费，所需费用由村集体专项资金支付，2016年五星村计划每年向农民收取1元/米^{2}的物业管理费，不足部分再由村集体专项资金支付。第三，向农民收取物业管理费，但是费用缴纳的名义和标准存在着较大差异。崇州市隆兴镇群安村的荷风水村新农村综合体、余花农门子新农村综合体每月向农民收取0.2元/米^{2}物业管理费，且每人按照建筑面积35m^{2}计算；在邛崃市夹关镇周河扁新农村综合体，农民每月也同样缴纳0.2元/米^{2}物业管理费，但是缴费面积以实际建筑面积计算。在大邑县苏家镇香林村新农村综合体，按户型收取200～280元/(年·户)物业服务费，用于小区保洁、治安巡逻等，具体而言，2 人户每年缴纳 200 元，3 人户每年缴纳 220 元，4 人户每年缴纳 240 元，5 人户每年缴纳 260 元，6 人户每年缴纳 280 元。都江堰天马镇绿凤村凤栖苑小区向农民收取卫生管理费，每人每年缴纳 70 元。新都区新繁镇高院村玲珑锦院新农村综合体内住户需要缴纳少部分清洁费，1 人户每月 5 元、2 人户每月 8 元、3 人户每月 10 元、4 人户每月 12 元、5 人户每月 15 元，其余物业管理费从院中的 1 亩柚子林每年收益和土地合作社土地流转收益中补贴物业管理费。

4.2.3　机遇（opportunities）

（1）各级政府的政策支持。2018 年中央一号文件《中共中央 国务院关于实施乡村振兴战略的意见》指出，"实施休闲农业和乡村旅游精品工程，建设一批设施完备、功能多样的休闲观光园区、森林人家、康养基地、乡村民宿、特色小镇。对利用闲置农房发展民宿、养老等项目，研究出台消防、特种行业经营等领域便利市场准入、加强事中事后监管的管理办法"。该文件从土地、资金、人才、品牌、文化、客源、就业、产融八个方面为乡村养老、乡村休闲产业提供支撑。2022 年 11 月 25 日，四川省第十三届人民代表大会常务委员会第三十一次会议通过的《四川省乡村振兴促进条例》中规定"鼓励社会资本到乡村发展与农民利益联结型项目，鼓励城市居民到乡村旅游、休闲度假、养生养老等，但不得破坏乡村生态环境，不得损害农村集体经济组织及其成员的合法权益"，其中就直接提出了鼓励城市居民到乡村养生养老，这无疑为本书提出的新农村综合体承接城市养老产业提供了政策依据。成都市养老机构布局以统筹城乡发展为原则，开始重点改善农村养老条件，并充分考虑不同区域发展特点，合理配置养老设施，促进各区域养老事业的协调发展，实现城乡养老一体化。2012 年 12 月，成都市政府制定发布的《成都市养老设施布局规划（2011—2020）》，全市共规划养老点位 395 个，其中，中心城区（五城区含高新区）规划养老点位 83 个，占 21.01%，其余 78.99% 的养老点位规划布局在新都、青白江、龙泉驿、郫都、温江、双流、都江堰等二、三圈层区（市、县）。2018 年 12 月 29 日，《成都市人民政府办公厅关于深化养老服务综合改革提升养老服务质量的实施意见》（成办发〔2018〕50 号）指出，"加快养老与文化、休闲、旅游、养生等产业融合发展，引导养老领域新业态新模式向农村延伸"，全面开放养老服务市场，坚持品牌化、规模化、连锁化发展战略，引导社会力量投资建设和运营专业化的养护型、护理型、临终关怀型等功能型养老机构。

（2）市场需求的增多。随着城市化进程的加快，城市户外休闲空间受到挤压，老年娱乐设施缺失，城市老年人的休闲娱乐需求难以满足（李晨和赵海云，2020），季节性移居到乡村休闲养老地正成为都市老年人的新选择。"小组微生"新农村综合体具有远离城市喧嚣、空气清新、游客密度较低，能够给老年人带来亲近自然、放松心情等心理体验的适宜环境。2016 年，根据中国社会科学研究院老年科学研究会测算，中国养老市场的商机大约有 4 万亿元，到 2030 年，有望增加至 13 万亿元[①]，市场潜力巨大。随着老年人的养老居住观念发生较大变化，41% 的老年人选择与子女分住，且随着这一趋势的上升，城市老年人越来越向往田园+养生+康养模式。通过调研发现，共有 292 名城市老年人（占总调查对象人数的 73.55%）表示如果条件允许的话不排斥去"小组微生"新农村综合体休闲养老，这说明乡村休闲养老具有极大的吸引力，市场存在巨大需求。

(3)"银发经济"时代来临，为养老产业发展提供契机。计划生育政策以及后来人们生育观念的转变导致生育意愿下降，加之人口寿命的延长等原因，导致目前中国的人口红利逐步消失，医疗卫生技术的快速发展和社会保险制度的逐步完善，使得老年人口的比例逐年递增，老龄化程度日趋加深（卢亚，2014）。据全国老龄工作委员会办公室（简称全国老龄办）公布的数据，2017 年，全国新增老年人口首次超过 1000 万人，预计到 2050 年前后，中国老年人口数将达到 4.87 亿人的峰值，占总人口的 34.9%，相当于目前德国、法国、英国人口总和的两倍。老年人口规模的扩大，使得老龄服务和产品需求随之增大，与老龄化相适应的消费服务型产业获得发展空间，从而催生出"银发经济"掀起了老龄消费的热潮。"银发经济"是以满足老年人的产品和服务需求为目标而产生的经济增长点，根据相关机构的保守预测，到 2035 年，"银发经济"占我国 GDP 比例将达到 10.9%；到 2050 年，"银发经济"占我国 GDP 比例将超过 15.9%。"银发经济"成为影响我国未来经济社会发展的重要变量之一（彭希哲和陈倩，2022）。

(4)城市老年人的经济条件好且支付能力更强。一般而言，城市老年人"小组微生"新农村综合体休闲养老的意愿与月平均收入呈正相关。由于城市老年人到"小组微生"新农村综合体休闲养老需要承担房租、餐费、交通费、参加乡村旅游自费项目等各项支出，这要求城市老年人具有一定的经济基础支撑。因此，城市老年人收入越高，对在"小组微生"新农村综合体休闲养老需承担的各项花费越不担心，越自信自己能够在"小组微生"新农村综合体内过上安逸体面的生活，不至于囊中羞涩畏惧城市老年人之间的攀比而放弃到农村养老的意愿和想法（刘灵辉，2018）。而城市居民的收入水平大多高于农村居民的收入水平，同时，具有休闲养老这一先进的、个性化观念的城市老年人，往往在经济实力方面也不会很差。据调查发现，表示愿意去新农村综合体休闲养老的城市老年人平均月收入在 4500～5000 元，具备一定的经济实力和消费能力。同时，城市老年人还有家庭储蓄、子女给予的经济支持、退休金、存款利息以及兼职收入等多方面收入来源，因此，城市老年人的收入普遍较高，经济承受能力强。

(5)城市老年人的子女数量偏少，乡村休闲养老的概率提升。调查发现，城

---

① 人民日报. 日企关注中国 4 万亿元养老市场商机[OL]. [2016-08-19].https://m.haiwainet.cn/middle/352345/2016/0819/content_30233838_1.html.

市老年人的子女数量在 2 个及以下的比例为 90.43%，无子女和子女数量为 1 个的比例为 58.69%。可见，城市老年人的子女数量偏少。研究发现，城市老年人"小组微生"新农村综合体休闲养老的意愿与子女数量呈负相关。城市老年人养育的子女数量越多，在年老后，能够有子女留在自己身边以及获得子女照顾的可能性越高，他们越倾向于选择传统的居家养老模式。相反，城市老年人子女数量越少，由于工作流动、婚嫁等原因，子女能够留在身边照顾老年人的可能性越低，因此，选择到"小组微生"新农村综合体进行休闲养老的可能性越高(刘灵辉，2019)。

4.2.4 威胁(threats)

(1)乡村休闲养老产业缺乏统一规划和顶层设计。"小组微生"新农村综合体承接城市养老产业、"多元共融"式产业模式给未来新农村综合体的产业发展提供了思路，但是具体到每一个新农村综合体的产业打造仍需建立在地区实际的基础之上，因为"小组微生"新农村综合体内产业发展不能简单地套用一种模式，应因地制宜加强针对性，毕竟不同的新农村综合体在区位条件、资源禀赋和生产力水平等方面存在着较大差异。规划是一种使预定目标得以实现的且有条理的行动顺序，制定科学合理的新农村综合体建设与产业发展规划，有助于在可持续发展的目标和价值判断下，提出新农村综合体产业发展的行为标准，及如何达到这些标准，从而有效地引导新农村综合体的发展，这不仅是产业发展取得成功的保障，而且是预防资源和环境遭受破坏的重要措施。然而，现阶段乡村休闲养老产业在统一规划和顶层设计上存在着一些问题：第一，政府对相关社会资本进入乡村休闲养老产业的政策配套措施还不到位，没有实现良好的市场化运作；第二，乡村休闲养老服务业大多数是软性服务，收费制度复杂，尚未有明确的标准规范，效用评价弹性大，定价难度较大；第三，新农村综合体应设立的养老企业的运营监管机制没有落实；第四，乡村休闲养老服务人员没有明晰、针对性的入行要求和行业标准，缺乏对其专业技术、工作能力的认证和等级评定机制，乡村休闲养老专业人才的职业晋升制度、培养机制等没有明确策划；第五，针对不同的身体条件的老年人采取的入住模式理应不同，目前，针对不同老年人群体的乡村休闲养老差异化入住模式尚未明确规定。同时，目前主流的观念、学界观点以及政府战略都以快速城镇化为目标，努力实现进城农民完全融入城市、转变为市民以提高城镇化率，考虑的问题是如何让进城农民更好地在城市安家落户。因此，把城市人口向农村转移视为"逆城市化"而加以排斥和否定。城市老年人到新农村综合体休闲养老同样是人口由城向乡的转移，那么，这一行为是否会得到鼓励和支持？是乡村休闲养老产业的统一规划和顶层设计能否有效快速推进的重要前提(刘灵辉，2018)。

(2)农村养老行业人才吸纳力弱。一方面,由于城乡经济发展本身的差距,留在农村或者到农村发展事业常被视为没前途。根据国家统计局公布的数据,2021年农民工总量达29251万人,比上年增加691万人,增长2.4%,农民工群体已经占到居住在乡村的人口的57.38%。城市化发展加速了农村年轻人到城市务工的步伐,城市像一个抽水泵一样将农村的人才和劳动力向外吸引,致使农村面临着劳动力短缺的状况。另一方面,受传统社会观念的影响,养老服务人员社会认可度低、社会地位低,以至于养老行业人才在内部培养和外部引进方面都面临着瓶颈和障碍,造成人才增长后劲不足,愿意留在乡村照顾老年人的人才数量会更加短缺。

(3)新农村综合体休闲养老的可持续性问题。随着时代发展,城市老年人文化水平越来越高,根据马斯洛需要层次理论,他们对生活品质的追求也会逐步提高,如何维持部分城市老年人对"小组微生"新农村养老综合体休闲养老的信任与认可,确保新农村养老综合体对城市老年人的持续吸引力,以避免新农村综合体承接城市养老产业半途而废、功亏一篑,还需要进一步探索与研究。另外,新农村综合体承接城市养老产业过程中涉及集体经济组织、农民以及从外面引进的企业等利益主体,因此,探索如何在这些主体间构建紧密的利益共同体是亟待解决的核心问题和关键问题,这涉及新农村综合体内产业发展的可持续性。

(4)城市老年人挤占农村养老资源问题。城乡二元经济结构造就了差异巨大的两种社会经济格局,农村和城市相互独立地保持各自的运行和发展,各自主要依托自身的资源解决内部所面临的老年人养老问题。虽然"小组微生"新农村综合体地处成都市二、三圈层,在土地资源等方面存在着资源禀赋优势,但是我国农村老年人口基数也比较大,患疾病老年人多,孤寡老年人多,社会化养老服务需求大。随着农村家庭养老功能弱化,农村的老年人面临着十分窘迫的养老压力。然而,长期以来我国养老服务资源一直处于"重城市、轻农村"的状态,各种养老服务资源优先向城市供给,乡村医疗卫生设施、养老服务人员、老年活动基础设施配备资源有限,致使乡村养老设施存在量少质低、运营困难、群众接受度低等问题(胡定强,2019),那么,利用农村的土地、住房、食品、基础设施和公共服务设施等资源解决城市老年人的养老问题,这是否会挤占本已稀缺的农村资源,对农村老年人的养老造成负面影响(刘灵辉,2018),这是一个值得思考的问题。

(5)承接城市养老产业的用地来源问题。"小组微生"新农村综合体建设,以新村建设为基础,借助集中居住的优势,实现"产村一体""产村相融"发展的目的。在新农村综合体周边规划布局农业产业园区,着力培育优势特色产业,大力发展乡村旅游,通过引进农业产业化龙头企业,发展农民专业合作社,探索多种适度规模经营模式,做强新农村综合体产业支撑。然而,新农村综合体引进一、三产业互动项目存在着建设用地需求难以满足的问题,进而造成项目"落地难"的困境普遍存在。"小组微生"新农村综合体承接城市养老产业,需要配套建设用于城市老年人养老的住房以及道路、公园、广场等配套基础设施和公共服务设施，这不可避免要使用农村集体土地，然而，《中华人民共和国土地管理法》等法律条文中对于农村集体所有土地用于建设的权利主体、使用目的、取得程序及使用方式等都有严格限定，使得现行的土地利用制度与新农村承接城市养老产业所需建设用地的取得不匹配，存在着诸多的限制，主要表现在两个方面。第一，土地用途管制制度。我国坚持实行最严格的耕地保护制度和最严格的节约用地制度，严格限制农用地转为建设用地的规模。农用地只能用于农业生产，维持"农地农用"，农用地转为非农建设用地，必须经过严格的审批程序。那么，"小组微生"新农村综合体为承接城市养老产业而建设的住房以及配套基础设施和公共服务设施，在涉及占用农用地甚至基本农田时，土地用途管制是绕不开的政策制度障碍。第二，农村集体建设用地使用范围限制。农村集体建设用地的使用范围被严格限定在宅基地、乡镇企业以及乡(镇)村公共设施和公益事业建设等，那么，在"小组微生"新农村综合体发展休闲养老产业，建设养老综合体组团、建设配套的基础设施和公共服务设施等很可能会突破上述用地范畴。因此，建设用地指标的限制是制约"小组微生"新农村综合体发展休闲养老产业的瓶颈。如果不进行土地制度政策创新，大城市边缘区新农村承接城市养老产业项目将难以落地、无法实现。

(6)给当地低收入群体带来经济和精神压力。"小组微生"新农村综合体承接城市养老产业，其潜在的消费对象和目标群体为较高收入的城市老年人，当城市老年人迁入新农村综合体寻找休闲空间，实现了脱离农业生产方式的土地潜在地租价值，改变了农村社会阶级结构，在原来乡村空间内形成了城市居民与当地村民的"二元结构"。由于城市老年人的到来，商品需求会相应增加，同时，由于城市老年人的消费能力较强，那么，"小组微生"新农村综合体承接城市养老产业很可能会抬升当地的物价水平，然而，当地的农村居民并非都会从承接城市养老产业中获益，尤其是低收入群体，这会进一步给当地的低收入村民带来精神压力和经济压力。

(7)城市老年人的多样化需求满足问题。随着社会经济的发展、快速城镇化的推进、信息化建设和价值观的多样化，老年人群本身经济条件、职业经历和文化素养等存在差异，老年人的需求也呈现出多样化的趋势。因此，城市老年人到大城市边缘区新农村休闲健康养老同样存在着个性化、多样化的现实需求，主要表现在三个方面。第一，居住模式。选择到新农村综合体休闲养老的城市老年人，大多具有较好的经济条件，因此，他们对居住条件的要求往往会比较苛刻甚至挑剔。第二，自然文化环境。不同的新农村由于所处的地理位置、文化积淀、住房建造样式、配套景点(观)的打造以及周边旅游资源等方面存在着差异，因此某一个新农村并不能完全满足城市老年人休闲养老的所有需求，致使城市老年人在同一个新农村综合体居住久了会感到审美疲劳甚至厌倦。第三，价格标准需求。城市老年人在"小组微生"新农村综合体休闲养老，需要支付房租、生活费、参加乡村旅游项目的花费以及在新农村内租赁土地耕种体验休闲农业的租地费等，在对价格的敏感程度方面，不同城市老年人的表现是不尽相同的。因此，应设计出不同价格区段的休闲养老"产品菜单"供城市老年人选择。故而，能否通过养老区域、住房结构、居住时间、价格标准、娱乐节目、基础设施等软硬件要素搭配，创新地开发设计出能应对城市老年人多样、动态变化的多元养老模式，是城市老年人到大城市边缘区新农村综合体休闲养老的关键所在。

4.3 推动新农村综合体承接城市养老产业发展的战略选择

在基于 SWOT 模型对新农村综合体承接城市养老产业进行深入系统分析后，利用 SWOT 分析对策矩阵对"小组微生"新农村综合体休闲养老产业发展战略选择做归纳（表 4-2）。

表 4-2 SWOT 分析对策矩阵

外部因素	内部能力	
	优势（S）： 1. 优质的自然环境； 2. 交通通达度高； 3. 公共基础设施健全； 4. 有机绿色食品； 5. 当地农民接纳意愿强	劣势（W）： 1. 农村环境适老化程度不够； 2. 农村医疗条件较差； 3. 农村的接待服务能力较低； 4. 城乡居民文化素质与生活习惯的矛盾； 5. 新农村综合体的农民物业费缴纳的规范化体系尚未建立
机遇（O）： 1. 各级政府的政策支持； 2. 市场需求量大； 3. "银发经济"时代来临，为养老产业发展提供契机； 4. 城市老年人收入水平高且支付能力强	优势与机遇组合（SO）对策 1. S1/O1：借助各级政府的扶持政策，保护新农村综合体自然生态环境，打造绿色健康人居环境； 2. S2/O2：依托便捷的交通条件，吸引城市老年人在新农村综合体间循环养老； 3. S3、S4/O3、O4：进一步完善公共基础服务设施配套，加强当地绿色有机食品宣传和质量保障，发展农业食品园，休闲农业体验园，为城市老年人提供高品质的农业食品与生活体验	劣势与机遇组合（WO）对策 1. W1/O1：政府加大财政扶持力度，加强新农村综合体适老化环境建设； 2. W2/O1：完善新农村综合体医疗配套设施与服务，提高医护人员专业化技术水平，加大新农村医疗卫生投入，培育和吸纳农村医疗人才； 3. W3/O2、O3：通过组建和引进专业化团队进行经营与管理，为大量城市老年人休闲养老提供高质量、规范化的服务； 4. W4/O4：推进移风易俗，培育文明乡风。加强农民现代文明教育。对供应给城市老年人休闲养老的房屋以及农村外部环境按照标准进行改造，依照改造成本，制定适合城市老年人的租金价格水平； 5. W5/O1：在政府部门引导下，制定新农村综合体的物业费缴纳规则

续表

威胁(T)：	优势与威胁组合(ST)对策	劣势与威胁组合(WT)对策
1. 农村发展休闲养老产业缺乏统一规划和顶层设计； 2. 农村养老行业人才吸纳力弱； 3. 新农村综合体休闲养老的可持续性问题； 4. 城市老年人到农村休闲养老对农村养老资源的挤占问题； 5. 农村土地用途的范围限制； 6. 对当地低收入农民带来的经济和精神压力； 7. 城市老年人的多样化需求问题	1. S1/T1：维护新农村综合体养老产业与新农村环境的生态平衡，完善养老企业行为规范，加强运营规范监督力度；建立绿色产业发展法规体系； 2. S5/T2：加强养老服务业正向舆论宣传；加强养老服务行业职业化建设，建立养老服务人才培养机制，提升农村养老服务人才工资待遇； 3. S1、S2、S3、S4 /T3：维护好新农村综合体在自然、交通、休闲娱乐、绿色食品方面的优势，创新养老服务模式；打造品牌特色，塑造品牌形象，提升品牌核心价值，突出差异性； 4. S5/T4：构建农村养老社会化服务体系，培育多元农村养老主体，为村民提供多层次、多形式的养老服务；多渠道实现农民增收，实现部分农民在城市解决养老问题； 5. S5/T5：充分利用农民的闲置宅基地、闲置住房等资源，借助城乡建设用地增减挂钩等政策，多渠道解决新农村综合体发展休闲养老产业的用地瓶颈问题； 6. S5/T6：合理控制当地物价，促进经济多元化发展，新农村综合体发展休闲养老产业给低收入群体提供更多的就业机会； 7. S1、S2、S3、S4 /T7：设计不同的住房结构，满足不同城市老年人的住房差异化需求；建立"小组微生"新农村综合体休闲养老联盟，实现城市老年人在不同新农村综合体间循环养老	1. W1/T1：建立长效化、规范化、标准化的新农村综合体休闲养老服务机制，完善养老服务体系。统一养老设施建设标准，提高适老化水平； 2. W2、W3/T2：改善农村养老、医护人才的工作环境，建立农村养老服务人才培养机制；建立"定向转诊"制度，统筹规划城乡医疗基础设施建设，提升农村医疗服务水平； 3. W2、W3/T3、T4：加强农村医疗、养老服务资源建设，使城市老年人和农村老年人能够在新农村综合体内和谐共生，提高城市老年人对新农村综合体休闲养老的认可度和吸引回头客。新农村综合体发展休闲养老产业获得利润的合理共享，提高当地农民养老的自主能力； 4. W3/T5：多种举措保障新农村休闲养老配套服务设施用地的供应； 5. W4/T6：加强农村卫生健康知识宣传，加强农村教育建设，多种形式提升农村居民文化素养。稳定物价，维护当地村民的生存、生活权利； 6. W2 /T7：完善医疗服务体系，提供新农村综合体医疗服务、双向转诊、医养结合等，满足城市老年人的医疗多元化需求； 7. W5/T1：对新农村综合体物业费缴纳的细则等方面进行顶层设计

第5章 "小组微生"新农村综合体承接城市养老产业的微观分析

5.1 城市老年人乡村休闲养老意愿影响因素分析

5.1.1 计划行为理论概述

计划行为理论(theory of planned behavior, TPB)是社会心理学领域最具影响力的行为预测理论之一, 是阿耶兹(Ajzen)和菲什拜因(Fishbein)于 1975 年共同提出的理性行为理论(theory of reasoned action, TRA)的继承与延伸, 是由 Ajzen(1985)在结合多属性态度理论和理性行为理论的基础上发展起来的社会心理学理论模型。理性行为理论认为, 决定行为的最直接因素是行为意图, 同时, 行为还受到重要他人支持与否的主观规范(subjective norm, SN)和行为态度(attitude toward the behavior, AB)的影响, 然而, 理性行为理论的前提假设是行为的发生基于个人意志的完全控制, 在完全理性的情况下, 个人的行为是由行为意图决定的, 这一假设严重制约了理论的广泛应用。随后 Ajzen(1991)研究发现, 人的行为并非 100%出于自愿, 而是处于控制之下。因此, 他将 TRA 予以扩充, 将代表其他非理性因素的自我知觉行为控制(perceived behavioral control, PBC)这一新变量加入原理论框架中, 从而发展成为新的行为理论研究模式: 计划行为理论。1991 年, Ajzen 发表的《计划行为理论》("The Theory of Planned Behavior")一文, 标志着计划行为理论已经成熟。计划行为理论主要包含如下观点。

第一, 在非完全意志控制的环境中, 行为发生不仅受行为意向的直接影响, 还可能受到知觉行为控制的直接影响。在组织环境中, 个人的行为意愿还受到其他非动机因素的干扰, 这些干扰因素并非在个人意志控制之下, 它包括执行人的能力、资源、机会等实际控制条件, 在实际控制条件充分的情况下, 行为意愿直接决定行为。

第二, 准确的知觉行为控制反映了实际控制条件的状况, 因此, 它可作为实际控制条件的替代测量指标, 直接预测行为发生的可能性。

第三, 决定行为意愿(behavior intention, BI)的基本要素是行为态度、主观规范、知觉行为控制。行为态度越积极, 正向主观规范越多, 知觉行为控制能力越强，行为意向就越大，反之越小。

第四，行为的凸显信念是行为态度、主观规范、知觉行为的认知与情绪基础，这三个要素对应的凸显信念分别是：行为信念、规范信念、控制信念。在实际研究中，可通过这些凸显信念的测量来代表对三个基本要素的测量。

第五，个人以及社会文化等因素(如人格、年龄、经验、性别、文化背景)通过影响行为信念间接影响行为态度、主观规范和知觉行为控制，并最终影响行为意愿和行为(段文婷和江光荣，2008)。

5.1.2 研究理论框架与研究假设

根据计划行为理论，城市老年人乡村休闲养老的实际行为受其乡村休闲养老意愿决定，而城市老年人对乡村休闲养老的态度、主观规范、知觉行为控制等其他影响因素通过行为意愿来间接影响实际行为。行为信念、规范信念、控制信念又分别影响行为态度、主观规范、知觉行为控制。Armitage 和 Conner(2001)分析发现，三类信念与其对应认知元素之间的多重相关性 $r=50$。其中，行为信念解释了行为态度 25%的方差变化，规范信念解释了主观规范 25%的方差变化，控制信念解释了知觉行为控制 27%的方差变化，剩下 23%的解释力是由于态度、主观规范和知觉行为控制还会受其他内外部因素(人格、智力、年龄、性别、信息、语境、文化背景等)间接影响，并最终影响行为意向和行为。因此，正如 Ajzen(1991)自己所言，传统的 TPB 理论模型并不是完美的，对一些具体情境下行为的研究还需要考虑其他因素。所以，本书在突出信念时结合了计划行为理论的新发展，对其信念进行了补充和完善，进而构建起了城市老年人乡村休闲养老行为意愿影响机理的研究理论框架，并提出了研究假设。

1. 主观规范-行为态度相关关系

主观规范是指个人对于是否采取特定行为所感受到的社会压力，这些压力来源于重要他人或团体认为其是否应该采取特定行为。本书的主观规范是指城市老年人到乡村休闲养老时受到重要他人或团体的影响程度。不可否认，城市老年人乡村休闲养老应属于整个家庭中的一件大事，如果这一想法得不到亲朋好友尤其是配偶及子女的支持或呼应，便会在城市老年人的内心形成一定的阻力，进而影响他们对乡村休闲养老的态度。

行为态度是指个人对特定行为所持有的正面或负面感觉，对其认识和价值评估是一种持续性的喜欢或不喜欢的预设立场。态度越积极，行为意愿就越强烈。本书的行为态度是指城市老年人对乡村休闲养老的肯定或否定的评价，是对乡村休闲养老行为发生的可能性和行为结果的价值判断。研究表明，行为态度除了直接影响行为意愿之外，还可作为中介变量(Han and Kim，2010)。认知失调理论认为，为了保持群体规范，减小在群体中的压力，会因为身边重要他人的言行而有意识地改变自身行为态度(Foulds，1962)，即主观规范对行为态度有显著作用，已经有相关研究证明其两者间的显著路径关系(Man，1998；劳可夫和吴佳，2013)。因此，本书认为，城市老年人到乡村休闲养老的态度会受到来自亲戚朋友或团体的相关看法、观点、舆论等影响，即配偶、子女、亲戚朋友对乡村休闲养老的看法和态度越正面、越积极，城市老年人对采取乡村休闲养老这一行为的态度就会越正面；专家学者、网络媒体所发表的观点、撰写的文章等对乡村休闲养老的刻画与描写越正面，城市老年人就越会受这些信息或者宣传的影响，进而使自己对乡村休闲养老的态度变得越积极；政府部门通过政策倾斜、资金投入等方面对乡村休闲养老的支持力度越大，城市老年人会感觉到自己如果采取乡村休闲养老行为是在响应政府部门的政策，进而强化他们对乡村休闲养老的态度。

综上所述，提出如下假设。

H1：城市老年人的主观规范对其乡村休闲养老的态度有正向影响，即配偶、子女、亲戚朋友对城市老年人乡村休闲养老的看法越正面，城市老年人乡村休闲养老的态度越积极；专家学者、网络媒体对城市老年人乡村休闲养老的评价或宣传越正面，城市老年人乡村休闲养老的态度越积极；政府部门对乡村休闲养老支持力度越大，城市老年人乡村休闲养老的态度越积极。

2. 自我效能感-行为态度相关关系

知觉行为控制是指反映个人过去的经验和预期的阻碍，个人预期在采取某一特定行为时所感受到可以控制或掌握的难易程度，它反映了实际控制条件的状况，感知到的行为控制越强，行为意向就越大，转化为实际行为的可能也越大。知觉行为控制受控制信念的影响，目前学术界对知觉行为控制的概念界定还存在争议，本书结合专家学者的前期研究观点，将其概念理解为两个部分用于行为解释与预测，即自我效能感和外部控制力(Kraft et al.，2005；Fleischer and Pizam，2002)。第一，自我效能感(self efficacy)指人们对自己实现特定行为目标所需能力的信心或信念(Bandure，1977)，是个人完成某个行为或解决某个问题的能力、技术条件等，又被称为内部控制(internal control)，城市老年人乡村休闲养老的行为态度受到自己是否具备到乡村休闲养老的条件和能力影响，比如老年人身体条件、经济条件、时间条件。也就是说，城市老年人的身体条件越健康、经济条件越宽裕、拥有大量的空闲时间，那么，他们自身就具备了乡村休闲养老所需的条件和能力，这些条件和能力越充分，他们的自我感知就越良好，对自己能够实施乡村休闲养老的态度就会越积极，相反，如果城市老年人不具备上述条件，他们觉得根本没有条件去乡村休闲养老，也就会对此变得消极。第二，外在控制(external control)因素则指个人所掌握的资源、机会、信息等。当个人认为所掌握的资源或机会越多、预期的阻碍越少，则对行为的知觉行为控制就越强，行为越有可能发生，比如，城市老年人乡村休闲养老的行为意愿受农村是否具备实际的养老资源、医疗条件、交通等因素的影响，如果这些属于城市老年人自身条件之外的外部因素越优质，就越能打消城市老年人乡村休闲养老的顾虑。自我效能感和外部控制力之间存在共变关系，两者相互影响。知觉行为控制对行为态度有显著影响（Al-Rafee and Cronan，2006），是行为态度的有效预测变量（邱宏亮，2016）。也就是说，城市老年人如果感知去乡村休闲养老的阻力小，可实施性强，其对乡村休闲养老的态度就更积极。本书着重探索城市老年人自身条件对乡村休闲养老态度的影响，即自我效能感都对行为态度产生直接作用，间接通过行为态度影响行为意愿。

综上所述，提出如下假设。

H2：城市老年人自我效能感对乡村休闲养老的态度有正向影响，即城市老年人闲暇时间越多、身体状态越好、收入水平越高，其对乡村休闲养老行为态度越积极。

3. 行为态度-行为意愿相关关系

行为意愿是指个体打算从事某个行为的主观概率（赵明，2012），即在行为选择的决定过程中，个人是否有所行动的心理强度，在测量上，可转化为个人是否愿意尝试或愿意付出心力等，借此可解释和预测个人实际行为表现。本书研究的行为意愿是指城市老年人到乡村休闲养老的主观概率。

行为态度受行为信念的影响，根据态度期望价值理论，个体拥有大量有关行为可能结果的信念。信念强度和结果评估共同决定行为态度。也就是说，城市老年人乡村休闲养老行为态度会受到其对乡村休闲养老的现实性和实用性判断的影响。城市老年人到乡村休闲养老是否可行以及是否有利于老年人自身则会成为影响老年人选择态度的重要因素。然而，Bagozzi 等（2001）指出计划行为理论只强调工具性成分而缺乏情感性成分，Chan 和 Fishbein（1993）认同此观点，并且在研究结果中证实情感性态度与行为意向的关系比工具性态度与行为意向的关系更强。因此，在设计行为态度的测量变量时，本书不仅采用了工具性成分态度，还加入了情感性成分态度。结合心理学态度的研究结果，将城市老年人的行为态度测量分为对乡村养老的认知和乡村情感两个维度，城市老年人的行为态度通过这两个层面影响城市老年人乡村休闲养老行为意愿。也就是说，如果城市老年人认为乡村休闲养老、田园生活能够给他们带来不同的体验和愉悦的话，那么，城市老年人就可能会倾向于采取乡村休闲养老行为，同时，如果城市老年人认为自己是一个具有乡村情怀的人，他们与生俱来对乡村有好感或者特殊的内在情感，那么，这也会促使城市老年人在乡村休闲养老上采取积极行动。

综上所述，提出如下假设。

H3：城市老年人乡村休闲养老的态度对其到乡村休闲养老行为意愿有正向

影响，即城市老年人对乡村休闲养老态度越正面，其到乡村休闲养老的主观概率越强。

4. 主观规范-行为意愿相关关系

主观规范的重要他人包括父母、配偶、子女、亲戚朋友等，个体从重要他人处得到的支持越多，行为意愿的动力就越大。社会认同理论认为，人们会依靠其他人的行为来决定自己该怎么做，人们乐于参照相似人的行为。每位城市老年人都有自身的群体身份，个人言行会不自觉地向个体所隶属的群体规范靠拢，否则，就会出现认知失调现象。因此，城市老年人在选择养老目的地的决策过程中会参照他人的行为，会受到重要他人或团体的影响，决策并非完全在自身控制之下。

主观规范变量对行为的预测能力相较于态度-行为、知觉行为控制-行为要弱些。因此，为了提高其预测力，众多学者提出了更为细致的主观规范变量，Cialdini 等(1991)将主观规范分为指令性规范和描述性规范两类。指令性规范是指重要他人或团体赞成某一行为所带来的社会压力感；描述性规范是指来自人际交往网络中因为某一行为普遍流行而感受到的社会压力感。研究发现：描述性规范独立于 TRA 中的其他变量对行为意向产生影响，而指令性规范可以直接影响现实行为，加入描述性规范变量后，主观规范对行为意向预测能力增强(于丹，2008)。指令性规范可理解为政府对城市老年人养老地选择行为的引导与支持。描述性规范理解为亲朋好友对养老地的看法或者他们的实际行为对城市老年人自身养老地选择产生的影响或其感受到的压力。本书的主观规范就从这两个层面入手分析主观规范对行为意愿的影响。即城市老年人的亲朋好友对乡村休闲养老持积极、正面的观点与态度，就会间接传导给城市老年人，进而促使城市老年人更倾向于实施乡村休闲养老行为。乡村休闲养老作为一种新型养老模式，城市老年人通过了解专家学者、网络媒体对乡村休闲养老的评价与描述，就会潜移默化地受到这些观点的影响，进而促成城市老年人想要体验乡村休闲养老。与此同时，政府部门对乡村休闲养老模式是否积极支持，也会相应地让城市老年人觉察到、感知到，从而会令城市老年人觉得政府都在积极支持乡村休闲养老，故而，目的地的各方面条件也会在政府的政策、资金等倾斜性支持下变得越来越完善，进而使城市老年人更愿意体验乡村休闲养老。

综上所述，提出如下假设。

H4：城市老年人的主观规范对其乡村休闲养老行为意愿有正向影响。

5. 知觉行为控制-行为意愿相关关系

本书将知觉行为控制分为自我效能感和外部控制力，知觉行为控制是城市老年人乡村休闲养老行为意向的较好先行变量。在实际控制不充分的条件下，知觉行为控制反映实际控制条件的状况，可作为替代测量指标，直接预测行为发生的可能性。也就是说，知觉行为控制削弱了行为意愿对行为的影响。知觉行为控制不仅通过行为意愿的中介作用间接影响实际行为，在特定条件下还直接影响实际行为。有研究发现，知觉行为控制与实际行为之间的关联度比其与行为意向之间的关联度更强。也就是说，城市老年人的自我效能感和农村可能提供的外部条件会影响其到乡村休闲养老的意愿，即城市老年人的身体状况越好、经济条件越好、时间越充裕，选择乡村休闲养老行为的意愿越高。乡村休闲养老目的地的交通条件越好、医疗条件越好、养老服务资源越完善、田园景观越优美等，城市老年人实施乡村休闲养老行为的意愿越高。综上所述，提出如下假设。

H5：城市老年人的自我效能感对其乡村休闲养老行为意愿有正向影响，即身体状况越好、经济条件越好、时间越充裕，选择乡村休闲养老的主观概率越高。

H6：城市老年人的外部控制力对其乡村休闲养老行为意愿有正向影响，即农村交通条件越好、医疗条件越好、养老服务资源越完善、乡村田园景观越优美等，城市老年人乡村休闲养老行为的主观概率越高。

根据上述研究假设，可以建构如下研究假设模型（图 5-1）。

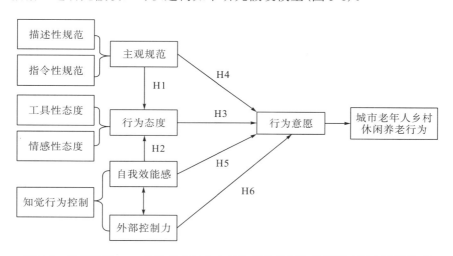

图 5-1 基于改进 TPB 的城市老年人乡村休闲养老行为意愿影响因素假设模型

5.2 调查问卷设计与内容

根据 Ajzen（1991）提出的计划行为理论的测量方法，测量时必须遵守一致性原则。研究准备工作大致分为两个步骤：第一步是引出凸显信念；第二步是编制正式的测量问卷。问卷分为两个部分，问卷第一部分主要是人口统计变量，包括受访城市老年人的个人基本信息，如性别、年龄、文化程度、职业、收入、家庭结构等；问卷第二部分按照 Ajzen 提出的 TACT 原则进行编制，即从对象(target)、行动(act)、情境(context)和时间(time)这四个元素来定义一个行为。结合计划行为理论的定义和参照相关领域的研究编制问卷，城市老年人乡村休闲养老的行为态度、主观规范、自我效能感、外部控制力、意愿都作为潜变量。首先，将行为态度分为情感性成分和工具性成分，测量变量的设置参考了 Bagozzi 等(2001)、Ragheb 和 Beard(1982)学者的态度量表研究成果，基于心理学态度的分析，内容涉及认知、情感两个维度，共设置了 3 个题目。其次，主观规范分为指令性规范和描述性规范，结合定义共设置了 4 个题目。再次，将知觉行为控制分为自我效能感和外部控制力，并划分为两个潜变量，分别设置观测变量，从城市老年人的自身健康程度、经济条件、时间条件三个方面(3 个题目)对自我效能感进行测量。从农村的客观条件，如医疗、养老设施、交通条件等方面(4 个题目)对外部控制力进行测量。行为意向的测量变量参考了 Zeithaml 等(1996)的研究成果，他将行为意愿分为忠诚度(loyalty)、转化度(switch)、愿意支付(pay more)、内部反应(internal response)、外部反应(external response)五个指标。本书从忠诚度(loyalty)的角度设置了三个测量变量来评估城市老年人乡村休闲养老的行为意愿，分别是：①城市老年人自己是否有到乡村休闲养老的想法；②如果乡村休闲养老地条件好，城市老年人是否愿意推荐给他人；③是否鼓励其他城市老年人到乡村休闲养老。

在计划行为理论变量部分，运用利克特(Likert)五级量表法。利克特量表是社会调查和心理测验等领域中最常使用的一种态度量表形式。实际应用中通常采用五级量表形式，每个测量项目给出了五个评价等级的答案(非常赞同、比较赞同、不确定、比较不赞同、非常不赞同)，每个答案对应一个分数，赋值区间为1~5，分数越高代表越趋于赞同。第二部分的问卷内容如表 5-1 所示。

表 5-1　城市老年人到乡村休闲养老行为意愿影响因素指标体系构建以及编码与赋值

潜变量	观测变量	代码	观测变量赋值
行为态度(AB)	您是一个有乡土情怀的人	AB1	非常赞同=5，比较赞同=4，不确定=3，比较不赞同=2，非常不赞同=1
	到乡村休闲养老能够获得不一样的体验	AB2	非常赞同=5，比较赞同=4，不确定=3，比较不赞同=2，非常不赞同=1
	乡村田园生活让我感到愉快	AB3	非常赞同=5，比较赞同=4，不确定=3，比较不赞同=2，非常不赞同=1
主观规范(SN)	配偶、子女或朋友同意我到乡村休闲养老	SN1	非常赞同=5，比较赞同=4，不确定=3，比较不赞同=2，非常不赞同=1
	我会听从专家学者关于乡村休闲养老的建议	SN2	非常赞同=5，比较赞同=4，不确定=3，比较不赞同=2，非常不赞同=1

潜变量	观测变量	代码	观测变量赋值
主观规范 （SN）	我会听取网络媒体关于乡村休闲养老的宣传	SN3	非常赞同=5，比较赞同=4，不确定=3，比较不赞同=2，非常不赞同=1
	政府对乡村休闲养老的支持会让我更愿意去乡村养老	SN4	非常赞同=5，比较赞同=4，不确定=3，比较不赞同=2，非常不赞同=1
自我效能感（SE）	我有足够的时间去乡村休闲养老	SE1	非常赞同=5，比较赞同=4，不确定=3，比较不赞同=2，非常不赞同=1
	我有足够的金钱去乡村休闲养老	SE2	非常赞同=5，比较赞同=4，不确定=3，比较不赞同=2，非常不赞同=1
	我有良好的身体条件去乡村休闲养老	SE3	非常赞同=5，比较赞同=4，不确定=3，比较不赞同=2，非常不赞同=1
外部控制力（EC）	乡村交通条件越好我越愿意去乡村休闲养老	EC1	非常赞同=5，比较赞同=4，不确定=3，比较不赞同=2，非常不赞同=1
	乡村休闲养老服务资源越完善，我越愿意去乡村休闲养老	EC2	非常赞同=5，比较赞同=4，不确定=3，比较不赞同=2，非常不赞同=1
	乡村医疗条件越好，我越愿意去乡村休闲养老	EC3	非常赞同=5，比较赞同=4，不确定=3，比较不赞同=2，非常不赞同=1
	乡村的特色文化、田园景观让我去乡村休闲养老的想法更坚定	EC4	非常赞同=5，比较赞同=4，不确定=3，比较不赞同=2，非常不赞同=1
行为意愿 （BI）	我有到乡村休闲养老的想法	BI1	有/是=2，没有/否=1
	如果乡村休闲养老地条件好，我愿意推荐给别人	BI2	有/是=2，没有/否=1
	我鼓励城市老年人到乡村休闲养老	BI3	有/是=2，没有/否=1

第三部分的问卷题目主要涉及城市老年人到"小组微生"新农村综合体休闲养老的个性化、多元化需求，从"小组微生"新农村综合体的地理位置、交通时间、交通方式、居住模式、户型需求、餐饮方式、公共基础服务设施需求、休闲体验活动类型、医疗意愿、前往的时间、居住时长、总开支、最大的顾虑和建议等，涉及医疗、娱乐、交通、住宿、餐饮各个方面，共 22 道题。从宏观的角度了解城市老年人到乡村休闲养老的需求以及顾虑，从而可以从这些方面设计新农村养老综合体，进而提升"小组微生"新农村综合体对城市老年人的吸引力。调查问卷的大概框架如图 5-2 所示，第三部分调查问卷内容如表 5-2 所示。调查问卷详细内容见附录。

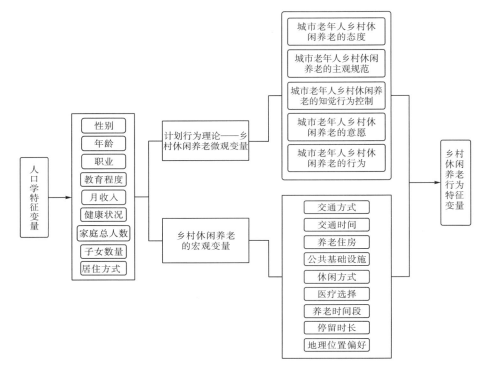

图 5-2　城市老年人到"小组微生"新农村综合体休闲养老问卷框架

表 5-2　城市老年人到"小组微生"新农村综合体休闲养老诉求影响因素指标体系

指标名称	取值说明
区位选择(x_1)	第二圈层=1；第三圈层=2
交通距离(x_2)	20km 及以内=1；>20~40km=2；>40~60km=3；>60~80km=4；>80~100km=5；100km 以上=6
交通时间(x_3)	1 小时及以内=4；>1~2 小时=3；>2~3 小时=2；3 小时以上=1
交通方式(x_4)	自驾=1；出租车=2；网约车=3；公交车=4；地铁=5；其他=6
居住方式(x_5)	集中式居住=1；邻南式居住=2；家庭式居住=3
住房总面积(x_6)	15m² 以内=1；>15~30m²=2；>30~45m²=3；>45~60m²=4；>60~75m²=5；>75~90m²=6；90m² 以上=7
住房月租金(x_7)	400 元及以下=1；>400~600 元=2；>600~800 元=3；>800~1000 元=4；>1000~1200 元=5；>1200~1400 元=6；>1400~1600 元=7；>1600~1800 元=8；>1800~2000 元=9；>2000~2200 元=10；>2200~2400 元=11；>2400~2600 元=12；>2600~2800 元=13；>2800~3000 元=14；3000 元以上=15
公共设施(x_8)	多项选择，最多七项：医疗机构、药店、综合超市、茶楼、餐馆、棋牌室、老年活动室、书店、健身中心、KTV、电影院、美容美发店、干洗店、老年学校、邮局、心理咨询服务、保健咨询服务、法律服务、金融服务站、购物班车、医疗直通车、停车场、物业管理机构、其他
就餐方式(x_9)	自己采购食材，自己做饭=1；和当地某户农民一起搭伙做饭=2；在专门的固定食堂集中就餐=3；在农家乐等对外经营的餐饮店就餐（或外卖）=4

指标名称	取值说明
乡村休闲体验活动(x_{10})	农事体验=1；民俗活动=2；参观农业历史展览=3；参观农业现代科技=4；学习农业技术=5；人文景观参观=6；自然景观参观=7；公益服务=8；老年大学=9
倾向就医地点(x_{11})	新农村综合体内部的医疗室=1；新农村综合体所在地的乡镇卫生院=2；新农村综合体所在地的县（市、区）医院=3；成都市主城区医院=4
倾向就医医院级别(x_{12})	一级=1；二级=2；三级=3
居住时间(y_1)	15 天以内=1；1 个月=2；2 个月=3；3 个月=4；4 个月=5；5 个月=6；6 个月=7；7 个月=8；8 个月=9；9 个月=10；10 个月=11；11 个月=12；12 个月=13；一年以上=14
居住一段时间后是否更换居住地(y_2)	会=1；不清楚，视情况而定=2；不会=3
月总开支(y_3)	2000 元及以内=1；>2000~2500 元=2；>2500~3000 元=3；>3000~3500 元=4；>3500~4000 元=5；>4000~4500 元=6；>4500~5000 元=7；5000 元以上=8

5.3 调 查 实 施

成都被誉为"天府之国"，是著名的"休闲之都"，成都市具有天然的休闲文化底蕴与基因。同时，成都市社会经济发展迅猛，2019 年 GDP 增速位列新一线城市之首，GDP 总量位列新一线城市第三位。在成都市推进统筹城乡改革升级版的部署中，提出要按照"三体现一方便"（体现田园风貌、体现新村风格、体现现代生活、方便农民生产）的要求，有序引导农民因地制宜适度集中居住。坚持"宜聚则聚、宜散则散"和"四态合一"（业态、生态、文态、形态）的理念，在城镇规划区外特别是基本农田保护区、水源涵养地、山区旅游点等，结合当地实际，按照"小规模、组团式、微田园、生态化"（简称"小组微生"）的要求，成片地推动新农村综合体建设，以此作为四川省幸福美丽新村建设的主要方式，这些新农村综合体位于成都市的二、三圈层，拥有优越的地理位置，并且按照"1+21"的标准配套建设公共服务设施和基础设施，能够满足城市老年人的基本生活服务需求。同时，在外业调研访谈中发现，成都市周边的一些"小组微生"新农村综合体已开始探索兴办休闲养老产业。因此，在成都发展乡村休闲养老产业具有得天独厚的条件。故而，本书的主要调查对象为成都市 45~59 岁的准老年人以及 60 岁以上的城市老年人（何刚等，2016），调查其乡村休闲养老行为意愿的影响机理。

2019 年 3 月，在设计完成问卷初稿后，首先启动预调研，把 20 份问卷发放给 50 岁以上的大学老师，在倾听他们的专业意见和建议后，对问卷进行了修改和完善。之后，问卷在课题组内成员间进行内部填写测试，将发现的细节问题再逐一进行了修改。2019 年 4 月初，开启正式外业问卷调查，考虑到城市老年人的视力水平下降，自主答题不便，并且可能由于文化水平有限对题目选项的理解不到位、不深透，为了使信息的收集结果更准确，采用了结构性访谈法和问卷调查法相结合的资料收集方法，面对面为城市老年人阅读问卷选项并帮助他们勾选答案，这种方式不仅能快速获取答案，而且能够在与城市老年人的交流过程中判断回答的可靠程度，了解城市老年人对乡村休闲养老的态度、情绪，同时加深调研者对研究主题的理解，以便取得更好的信息收集效果。为了避免受访老年人对"小组微生"新农村综合体的陌生与不了解而影响作答，专门在问卷中增加对这一概念产生的背景与内涵的解读，并要求调研人员向受访老年人展示"小组微生"新农村综合体的相关照片，以给受访者呈现"小组微生"新农村综合体的住房状况、配套设施以及生态环境等综合情况。调查地点主要包含成都市核心区域（青羊区、成华区、武侯区、金牛区等）的公园、高校老干部活动室、老年活动中心、老年学校以及部分小区等老年人相对集中的地方，共发放 423 份问卷，回收问卷 405 份，问卷回收率为 95.74%，无效问卷为 8 份，有效问卷为 397 份，问卷有效率为 93.85%。本书的五级量表测项数为 17 个，样本量为 397 份，已达到 10 倍以上的规定标准，可以探讨模型中各个变量之间的关系。本书对样本数据进行了正态分布检验，检验得出，样本数据的偏度系数和峰度系数都小于 1，近似于正态分布，可进行方差分析、回归分析等参数检验。

5.4　数据的信度和效度检验

5.4.1　信度检验

运用 SPSS 23.0 分析问卷的信度和效度，采用内部一致性系数检验样本的稳定性和一致性，把克龙巴赫 α(Cronbach's α) 系数作为信度检验的测量指标，经分析变量总体信度为 0.778，大于 0.7，表明问卷的内容一致性较好，信度较高，数据可靠性较好。

5.4.2　效度检验

为进一步验证数据的有效性，本书对量表进行结构效度检验，效度检验包含内容效度和建构效度。首先，采用 KMO(Kaiser-Meyer-Olkin) 检验和巴特利特(Bartlett) 球形检验来确定数据是否适合做因子分析。17 个题目、5 个预测变量整体 KMO 值为 0.791>0.7，Bartlett 球形检验达到极其显著水平，说明变量之间有明显的结构性和相关性，可以进行因子分析。

在内容效度方面，首先，借鉴了该领域以往的量表和指标来设计问卷，同时，进行了主成分因子分析来检验公共因子提取是否合理，以及变量之间是否存在共同成分。为了验证本书结合计划行为理论新发展后的模型补充是否合适，进行了主成分因子分析，通过相关矩阵表可知，情感性成分变量与获得感显著相关（$P=0.000$），描述性规范（亲戚的支持）与指令性规范（专家学者、网络媒体、政府建议与支持）显著相关（$P=0.000$），知觉行为控制中的自我效能感与外部控制力的内部变量均显著相关。为了验证测量变量（题目）的分类是否合理，本书构建了旋转成分矩阵，17 个题目一共获得了 5 个特征值大于 1 的因子，这 5 个公共因子累计解释总方差为 70.52%，测量变量的公因子方差为 0.5～0.9，说明提取的 5 个公共因子对 17 个题目的解释度强，变量共同度高，且同属一个潜变量的测量题目最大载荷具有聚集性。主成分分析提取的 5 个因子中的变量分类与本书的 5 个潜变量的观测变量的分类有较高的吻合度。因此，内容效度良好，观测变量的分类合理。

在结构效度方面，结构效度包括聚合效度和区别效度。在聚合效度方面，运用 Amos 软件做验证性因子分析，量表信度效度检验结果如表 5-3 所示。组合信度均大于 0.5，模型的内在质量检验良好。有 3 个平均变异量抽取值（AVE）大于 0.5，表明量表具有良好的聚合效度，量表内在质量理想。在区分效度方面，各潜变量的 AVE 的算术平方根均大于其与其他潜变量间的相关系数，通过区别效度检验。

表 5-3　验证性因子分析量表信度效度检验

变量	测量指标	因子载荷量	组合信度（CR）	平均变异量抽取值（AVE）
因子 1 行为态度（AB）	AB1：您是一个有乡土情怀的人	0.665	0.669	0.403
	AB2：到乡村休闲养老能够获得不一样的体验	0.604		
	AB3：乡村田园生活让我感到愉快	0.633		
因子 2 主观规范（SN）	SN1：配偶、子女或朋友同意我到乡村休闲养老	0.401	0.835	0.577
	SN2：我会听从专家学者关于乡村休闲养老的建议	0.878		
	SN3：我会听取网络媒体关于乡村休闲养老的宣传	0.926		
	SN4：政府对乡村休闲养老的支持会让我更愿意去乡村休闲养老	0.720		
因子 3 自我效能感（SE）	SE1：我有足够的时间去乡村休闲养老	0.524	0.665	0.403
	SE2：我有足够的金钱去乡村休闲养老	0.626		
	SE3：我有良好的身体条件去乡村休闲养老	0.736		
因子 4 外部控制力（EC）	EC1：乡村交通条件越好，我越愿意去乡村休闲养老	0.724	0.916	0.644
	EC2：乡村休闲养老服务资源越完善，我越愿意去乡村休闲养老	0.907		
	EC3：乡村医疗条件越好，我越愿意去乡村休闲养老	0.960		

变量	测量指标	因子载荷量	组合信度（CR）	平均变异量抽取值（AVE）
	EC4：乡村的特色文化、田园景观让我去乡村休闲养老的想法更坚定	0.818		
因子 5 行为意愿（BI）	BI1：我有到乡村休闲养老的想法	0.810		
	BI2：如果乡村休闲养老的条件好，我愿意推荐给别人	0.778	0.829	0.618
	BI3：我鼓励城市老年人到乡村休闲养老	0.770		

5.5　数据描述性统计分析

回收后的样本基本情况如表 5-4 所示。

表 5-4　调查样本基本情况

变量名称	变量值	比例/%	变量名称	变量值	比例/%
性别	男	54.40	职业身份	国家机关、党群组织、企事业单位负责人	10.33
	女	45.60		专业技术人员	30.23
年龄	45～50 岁	4.00		办事人员	13.35
	51～55 岁	20.40		商业、服务业人员	12.34
	56～60 岁	20.90		农林牧渔业生产及辅助人员	12.59
	61～65 岁	20.40		生产、运输设备操作人员	16.63
	66～70 岁	20.70		军人	0.25
	71 岁以上	13.60		其他	4.28
户口性质	成都市城市户口	68.80	健康评分	60 分及以下	6.55
	成都市农村户口	6.00		>60～70 分	9.82
	其他	25.20		>70～80 分	37.53
经常居住地	成都市内	75.30		>80～90 分	32.24
	四川省内(除成都市)	20.90		90 分以上	13.86
	四川省外	3.80			
文化程度	初中及以下	40.30	平均月收入	2000 元及以下	10.80
	高中及中专	25.90		>2000～3000 元	29.00
	专科	15.90		>3000～4000 元	20.40
	本科	15.90		>4000～5000 元	14.60

续表

变量名称	变量值	比例/%		变量名称	变量值	比例/%
是否退休	硕士研究生及以上	2.00		平均月收入	>5000~6000 元	6.70
	未退休，在职工作中	23.63			>6000~7000 元	5.80
	已退休，兼职工作中	19.52			>7000~8000 元	4.60
	已退休，休息在家	56.85			>8000~9000 元	1.30
					9000 元以上	6.80
居住状况	和子女一起居住	30.21		收入来源	工作收入	26.5
	和配偶一起居住	54.88			退休金	42.5
	和自己的孙辈一起居住	5.16			子女供给	10.10
	和雇佣的家政人员一起居住	0.76			政府补贴	3.40
	独居	7.84			商业养老保险	1.2
	其他	1.15			储蓄利息	9.7
					基金、股票收入	4.8
					其他	1.8
子女数量	0 个	9	2.27	子女回家探望情况	经常	158	39.8
	1 个	224	56.42		比较经常	100	25.19
	2 个	126	31.74		一般	90	22.67
	3 个	28	7.05		不经常	29	7.30
	4 个	10	2.52		几乎不	20	5.04
期望居住方式	该选项选择错误	6	2.05				
	集中式居住	134	45.89				
	邻居式居住	134	45.89				
	家庭式居住	18	6.17				

注：由于对乡村休闲养老持赞同和不排斥态度的受访者人数为 292 人，选择期望居住方式时，有 6 位老人填写错误，故而，该题的有效人数为 286 个。

在 397 份有效样本中，男性占 54.40%，女性占 45.60%，男性比例略高于女性；在年龄方面，51~55 岁的准老年人占 20.40%，61~65 岁老年人占 20.40%，66~70 岁老年人占 20.70%，由此可知，61~70 岁的低龄老年人占总调查对象的 41.1%，样本中低龄老年人占大多数，71 岁及以上的高龄老年人占 13.60%。

调查对象中有 75.30%的老年人在成都市内长期居住，68.80%的老年人为成都市城市户口，这是因为在成都核心圈层中成都市城市老年人占绝大多数。在文化程度方面，初中及以下学历占比最大，占总体的 40.30%，高中及中专学历占

25.90%，本科、硕士研究生及以上学历占 17.90%，其中本科、硕士研究生及以上有 39%是低龄老年人（61～69 岁）。高文化水平老年人的出现与我国 1977 年恢复高考政策以及党和政府不断破除制约教育事业发展的体制障碍所付出的努力相关。

在调查对象中"已退休，休息在家"的老年人占大多数，达到 56.85%。在职业身份方面，有 30.23%的调查对象是专业技术人员（包括教师、医生、工程技术人员、作家等专业人员），其次是生产、运输设备操作人员，占总体样本的 16.63%。

在收入来源方面，受访城市老年人主要的收入来源于退休金，占 62.22%，接受子女供养的较少，只有 14.36%，这一数字与老年人储蓄利息收入（13.85%）相差不多。

在平均月收入方面，受访城市老年人平均月收入在 2000～3000 元的占29.00%。平均月收入 5000 元及以上的受访城市老年人仅占总体的 25.20%，其中平均月收入 8000 元及以上的比例达到 8.10%。

从家庭规模和子女数量来看，受当时计划生育政策影响，有 58.69%的城市老年人子女数量为 1 个及以下，城市老年人有 2 个子女的占比为 31.74%。

通过进一步细化收入数额，发现调查对象平均月收入在 2500～3500 元的老年人居多，达到 29.8%；通过经常居住地-收入交叉表（图 5-3）分析可知，经常居住在成都市内且平均月收入大于 5000 元的老年人数量要远多于居住在成都市以外的老年人，月收入在 7000 元以上的老年人中有 88%都是居住在成都市内。这说明居住在成都市内的老年人总体收入要明显高于其他居住在市外的老年人。通过克鲁斯卡尔-沃利斯(Kruskal-Wallis)秩和检验可知，卡方值为 17.426，df=2，P=0.000<0.01。由此可知，城市老年人居住地与平均月收入有显著差异。成都市内城市老年人收入明显要高于其他居住地的老年人，他们经济条件更好，消费能力更强。

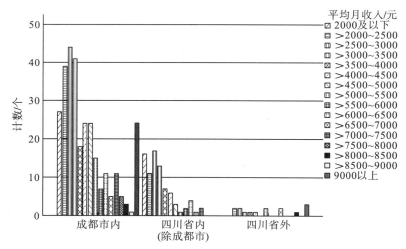

图 5-3　经常居住地-收入交叉表

　　在居住方式方面，大多数城市老年人与配偶一起居住，占比达 54.88%，选择和子女在一起居住的有 30.21%，有 7.84%的城市老年人独自居住，并且这一比例有进一步增大的趋势。

　　在子女回家探望方面，通过调查发现有 39.80%的城市老年人表示子女经常回家看望自己，这里的"经常"没有明确的定义，只是老年人的一种主观感受；调查发现表示子女看望情况"一般"和"比较经常"的城市老年人占比分别为 22.67%、25.19%，相差不大。总体上看，目前大多数城市老年人的子女对老年人的关怀情况不乐观，仍然有一部分老年人的晚年生活得不到照料，精神上得不到慰藉。

　　如图5-4 所示，在问及老年人到乡村休闲养老倾向的交通方式时，60 岁及以下的准老年人选择自驾出行的占比最多，因为身体机能各方面还比较健康，能够自行驾驶汽车。60 岁以上的低龄城市老年人更多选择公交车前往，其次是自驾前往。高龄老年人则倾向于公交车和地铁。

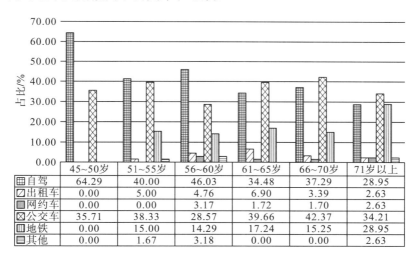

	45~50岁	51~55岁	56~60岁	61~65岁	66~70岁	71岁以上
自驾	64.29	40.00	46.03	34.48	37.29	28.95
出租车	0.00	5.00	4.76	6.90	3.39	2.63
网约车	0.00	0.00	3.17	1.72	1.70	2.63
公交车	35.71	38.33	28.57	39.66	42.37	34.21
地铁	0.00	15.00	14.29	17.24	15.25	28.95
其他	0.00	1.67	3.18	0.00	0.00	2.63

图 5-4　城市老年人交通方式

　　在居住方式方面，倾向于城市居民集中式居住方式与邻居式居住方式[①]均为 45.89%，但长期居住地在成都市内的城市老年人倾向于城市居民集中式居住方式的要更多一些，这说明城市老年人比较注重个人隐私空间，以及考虑到生活习惯的个人差异，希望有独立的起居生活空间。

---

① 集中式居住方式：在新农村综合体农民集中居住区的周边寻找合适的区域建造集中式休闲养老居住中心，农民与城市老年人相隔一定的距离，但是城市老年人可共享新农村综合体的基础设施、服务设施等。邻居式居住方式：农民的住房建设采取中式或欧式双拼建筑设计，其中一套由农民居住生活，另外一套归城市老年人休闲养老居住，居住空间和生活空间相互独立、互不影响。家庭式居住方式：城市老年人采取与当地农民共同居住一套房的方式在新农村综合体休闲养老，农民将多余的住房拿出来供城市老年人养老使用，双方吃住生活在一起。

5.6　城市老年人乡村休闲养老行为意愿影响因素分析

5.6.1　研究方法选择

结构方程模型(structural equation model,SEM)是一种基于协方差矩阵来分析验证变量之间关系的多元统计方法,是一种验证性的数据分析方法。与普通回归模型相比,结构方程模型的功能更加强大,其优点是:第一,它可以同时处理多个因变量,处理外显变量和潜变量之间的测量误差,模型能够同时测量和估计因子结构和因子关系(王卫东,2010);第二,不仅可以分析观测变量与潜变量之间的因果关系,还可以分析潜变量之间的复杂关系;第三,开发了路径分析的优势,变量之间的复杂关系通过图形的方式表现出来;第四,允许更大弹性的测量,提高了统计分析的效果;第五,能估计整个模型的拟合程度。通过设计不同模型来适应相同样本数据,通过比较拟合指标来确定哪个模型能更好地反映出样本数据关系,以获得最佳拟合模型(刘凯捷等,2019)。基于结构方程模型的上述特点,本书选择结构方程来验证行为态度、主观规范、自我效能感、外部控制力以及行为意愿之间的关系。

本书的五级量表测项数为 17 个,样本量为 397 份,已达到 10 倍以上的规定标准,可以探讨模型中各个变量之间的关系。本书对样本数据进行了正态分布检验,检验得出,样本数据的偏度系数和峰度系数都小于 1,近似于正态分布,可进行方差分析、回归分析等参数检验。

5.6.2　模型建立

本书共有 5 个潜在变量,分别是行为态度、主观规范、自我效能感、外部控制力以及行为意愿;分别用 AB、SN、SE、EC、BI 表示,共有 17 个观测变量即测量题目,行为态度共有 3 个观测变量(AB1～AB3),主观规范共有 4 个观测变量(SN1～SN4),自我效能感共有 3 个观测变量(SE1～SE3),外部控制力共有 4 个观测变量(EC1～EC4),行为意愿共有 3 个观测变量(BI1～BI3),这完全符合 SEM 模型所要求的一个潜变量必须要有两个以上的观测变量作评估,同时,结构方程模型要求样本数据必须符合正态分布,通过峰度系数和偏度系数的计算得知,样本中两者系数绝对值都小于 1,可认为近似于正态分布,可以采用最大似然法进行参数估计。图 5-5 所示即为本书的模型路径图。

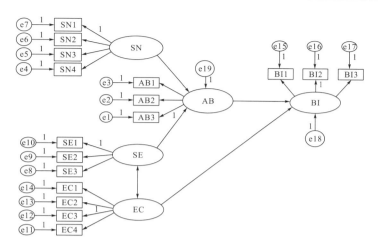

图 5-5 模型路径图

5.6.3 模型与数据的适配度检验

运用 Amos 软件构建相关系数矩阵,采用最大似然法对初始模型进行拟合修正,根据修正指数、临界比率的结果逐步完善。原模型拟合指标:卡方值 CMIN=219.036,显著性概率值 p=0.000<0.05,接受虚无假设,表明测量模型与观测数据无法契合。同时,近似误差均方根 RMSEA=0.056>0.05,调整的拟合优度指数 AGFI=0.898<0.9,这表明 RMSEA、AGFI 均未达到适配标准。因此,有必要对测量模型进行修正。通过模型扩展和模型限制的方式,即增列误差项间的共变关系以及删除不显著路径,根据修正指标建议,删除了不显著的路径(主观规范—行为意愿、自我效能感—行为意愿),最终各项拟合度达到检验要求,总体样本和模型拟合程度较好,契合度较高,模型适配度评价指标与结果如表 5-5 所示。

表 5-5 模型适配度检验结果

	统计检验量	理想值	模型估计值	检验结果
绝对适 配指数	RMSEA	<0.08	0.027	接受
	GFI	>0.9	0.961	接受
	AGFI	>0.9	0.942	接受
增值适 配指数	NFI	>0.9	0.958	接受
	TLI	>0.9	0.998	接受
	CFI	>0.9	0.999	接受
简约适 配指数	CMIN/DF	>1,<3	1.027	接受
	PGFI	>0.5	0.756	接受

注:RMSEA 表渐进残差均方和平方根,GFI 表拟合优度指数,AGFI 表调和拟合优度指数,NFI 表规范拟合指数,TLI 表塔克·刘易斯指数,CFI 表比较拟合指数,CMIN/DF 表卡方自由度比,PGFI 表简效拟合优质指数。

5.7　假设检验结果与路径结果分析

5.7.1　假设检验结果

运用 Amos 软件采用极大似然法的回归分析输出结果显示(表 5-6),假设 H1、H2、H3 均通过检验,H4、H5、H6 没有通过检验。H4 和 H5 这两条路径是因为在数据与模型拟合过程中主观规范与自我效能感对行为意愿的回归系数极其不显著。因此,在模型修正过程中删除了这两条路径,提升了样本数据与模型的契合度。

表 5-6　假设检验结果

研究假设	回归系数	标准化路径系数	S.E	C.R	P	检验结果
H1:主观规范 SN→行为态度 AB	0.764	0.180	0.154	4.971	**	通过
H2:自我效能感 SE→行为态度 AB	0.288	0.550	0.046	6.197	***	通过
H3:行为态度 AB→行为意愿 BI	0.293	0.580	0.095	3.101	***	通过
H4:主观规范 SN→行为意愿 BI	—	—	—	—	不显著	不通过
H5:自我效能感 SE→行为意愿 BI	—	—	—	—	不显著	不通过
H6:外部控制力 EC→行为意愿 BI	0.018	0.040	0.026	0.679	0.497	不通过

注:***代表 $P<0.01$,**代表 $P<0.05$,"—"表示无结果;S.E 表示标准误差,C.R 表示临界比值,P 表示显著性。

5.7.2　模型路径分析

运用结构方程模型得出了行为态度、主观规范、自我效能感、外部控制力、行为意愿 5 个潜在变量之间的关系和路径系数(图 5-6)。

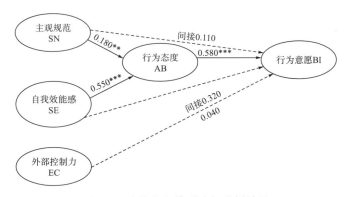

图 5-6　结构方程模型路径分析结果

5.7.3 假设检验分析

第一，从表 5-6 和图 5-15 可知，城市老年人主观规范对其乡村休闲养老行为态度有直接正向影响，影响系数为 0.180，并通过行为态度对行为意愿有间接影响，间接影响值为 0.110，这表明城市老年人在是否进行乡村休闲养老的决策过程中会受到人际网络圈子中重要他人的看法的影响以及专业领域权威人士建议、网络舆论以及政府导向的影响。配偶、子女、亲戚、朋友是城市老年人接触最多、最亲近的人，他们对乡村休闲养老的描述、看法、经验等会潜移默化地影响城市老年人对乡村休闲养老的态度。根据身份认同理论，个体的归属感来源于自我的认同与群体的认同，社会融入的过程就是身份认同的过程，身份认同的过程受到社会人际网络中群体的影响。群体规范是一种无形的公认力量，能够内化为心理尺度，为了减少偏离群体的紧张感，城市老年人会重视重要他人对养老地的看法和意见，主动参考身边亲朋好友的行为，由此形成对乡村休闲养老的价值判断，并最终影响城市老年人的乡村休闲养老意愿。故假设 H1 成立。

第二，从表 5-6 和图 5-15 可知，城市老年人自我效能感对其乡村休闲养老行为态度有直接正向影响，影响系数为 0.550，对行为意愿的间接影响值是 0.320。城市老年人的自我效能感对乡村休闲养老行为态度以及意愿的影响程度大于主观规范对乡村休闲养老行为态度的影响程度，这说明城市老年人在重要他人的看法和自身实际条件的权衡之间，会更加注重自身的时间、经济、身体条件等，对自身条件评价越高，其到乡村休闲养老的态度就会越积极。城市老年人的自身条件可视为"资源禀赋"，这一"资源禀赋"直接影响着城市老年人乡村休闲养老的态度和行为。根据本书对 397 位城市老年人的调研数据，在 292 位有乡村休闲养老想法的城市老年人中，"已退休并休息在家"的老年人占 56.85%（表 5-4）、身体状况平均得分为 80.34（满分为 100）、平均月收入为 3650.60 元[1]，这从一个侧面印证了城市老年人的时间越充裕、收入越高、身体状况越好，其乡村休闲养老的看法越积极，到乡村休闲养老的可能性越大。故假设 H2 成立。

第三，从表 5-6 和图 5-15 可知，城市老年人乡村休闲养老行为态度对其行为意愿有显著正向影响，路径系数为 0.580，这表明城市老年人乡村休闲养老的态度越积极，其到乡村休闲养老的想法与意愿越强。态度代表着一个人对某件事务、某类行为的内心看法，态度的正面或者负面影响着人的潜在意愿以及后续的行为动力。乡村休闲养老作为一种新型的养老模式，城市老年人的践行度、理解度都有限，那么，城市老年人自身对该养老模式的态度就至关重要。在城市老年人选择养老地的决策过程中，会从自身需求出发，综合考虑目的地的特征，对其

---

[1] "已退休并休息在家"的城市老年人有 166 位，月总收入为 606000 元，平均月收入 $= \dfrac{606000}{166} = 3650.60$ 元。

进行价值判断，如果养老地能满足其预先的期待与要求，在决策时选择该目的地的主观概率就越高，意味着其愿意为此付出金钱、时间、忠诚甚至帮忙宣传。故假设 H3 成立。

第四，从表 5-6 和图 5-15 可知，外部控制力对乡村休闲养老意愿不构成显著影响，其路径系数为 0.040，故假设 H6 不成立。乡村养老地的交通、医疗、养老设施、公共服务设施等与城市老年人的乡村养老意愿联系不大，这是因为一个人的行为意愿很大程度上受制于其拥有的资源以及态度，城市老年人内在对乡村休闲养老的喜好与向往是最关键的，无论外界是否能够提供客观条件，只有自身条件满足了才会去执行。因此，只有从源头上提升城市老年人的消费能力、健康水平，才能真正推动其乡村休闲养老行为的产生。尽管外部控制力对乡村休闲养老意愿的相关性没有达到显著水平，但这只能说明两者没有达到统计上的显著水平，并不能证明外部控制力对乡村休闲养老意愿没有影响，外部控制力与自我效能感存在共变关系，它们之间会相互作用，影响指数为 0.26，这说明他们之间存在相互影响的关系。

5.7.4 多群组分析

将人口学特征变量作为调节变量进行多群组分析较为普遍，以此得出不同特征群体对路径的影响和差异选择，本书选择性别、年龄、学历、经常居住地、是否退休、健康评分、平均月收入这 7 个样本特征借助 Amos 软件进行多群组分析。在路径分析上，由于前文已得出 H4"主观规范→行为意愿"、H5"自我效能感→行为意愿"2 个间接假设路径均不显著，因此仅分析 H1"主观规范→行为态度"、H2"自我效能感→行为态度"、H3"行为态度→行为意愿"、H6"外部控制力→行为意愿"这 4 条直接假设路径。在群组设定上，由于样本数量受限，无法按照问卷统计设定的类别进行群组分析，故本书对部分特征变量进行了调整：参照我国目前的法定退休年龄，将样本分为了 60 岁及以下(赋值为 1)和 60 岁以上(赋值为 2)两个群体；根据是否接受过高等教育(学历)将样本分为未接受过(赋值为 1)和接受过(赋值为 2)两个群体；由于经常居住地在省外的样本极少，难以构成分析，故根据经常居住地将样本分为成都市内(赋值为 1)和成都市外(赋值为 2)两个群体；根据退休情况将样本分为未退休(赋值为 1)和已退休(赋值为 2)两个群体，不再对已退休群体进行进一步细分；根据样本健康评分分布情况，将样本分为 80 分及以下(赋值为 1)和 80 分以上(赋值为 2)两个群体；参照缴纳个人所得税的收入，将样本分为 5000 元及以下(赋值为 1)和 5000 元以上(赋值为 2)两个群体。多群组分析结果如表 5-7 所示。

表 5-7　基于样本特征的多群组分析结果

类别	性别		年龄		经常居住地		学历	
路径	男	女	60 岁及以下	60 岁以上	成都市内	成都市外	未接受过高等教育	接受过高等教育
	(N=216)	(N=181)	(N=180)	(N=217)	(N=299)	(N=98)	(N=263)	(N=134)
SN→AB	0.067	0.241***	0.059	0.271***	0.100	0.343**	0.133	0.146
SE→AB	0.620***	0.556***	0.540***	0.631***	0.662***	0.228	0.451***	0.878***
EC→BI	0.016	−0.009	0.105	−0.059	0.018	−0.165	−0.018	0.032
AB→BI	0.312***	0.465***	0.549***	0.365***	0.378***	0.408**	0.361***	0.371***
CMIN/DF	1.573		1.524		1.701		1.614	
GFI	0.909		0.91		0.906		0.907	
IFI	0.964		0.965		0.954		0.961	
TLI	0.955		0.957		0.943		0.951	
CFI	0.963		0.965		0.953		0.96	
RMSEA	0.038		0.036		0.042		0.039	

类别	是否退休		健康评分		平均月收入	
路径	未退休	已退休	80 分及以下	80 分以上	5000 元及以下	5000 元以上
	(N=89)	(N=308)	(N=214)	(N=183)	(N=297)	(N=100)
SN→AB	−0.013	0.227***	0.157**	0.152	0.117	0.203**
SE→AB	0.854***	0.491***	0.748***	0.380**	0.537***	0.822***
EC→BI	0.085	−0.025	−0.002	0.001	−0.014	0.001
AB→BI	0.451***	0.379***	0.415***	0.376***	0.371***	0.351***
CMIN/DF	1.746		1.328		1.585	
GFI	0.904		0.924		0.911	
IFI	0.951		0.978		0.963	
TLI	0.94		0.973		0.954	
CFI	0.951		0.978		0.962	
RMSEA	0.043		0.029		0.038	

注：**代表在 0.05 水平下显著，***代表在 0.01 水平下显著。CMIN/DF 表卡方自由度比，GFI 表拟合优度指数，IFI 表增值拟合指数，TLI 表塔克·刘易斯指数，CFI 表比较拟合指数，RMSEA 表渐进残差均方和平方根。

1.路径 H1：主观规范 SN→行为态度 AB

第一，女性城市老年人群体（β=0.241[①]、P<0.01）相较于男性城市老年人群

[①] β 代表路径系数。

体（β=0.067、$P>0.05$）影响显著且呈现正向影响，这可能是由于女性更易受到亲朋好友等群体的影响，当身边更多的人谈论乡村休闲养老时，女性表现出对乡村休闲养老更强烈的正向态度。

第二，60 岁以上的城市老年人群体（β=0.271、$P<0.01$）相较于 60 岁及以下城市老年人群体（β=0.059、$P>0.05$）影响显著且呈现正向影响，这可能是由于我国目前法定退休年龄为 60 岁，60 岁及以下的城市老年人群体大多处于工作中而无暇全身心考虑退休养老方式，尽管 60 岁及以下城市老年人群体中女性 55 岁即可退休，但由于配偶可能尚未满 60 岁，这部分已退休的女性亦无法全身心考虑养老退休事宜，大部分人在 60 岁之后才开始享受退休生活，更容易接受身边群体对养老生活的建议，当身边重要的群体对休闲养老认可程度越强时，越容易对休闲养老产生正向态度。

第三，经常居住地为成都市外的城市老年人群体（β=0.343、$P<0.05$）相较于经常居住地为成都市内的城市老年人群体（β=0.100、$P>0.05$）影响显著且呈现正向影响，这可能是由于经常居住地为成都市外的城市老年人群体对于"小组微生"新农村综合体、休闲养老接触较少，对于新鲜事物更容易受到身边重要团体的影响从而产生正向行为态度，而经常居住地为成都市内的城市老年人群体习惯于休闲的生活方式，对于是否到"小组微生"新农村综合体进行休闲养老有着自己的清晰认知，不容易受到身边群体的影响。

第四，已退休的城市老年人群体（β=0.227、$P<0.01$）相较于未退休的城市老年人群体（β=−0.013、$P>0.05$）影响显著且呈现正向影响，这可能是由于退休后的城市老年人群体更关注养老方式，更愿意考虑如何度过退休生活，因而更重视来自身边重要群体的意见，当休闲养老受到重要群体的肯定或推荐等正向态度时会影响已退休群体对休闲养老的正向肯定态度。

第五，对自我健康评分为 80 分及以下的城市老年人群体（β=0.157、$P<0.05$）相较于评分在 80 分以上的城市老年人群体（β=0.152、$P>0.05$）影响显著且呈现正向影响，这可能是由于认为自身健康条件很好的城市老年人群体对于退休养老方式的选择更为多元化，如完成年少时未完成的梦想等，而认为自身健康条件一般的群体更容易选择慢节奏的休闲养老方式，从而当身边重要群体对休闲养老持肯定态度时，自身对休闲养老的态度也会向正向转变。

第六，平均月收入 5000 元及以上的城市老年人群体（β=0.203、$P<0.05$）相较于月收入 5000 元及以下的城市老年人群体（β=0.117、$P>0.05$）影响显著且呈现正向影响，这主要是由于收入越高的城市老年人群体接触到的同事朋友等群体选择休闲养老的可能性越高，当身边重要群体对休闲养老认可以及投入实际行动时，这部分老年人容易对休闲养老持正向行为态度。

2. 路径 H2：自我效能感 SE → 行为态度 AB

第一，男性城市老年人群体(β=0.620、P<0.01)相较于女性城市老年人群体(β=0.556、P<0.01)更加正向显著，这主要是由于在男性为家庭主要力量的社会环境中，男性相较女性而言在收入、体力等方面都更占优势，故而，他们更觉得自我良好，且对到"小组微生"新农村综合体休闲养老的行为态度更积极。

第二，60 岁以上的城市老年人群体(β=0.631、P<0.01)相较于 60 岁及以下城市老年人群体(β=0.540、P<0.01)更加正向显著，这主要是由于 60 岁以上的城市老年人对养老问题的解决更为迫切，且他们相较于低龄老年人而言，拥有更多的闲暇时间思考和行动，故而 60 岁以上的城市老年人的自我效能感更强，对到"小组微生"新农村综合体休闲养老的行为态度更积极。

第三，经常居住地为成都市内的城市老年人群体(β=0.662、P<0.01)相较于经常居住地为成都市外的城市老年人群体(β=0.228、P>0.05)影响显著且呈现正向影响，这可能是由于经常居住于成都市内的城市老年人群体到"小组微生"新农村综合体休闲养老相较于居住于成都市外城市老年人群体更有优势，主要表现在：距离更近、往返更方便、生活方式相同或相近、无文化差异等，故而，对于交通距离近的乡村休闲养老目的地，更有利于城市老年人同家人朋友见面、让老年人更有安全感，既能实现老年人休闲养老的需要，又能规避养老风险。同时，成都作为休闲之都，在这里经常居住的城市老年人在观念上更认可休闲的生活方式，从而对选择到"小组微生"新农村综合体休闲养老的行为态度更积极。

第四，受过高等教育的城市老年人群体(β=0.878、P<0.01)相较于未受过高等教育的城市老年人群体(β=0.451、P<0.01)更加正向显著，这主要是由于受过高等教育的城市老年人在收入水平、声望资源等方面更具有优势，他们的养老需求层次也更高，故而，对选择到"小组微生"新农村综合体休闲养老的行为态度更积极。

第五，未退休的城市老年人群体(β=0.854、P<0.01)相较于已退休的城市老年人群体(β=0.491、P<0.01)更加正向显著，这主要是由于虽然已退休的城市老年人对养老问题更加关注、更加关心，但是相较于未退休的城市老年人，他们在收入水平、身体健康程度等方面已经有些劣势，故而，未退休的城市老年人群体对选择到"小组微生"新农村综合体休闲养老的行为态度更积极。

第六，对自我健康评分 80 分及以下的城市老年人群体(β=0.748、P<0.01)相较于 80 分以上的城市老年人群体(β=0.380、P<0.05)更加正向显著，这主要是由于身体健康条件比较差的城市老年人，更渴望去山清水秀、气候宜人的乡村休闲养老，以陶冶情操、修养身心，同时达到改善自身健康状况的效果，故而，自我健康评分 80 分及以下的城市老年人群体对选择到"小组微生"新农村综合体休闲养老的行为态度更积极。

第七，平均月收入 5000 元及以上的城市老年人群体（$\beta=0.822$、$P<0.01$）相较于月收入 5000 元以下的城市老年人群体（$\beta=0.537$、$P<0.01$）更加正向显著，这主要是由于如何养老、选择何种养老模式在极大程度上取决于可支配收入，而休闲养老无疑需要充足的经济收入做后盾，故而，收入越高的城市老年人群体的自我效能感越强，其对到"小组微生"新农村综合体休闲养老的行为态度越积极。

3. 路径 H3：行为态度 AB→行为意愿 BI

研究结果显示，城市老年人在性别、年龄、经常居住地、学历、是否退休、身体健康状况、平均月收入水平等方面的差异，不会通过城市老年人乡村休闲养老的态度对其乡村休闲养老行为意愿产生差异化的影响。

4. 路径 H6：外部控制力 EC→行为意愿 BI

研究结果显示，城市老年人在性别、年龄、经常居住地、学历、是否退休、身体健康状况、平均月收入水平等方面的差异，不会通过城市老年人的外部控制力对其乡村休闲养老行为意愿产生差异化的影响。

第6章 "小组微生"新农村综合体建设特征对承接城市养老产业的影响

"小组微生"新农村综合体的建设目的是作为乡村休闲养老的重要承载地，通过田园风貌、新村风格、现代生活、方便农民生产的重要特征为城市老年人提供老有所养、养有所乐、乐有相依的一流休闲养老环境。同时，发展农村生态种植业、旅游观光服务业、民宿产业、社会养老帮扶产业，走产业规模化、社会服务多样化的特色道路。然而，"小组微生"新农村综合体承接城市养老产业，虽然顺应了城市老年人从生存型需求向发展型需求转变的养老需求结构变化，满足了其物质生活的高品质和精神生活的高品位，但是这也对"小组微生"新农村综合体的建设标准和内容提出了更高的新要求。那么，如何让"小组微生"新农村综合体更加精准地服务于城市老年人的休闲养老需求成为关键和重点。在这一背景下，本书着重研究"小组微生"新农村综合体建设特征对城市老年人休闲养老行为意愿的影响路径及政策建议。

6.1 "小组微生"新农村综合体的建设特征

6.1.1 区位特征

(1)区位选择。成都市"小组微生"新农村综合体主要分布在成都市的第二圈层和第三圈层，第二圈层主要是新都区、温江区、青白江区等多个紧邻主城区的市辖区，距市中心(天府广场)交通距离为 30km 左右，交通时间为 1 小时左右，可以满足城市老年人既想体验乡村休闲养老，又不愿意离家太远以方便家人探望的心理；第三圈层主要是都江堰市、崇州市以及简阳市等周边县级市，距市中心交通距离在 60km 左右，交通时间为一个半小时左右，可以满足城市老年人更加亲近自然、感受自然的需求。

(2)交通距离及交通时间。交通距离分别以20km和100km为上、下限，间隔20km为一个选项；交通时间分别以 1 小时和 3 小时为上、下限，间隔 1 小时为一个选项。其设置目的是将区位选择中的第二圈层和第三圈层区位状态更加细化，结合空间和时间两个维度分析城市老年人到"小组微生"新农村综合体休闲养老的区位诉求。由于城市老年人对交通工具的选择偏好不同，交通距离与交通时间并不一定完全呈正相关关系，有的城市老年人喜欢步行、骑行，有的城市老年人希望搭乘公共交通工具，有的城市老年人偏好自驾或者乘坐出租车。故而，交通时间更多反映的是城市老年人从经常居住地抵达"小组微生"新农村综合体休闲养老目的地的时间预期。

6.1.2 医疗特征

医疗一直是城市老年人在选择养老目的地时关注和重视的方面，为了打消城市老年人到"小组微生"新农村综合体休闲养老的后顾之忧，应重视医疗服务体系的构建，对就医的地点及就医的医院级别进行分类。就医地点分为新农村综合体内部的医疗室、新农村综合体所在地的乡（镇）卫生院、新农村综合体所在地的县（市、区）医院及成都市主城区医院。就医的医院级别分为一级、二级、三级。城市老年人对医疗机构地点和级别的选择体现出个人对自己疾病的重视程度，同时也是一种家庭经济能力的体现，同样的疾病，对疾病更加关注且经济条件好的城市老年人，可能会选择到成都市主城区的三甲医院治疗，而经济条件一般且对疾病不那么关注的城市老年人，可能会选择在普通医院甚至乡镇卫生院进行诊治。

6.1.3 配套特征

（1）公共设施。公共设施的建设目的在于满足城市老年人在"小组微生"新农村综合体休闲养老时的物质需求及心理诉求，让其在休闲养老目的地能够获得绝大部分的日常生活需要，提升其对"小组微生"新农村综合体的归属感和认同感。一方面，如医疗机构、药房、邮局及餐馆等，让城市老年人可快速求医问诊、便捷地购买药品，就近及时补充基本生活物品；另一方面，如茶楼、棋牌室、老年活动中心、美容美发店以及心理咨询服务、养老保健咨询服务等，主要满足城市老年人的心理需求，丰富城市老年人的农村养老生活，充实他们的内心，使其不会感到孤独寂寞。

（2）休闲娱乐活动。休闲娱乐活动的目的以亲身体验农村生活和旅游观光两方面为主。通过种、采、摘、捉、喂养、垂钓、捕捞等农事体验和相关农业技术以及一些民俗活动的参与学习，使城市老年人亲身体验农村生活，并在体验中同时达到学习知识、锻炼身体、寓教于乐的目的，尽快融入"小组微生"新农村综合体的生活中。观光旅游主要包括游览农业历史和现代农业科技方面的人文景点，以及"小组微生"新农村内部及周边的自然景点、人文景观，通过观光旅游的方式让城市老年人更快地熟悉新环境并喜欢上新环境，缓解因远离家庭及朋友而对新农村综合体产生的抵触情绪，同时，还能让城市老年人了解农村文化，亲近自然，呼吸清新的空气，食用无污染的绿色有机农产品，对城市老年人的心理健康和身体健康的保持都会起到良好的辅助作用。

6.1.4 消费水平

在城市老年人的观念里，一提到农村住宅，往往脑海里浮现的是破旧、窄小等画面，在城市居住习惯的城市老年人对于长期在乡村休闲养老往往比较担忧居住的条件，如若与当地农民拥挤在一起，那么，城市老年人很难下定去乡村长时间休闲养老的决心。故而，城市老年人到"小组微生"新农村综合体休闲养老对住房的选择不仅体现在建筑样式上，还体现在户型和建筑面积的差异化诉求上。在户型上，新农村综合体用于休闲养老的住宅可以有单间、一室一厅、二室一厅、三室一厅等多种方案；在建筑面积上，新农村综合体用于休闲养老的住宅面积可以控制在满足基本生活需要的 $15m^2$ 以内，也可以是满足高端奢侈需求的 $90m^2$ 以上。同一高端奢侈需求的住宅可以有单间、一室一厅、二室一厅、三室一厅等多种方案，户型越好、建筑面积越大，则城市老年人每月需要支付的房屋租金就会"水涨船高"。基于理性人的假设，城市老年人会根据自己的实际情况，对住房户型、建筑面积进行决策。同时，城市老年人在"小组微生"新农村综合体休闲养老还要承担餐饮、娱乐、交通等开支，然而，不同的城市老年人对每月用于休闲养老的消费额度是有差异的，月支出额度太高，可能会影响城市老年人到此的休闲养老意愿以及居住时长等。

6.2 研究设计、研究假设与指标体系构建

6.2.1 理论分析

"复杂人"人性假设，指的是人性是非常复杂的，用沙因的话讲：不仅人们的需要与潜在欲望是多种多样的，而且这些需要的模式也是随着年龄与发展阶段的变迁，随着扮演角色的变化，随着所处境遇及人际关系的演变而不断变化（Skelley，2004）。城市老年人作为独立且具有差异的个体，存在着低级或高级的需求层次，作为一个复杂的社会个体，在考虑自身情况的基础上，会倾向选择最高期望的方案。城市老年人因为多种主客观原因造成的个体情况差异决定了其作为一个不完全理性人，形成行为偏好，在行为选择的过程中寻找一个最满意的方案以满足他们复杂的身心需求，实现不完全理性的行为决策。因此，虽然不可否认新时代的城市老年人对家庭养老、社区养老、机构养老等传统养老服务模式具有较高的依赖性，但是他们对乡村休闲养老、旅游养老等新型养老方式亦存在着浓厚的兴趣。然而，"小组微生"新农村综合体的建设涉及住宅、基础设施、公

共服务设施、绿化等诸多方面，且不同新农村综合体的建设不是"一刀切"的统一模式，那么，城市老年人会更倾向到拥有哪种建设特征的乡村休闲养老就成为关注的焦点。因此，本书着重分析"小组微生"新农村综合体建设特征对城市老年人休闲养老意愿的影响，将"小组微生"新农村综合体建设特征分为医疗特征、区位特征、配套设施三方面，其中，就医地点、医院级别、交通时间、交通距离、区位选择、公共设施、休闲娱乐活动共七项都作为其外显变量；将消费水平作为影响中介，其中，住房月租金和月养老总开支构成其外显变量；将城市老年人在"小组微生"新农村综合体休闲养老的居住时长和是否更换居住地以继续休闲养老作为代表城市老年人休闲养老意愿的变量，构建"小组微生"新农村综合体建设特征对城市老年人休闲养老意愿影响路径的理论模型(图6-1)。

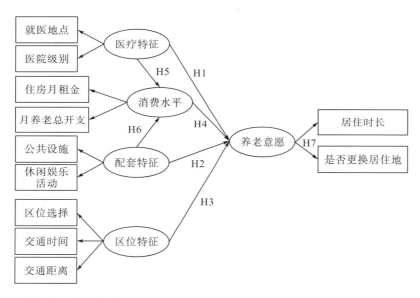

图6-1 "小组微生"新农村综合体建设特征对城市老年人休闲养老意愿影响路径的理论模型

6.2.2 研究假设

第一，医疗特征描述的是城市老年人到"小组微生"新农村综合体休闲养老在患病就医时对医疗机构的位置和医院级别的选择意向。根据医院规模、科研方向、人才技术力量、医疗硬件设备等对医院资质评定的指标，医疗机构可分为甲、乙、丙三个等级，级别越高，越能够向就诊患者提供更专业的医疗服务。一般而言，主城区内高质量医疗机构的数量、医生的技术和经验、医疗设备的先进度和完备度都会超过下辖的县(市、区)。因此，"小组微生"新农村综合体作为升级版的新农村建设样本，其自身内部的医疗卫生场所建设得越完善、越先进，与外部更高级别医疗机构建立起的对接转诊机制越紧密，越能够增强城市老年人的安全感，减轻城市老年人到"小组微生"新农村综合体休闲养老的顾虑。

综上，提出下述假设。

H1："小组微生"新农村综合体能够便利地利用的内部和外部的医疗资源越优质、越丰富，城市老年人到"小组微生"新农村综合体休闲养老的意愿就越强。

第二，配套特征描述"小组微生"新农村综合体公共设施建设与休闲娱乐活动的打造情况。"小组微生"新农村综合体在规划建设过程中注重功能集成配套，同步规划实施配套完善交通路网、集中供水、能源电力、污水处理、广播电视、光纤宽带等公共服务设施，以保障城市老年人在"小组微生"新农村综合体内部的基本生活，满足其物质需求。"小组微生"新农村综合体可供给的休闲娱乐活动越丰富多彩，越能满足城市老年人对乡村田园生活的期望，满足其内在的精神需求，提升他们对"小组微生"新农村综合体的归属感和认同感，帮助其融入乡村。

综上，提出如下假设。

H2："小组微生"新农村综合体的公共设施与休闲娱乐活动等配套特征越完善，越能促进城市老年人到"小组微生"新农村综合体休闲养老的意愿。

第三，区位特征描述"小组微生"新农村综合体的地理位置的优越程度。"小组微生"新农村综合体离市中心的距离越近、交通通达度越高，意味着城市老年人到"小组微生"新农村综合体休闲养老的交通距离越短，所需交通时间就越短。故而，"小组微生"新农村综合体的区位优势越明显，城市老年人能够越方便地在乡村养老目的地和城市家庭之间往返，节约交通成本，方便亲朋好友到"小组微生"新农村综合体探望城市老年人。

综上，提出如下假设。

H3："小组微生"新农村综合体的区位越优越，城市老年人越愿意到此休闲养老。

第四，消费水平描述的是城市老年人到"小组微生"新农村综合体休闲养老所需的经济支出。城市老年人到"小组微生"新农村综合体休闲养老面临着诸多开支，包括往返的交通费、住房租金、参与乡村游等娱乐活动支出、购买农产品等日常生活开销、医疗费用支出等。经济承受能力是影响一个家庭做出选择何种养老服务模式决策的重要变量，高昂的养老消费支出会加重家庭的经济负担，且出于对中国老年人勤俭节约、追求物美价廉的生活习惯的判断，高消费无疑会降低城市老年人到"小组微生"新农村综合体休闲养老的热情。例如，住房租金是城市老年人到乡村休闲养老的一项重要的经济支出，基于"经济人"假设，城市老年人希望居住的住房面积越大越好且需要支付的租金越低越好，这样"小组微生"新农村综合体内的住房租金越低，城市老年人就越愿意到"小组微生"新农村综合体休闲健康养老，且在当地休闲养老的居住时间越久。

综上，提出如下假设。

H4：城市老年人到"小组微生"新农村综合体休闲养老的意愿与消费支出呈负相关。

第五，"小组微生"新农村综合体的内部医疗卫生场所的条件越好，与外部高级别医疗机构的合作渠道越顺畅，前期需要投入的人力、物力、财力就越大。老年人身体免疫力降低的现实情况导致其容易生病，且城市老年人担心生病、担忧久病不愈的心理，使得他们更加倾向于到医疗资源更好、级别更高的医疗机构诊治，以保证诊断结果更加准确有效，以免耽误病情。与之相对应，城市老年人需要为享受优质的医疗服务支付更多的经济成本。

综上，提出如下假设。

H5："小组微生"新农村综合体建设的医疗特征与城市老年人消费水平呈正相关。

第六，公共设施的完善和休闲娱乐活动的多元，为城市老年人提供更加便捷、优越、丰富且有趣的生活条件的同时，"小组微生"新农村综合体的前期公共服务设施建设成本和后期运营管理成本就会增加，与此同时，城市老年人在"小组微生"新农村综合体享受乡村田园生活的同时，会受到乡村休闲娱乐项目的吸引，如农事体验、景点观光、休闲采摘等，这些休闲娱乐项目往往属于自费项目，因此，乡村休闲养老成本就会随之"水涨船高"。

综上，提出如下假设。

H6："小组微生"新农村综合体建设的配套特征与城市老年人消费水平呈正相关。

第七，"小组微生"新农村综合体的建设特征会通过影响城市老年人的休闲养老意愿进而影响其养老行为。城市老年人对"小组微生"新农村综合体的建设情况如果满意，就会通过两种外显行为具体反映出来：①在某个中意的"小组微生"新农村综合体进行长时间的休闲养老；②在某个中意的"小组微生"新农村综合体内休闲养老一段时间后，更换到另一个"小组微生"新农村综合体继续休闲养老，以体验不同的风格和特色，提高新鲜感和生活幸福感。

综上，提出如下假设。

H7：城市老年人对"小组微生"新农村综合体的休闲养老意愿与居住时长及是否更换居住地以继续休闲养老存在着相关关系。

6.2.3 指标体系构建

根据前文的理论分析与研究假设，构建起"小组微生"新农村综合体建设特征对城市老年人休闲养老行为影响机理指标体系(表 6-1)。

表 6-1 "小组微生"新农村综合体建设特征对城市老年人休闲养老行为影响机理指标体系

潜变量	观测变量	变量取值	潜变量	观测变量	变量取值
医疗特征	就医地点	新农村综合体内部医疗室=4 新农村综合体所在地的乡镇卫生院=3 新农村综合体所在地的县(市、区)医院=2 成都市主城区医院=1	消费水平	住房月租金	400 元及以下=15 >400~600 元=14 >600~800 元=13 >800~1000 元=12 >1000~1200 元=11 >1200~1400 元=10 >1400~1600 元=9 >1600~1800 元=8 >1800~2000 元=7 >2000~2200 元=6 >2200~2400 元=5 >2400~2600 元=4 >2600~2800 元=3 >2800~3000 元=2 3000 元以上=1
	医院级别	甲级=3 乙级=2 丙级=1			
区位特征	交通距离	20km 及以内=6 >20~40km=5 >40~60km=4 >60~80km=3 >80~100km=2 100km 以上=1			
	交通时间	1 小时及以内=4 >1~2 小时=3 >2~3 小时=2 3 小时以上=1		月养老总开支	2000 元及以内=8 >2000~2500 元=7 >2500~3000 元=6 >3000~3500 元=5 >3500~4000 元=4 >4000~4500 元=3 >4500~5000 元=2 5000 元以上=1
	区位选择	第二圈层=2 第三圈层=1			
配套特征	公共设施	设置的选项包括：医疗机构、药房、综合超市、茶楼、餐馆(食堂)、棋牌室、老年活动室、书店(图书馆)、健身中心、KTV、电影院、美容美发店、干洗店、老年学校、邮局、心理咨询服务、养生保健咨询服务、法律服务、金融综合服务站、医疗直通车、购物交通班车、停车场(位)、物业管理机构。具体量化以受访城市老年人的实际选择数量为依据	养老意愿	居住时长	15 天以内=1 一个月=2 两个月=3 三个月=4 四个月=5 五个月=6 六个月=7 七个月=8 八个月=9 九个月=10 十个月=11 十一个月=12 十二个月=13 一年以上=14
	休闲娱乐活动	设置的选项包括：农事体验(种、采、摘、捉、喂养、垂钓、捕捞)、民俗活动(歌舞戏曲、节庆)、参观农业历史展览、参观现代农业科技、学习农业技术、乡村人文景点参观、自然景观旅游观光、公益服务活动(为当地农民开讲座、为当地农村中小学生兼职授课)、老年大学上课。具体量化以受访城市老年人的实际选择数量为依据		是否更换居住地	会=3 视情况而定=2 不会=1

6.3　实　证　研　究

6.3.1　研究方法

结构方程模型(SEM)可分为测量模型和结构模型，是一种基于变量的协方差矩阵分析多个变量之间关系的统计方法，也叫协方差结构分析。测量模型是指指标和潜变量之间的关系，即

$$\begin{cases} X = A_X \xi + \delta \\ Y = A_Y \eta + \varepsilon \end{cases} \tag{6-1}$$

结构模型是潜变量之间的关系，即(段海平等，2012)

$$\eta = \boldsymbol{B}\eta + \boldsymbol{\Gamma}\xi + \gamma \tag{6-2}$$

其中，式(6-1)是测量模型，X 为外因潜在变量的观察变量，Y 为内因潜在变量的观察变量；A_X 与 A_Y 分别为观察变量 X 与 Y 的因子负荷量；ξ 与 η 分别是外因潜在变量与内因潜在变量。式(6-2)是结构模型，$\boldsymbol{B}$ 是内因潜在变量之间关联的系数矩阵，$\boldsymbol{\Gamma}$ 是外因潜在变量与内因潜在变量之间关联的系数矩阵。δ、ε 与 γ 都是测量误差。

结构方程模型可以容纳能够观察得到的变量，也可以容纳观察不到的变量，这些特点都使得结构方程模型天然地善于处理社会科学问题中的因果联系。结构方程模型的优点是可以同时计算多个因变量，分析多个因果关系，且允许自变量与因变量间存在合理测量误差。因此，本书利用 Amos 软件建立结构方程模型，并基于基本拟合标准、整体模型拟合度以及修正指数对结构方程模型进行评价修改。

6.3.2　研究数据与实证分析

实证数据为问卷调查获取的 397 份有效问卷。每一项观测指标对应其从属的潜变量的标准化参数估计值，有效反映该指标与相应潜变量之间的相关程度，同时也反映了潜变量对相应观测指标的解释能力。通过修正指数(modification indices)对模型进行修正，得到修正后拟合路径系数结果，并根据回归权重对研究假设进行验证(表 6-2)。

表 6-2　新农村养老需求理论模型修正拟合结果

研究假设	路径			Estimate	S.E	C.R	P	结论	检验结果
H1	养老意愿	←	医疗特征	0.311	0.101	3.090	***	显著	通过
H2	养老意愿	←	配套特征	0.098	0.043	2.250	**	显著	通过

研究假设	路径			Estimate	S.E	C.R	P	结论	检验结果
H3	养老意愿	←	区位特征	0.104	0.049	2.111	**	显著	通过
H4	养老意愿	←	消费水平	−0.029	0.025	−1.187	0.235	不显著	不通过
H5	消费水平	←	医疗特征	0.242	0.245	0.988	0.323	不显著	不通过
H6	消费水平	←	配套特征	0.248	0.114	2.174	**	显著	通过
H7	居住时长	←	养老意愿	1.000	—	—	***	显著	通过
	是否更换居住地	←	养老意愿	0.248	0.049	5.066	***	显著	通过

注：—表示不显示的数值，其有两种可能，一种是数值太小，Amos 和 SPSS 不显示出来；另一种就是有不符合 Amos 运算的数据，比如潜变量载荷为负数的情况。**代表 5%的水平上显著；***代表 1%的水平上显著。Estimate 表参数估计值，S.E 表标准误差，C.R 表临界比值，P 表显著性。

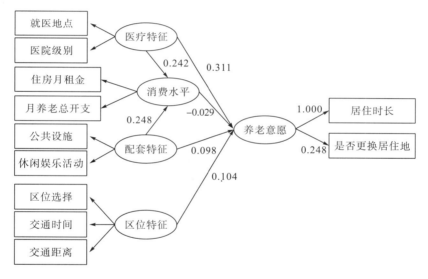

图 6-2　"小组微生"新农村综合体建设特征对城市老年人休闲养老意愿影响路径图

　　采用绝对拟合指数［拟合优度指数(goodness of fit index，GFI)、残差均方和平方根(root mean square residual，RMR)、近似误差均方根(Croot mean square error of approximation，RMSEA)］和相对拟合指数［NFI(normed fit index，标准适配指数)、TLI(Tucker Lewis index，塔克-刘易斯指数)、CFI(comparative fit index，比较适配指数)］作为模型的适配度评价指标，得到修正模型适配度的评价标准与拟合结果(表 6-3)。其中，除 RMR 以外的其他评价指标均达到评价标准，因 RMR 易受到变量量尺单位的影响，所以在 Amos 软件中更通用的是使用RMSEA 指标，且在拟合结果中 RMSEA 符合评价标准。因此，综合检验适配度评价指标表明本模型适配度良好。

表 6-3 修正模型适配度

指数名称		评价标准	拟合结果	是否满足评价标准
	GFI	>0.9	0.942	是
绝对拟合指数	RMR	<0.05	0.260	否
	RMSEA	<0.05	0.048	是
	NFI	>0.9	0.927	是
相对拟合指数	TLI	>0.9	0.981	是
	CFI	>0.9	0.969	是

6.4　检验结果分析

6.4.1　医疗特征与城市老年人休闲养老意愿

"小组微生"新农村综合体建设的医疗特征会显著正向影响城市老年人休闲养老行为意愿，验证假设 H1。随着年龄增大，城市老年人的身体免疫能力会逐渐变差，慢性病或急性病发生的可能性随之增大，而城市老年人最大的心愿莫过于颐养天年，到"小组微生"新农村综合体休闲养老的最大顾虑之一莫过于对当地医疗水平不放心。因此，城市老年人在"小组微生"新农村综合体休闲养老期间患病时，能够方便快捷地前往级别更高、条件更优越的医疗机构，享受更优质的诊疗服务，这是绝大多数城市老年人所期望的。从就医地点来看，在城市老年人患病时，他们离就医地点越近，意味着患者在就医路途中花费的时间越短，医院对城市老年人的疾病能够更快做出反应，为患者争取到更多的宝贵治疗时间；从就医的医疗机构级别来看，大部分城市老年人在患病时倾向于选择华西医院、四川省人民医院等国家三级甲等医院，是由于这类医院的医疗设施配备更完善、更高级，医生的医疗水平更高和经验更丰富，护理人员更专业。因此，"小组微生"新农村综合体自身内部能够提供的或与外部对接的医疗服务的速度越快、质量越好，城市老年人到"小组微生"新农村综合体休闲养老的行为意愿就越高。

6.4.2　配套特征与城市老年人休闲养老意愿

"小组微生"新农村综合体建设的配套特征会显著正向影响城市老年人的养老意愿，验证假设 H2。"小组微生"新农村综合体让农民享受到了与城市居民同等甚至更优质的基础设施、公共服务和文化生活(罗小红，2018)，有配套的文化活动室、全民健身广场等公共服务设施，文化娱乐活动同样多种多样、丰富多彩，如广场舞、太极拳、踢毽子、跳绳、剪窗花、做手工、猜灯谜、图书阅览、书画爱好者交流与培训、摄影爱好者采风交流会和培训、环保健康讲座等精彩纷呈的活动，足以满足城市老年人的业余爱好和精神文化需求。此外，城市老年人还可以自主选择参与"小组微生"新农村综合体内的农事体验、景点观光、休闲采摘等活动，体验原汁原味的乡村生活。因此，城市老年人在"小组微生"新农村综合体休闲养老，能够过上寄情山水、体验农趣的田园生活，一方面丰富其休闲娱乐生活，有助于其建立新的社交关系；另一方面能够减轻离家养老的孤独感，提升其生活幸福感。社交、娱乐的丰富性是影响城市老年人生活幸福感的一大重要因素。因此，公共服务设施配套越完善、乡村娱乐文化活动越丰富多彩，城市老年人到"小组微生"新农村综合体休闲养老的行为意愿就越高。

6.4.3 区位特征与城市老年人休闲养老意愿

"小组微生"新农村综合体建设的区位特征会显著正向影响城市老年人的休闲养老意愿，验证假设 H3。"小组微生"新农村综合体越靠近成都市第一圈层（成都市中心城区），在区位上就越占据优势，对外交通便捷程度就越高，具体表现在交通距离短、交通时间短等方面。当然，城市老年人选择出行交通工具上的差异，会使得交通距离与时间不一定就严格地呈正相关关系，但不可否认的是：交通距离与时间缩短，有利于降低城市老年人的交通经济成本和时间成本，不仅便于城市老年人前往"小组微生"新农村综合体休闲养老，而且便于亲朋好友前往"小组微生"新农村综合体探望在此休闲养老的城市老年人，及时了解城市老年人休闲养老的实际状况，消除城市老年人的家人对其选择外出到异地休闲养老的抵制和反对。由此可见，"小组微生"新农村综合体的区位优越程度越高，城市老年人到此休闲养老的意愿就越高。

6.4.4 消费水平与城市老年人休闲养老意愿

"小组微生"新农村综合体的消费水平与城市老年人休闲养老意愿影响结果不显著，拒绝假设 H4。城市老年人的家庭经济状况越好，越能够为城市老年人选择更优质的养老环境，能够承担的养老成本就越高。因此，"小组微生"新农村综合体休闲养老面向的对象为身体健康条件允许且家庭经济情况较好的城市老年人，这些城市老年人对养老成本的容忍空间更大、更富有弹性，能够承受更高的养老经济支出。城市老年人选择到"小组微生"新农村综合体休闲养老，会更多考虑该地的公共服务设施配套完善程度、医疗服务条件、生活环境宜居程度、田园乡村娱乐活动丰富程度等，重点关注的是对其休闲养老内在期望的满足程度。加之，乡村的物价水平较低，在乡村的日常生活消费支出往往会低于城市，且城市老年人在乡村休闲养老期间可以将城市的住房出租获得租金收入，可见，城市老年人在休闲养老期间产生的费用在其本人及其家庭的可承受范围之内。因此，"小组微生"新农村综合体的消费水平对城市老年人的养老行为意愿没有显著影响。

6.4.5 医疗特征与城市老年人消费水平

"小组微生"新农村综合体建设的医疗特征与城市老年人消费水平影响不显著，拒绝假设 H5。城市老年人在市区患病，就医时一般是选择国家三级甲等医院，或者寻访名医看病诊治，故而，城市老年人出于健康考虑不会节省医疗上的花费。一般而言，城市老年人到"小组微生"新农村综合体休闲养老期间患病的就诊医院一般不会超过其在市区时的水平，甚至出于对交通成本的考虑，对一些非危急重症的普通疾病，他们可能会选择在新农村综合体内的诊室或者乡镇的卫生院诊治。因此，城市老年人在"小组微生"新农村综合体休闲养老的医疗支出并不会高于市区，不会影响其整体的消费水平。

6.4.6 配套特征与城市老年人消费水平

"小组微生"新农村综合体建设的配套特征会显著正向影响城市老年人消费水平，验证假设 H6。"小组微生"新农村综合体建设过程中，公共服务设施越完善，乡村娱乐项目打造得越丰富、越精彩，城市老年人到这些场所进行消费的可能性与频率都会越高，在当地休闲养老所预计的花费将攀升，同时，这部分公共服务设施的建设前期投资成本需要通过后续运营回收，那么，城市老年人在当地居住休闲养老将会无形中为这部分成本买单，故而，"小组微生"新农村综合体的配套设施越多、越高档(刘灵辉等，2021)，越会增加城市老年人休闲养老的消费。但由于假设 H4 已被拒绝，即"小组微生"新农村综合体的医疗条件、配套特征影响消费水平进而影响城市老年人休闲养老行为意愿的中介效应不成立。

6.4.7 城市老年人的休闲养老意愿与居住时长、是否更换居住地

根据模型运行结果，城市老年人到"小组微生"新农村综合体休闲养老行为意愿与居住时长、是否更换居住地之间存在显著影响关系，验证假设 H7。根据外业调研数据，在不排斥到"小组微生"新农村综合体休闲养老的城市老年人中，居住时长选择小于 15 天、1 个月、2 个月、3 个月、4 个月、5 个月、6 个月、7 个月、8 个月、9 个月、10 个月的城市老人数量分别为 71 人、90 人、62 人、63 人、30 人、11 人、11 人、2 人、1 人、2 人、2 人，整体上呈现减少的趋势，然而，选择 11 个月、12 个月、一年以上的城市老年人数量分别为 0 人、8 人、31 人，整体上呈现回升的趋势。同时，选择在一个"小组微生"新农村综

合体休闲养老居住一段时间后不排斥更换到另外一个"小组微生"新农村综合体以继续休闲养老的城市老年人占绝大多数，占比高达 98.84%。综上可知，休闲养老行为意愿强弱情况将愿意到"小组微生"新农村综合体休闲养老的对象分为两类：一类是占多数的短期休闲养老的城市老年人，如春季踏青、夏季避暑等具有季节性、周期性的养老，且由于长期居住在同一个地方会给老年人以枯燥无聊的感觉，为保持养老生活新鲜感，短期休闲养老的城市老年人在一个"小组微生"新农村综合体休闲养老居住一段时间后会更换到其他"小组微生"新农村综合体继续休闲养老；另一类是打算在某一个中意的"小组微生"新农村综合体长期休闲养老的城市老年人，目的更倾向于康复、保健、养生，居住时间更长，且长期居住在同一个地方会给城市老年人以安定稳固的感觉。因此，长期康养的城市老年人在选择一个"小组微生"新农村综合体休闲养老后一般不会选择更换居住地。

第7章 乡村休闲养老产业的
国内外经验概括

7.1 国外乡村休闲养老产业发展情况

7.1.1 美国

1. 美国田园养老发展的社会背景

从按照 65 岁及以上老年人占总人口比率计算的社会老龄化率来看，美国是世界上较早进入老龄化社会的国家之一，早在 20 世纪 40 年代，美国就开始进入老龄化社会。1975 年，美国 65 岁及以上人口的比例达到 10.5%，1990 年，美国 65 岁及以上老年人口占总人口的 12.3%。2010 年后受到 1947~1965 年的"婴儿潮"影响，65 岁及以上人口比例增长呈现明显加速的趋势，达到 13.0%(李俊和王红漫，2018)。随着"婴儿潮"一代的美国人开始进入退休年龄，美国正面临退休"海啸"的严峻挑战。根据《联合国世界人口展望 2019》的数据可以计算得到，2006~2010 年、2011~2015 年、2016~2020 年美国老龄化率的五年涨幅分别为 0.7 个百分点、1.7 个百分点和 2.0 个百分点，涨幅快速扩大。2021~2025 年，预计美国老龄化率涨幅将继续处于 2.0 个百分点的高位，随后涨幅快速回落，在 2026~2030 年、2031~2035 年、2036~2040 年和 2041~2045 年的涨幅将分别降至 1.6 个百分点、0.9 个百分点、0.4 个百分点和 0.3 个百分点(陈小亮和姚一旻，2022)。而联合国人口署 2012 年的预测显示，2030 年、2050 年，美国 65 岁及以上人口比例将分别为 25.6% 和 27.0%。因此，美国的养老压力日益加大。

在美国，空巢老年人和退休老年人更倾向于乡村养老，其中大多数为低龄老年人，他们有良好的自理能力，有一定的教育背景，养老的目的就是感受田园生活，简单的生活带来丰富的精神世界(王文博，2021)。田园养老模式在美国得以发展，还得益于美国独立的文化观念。在美国现有的文化背景下，成年后的子女对老年人没有赡养义务，老年人也不希望自己影响儿女的生活，所以老年人乐于入住养老社区享受他人服务。此外，美国的城市间人口流动性强，人们常过着迁徙式的生活，常年有超过 30% 的人选择租房生活。因此，老年人容易接受田园养老的生活方式。

2. 美国田园养老发展的政策支持

20 世纪 30～70 年代，美国社会保障覆盖面扩大，机制完善，标准也得到了提高，养老事业逐渐扩大，成为社会保障体系中的一个重要环节。美国政府经济实力雄厚，通过对各种社保项目的资助，极大地推动了社会福利的发展。根据 1967 年的《美国总统经济报告》可知，为穷人提供的费用将近 70 亿美元，另外，老年遗族福利和残疾保险福利都有较大金额的支出。另据统计，1960～1967 年获得社会福利金的 65 岁及以上老年人比例从 64% 增加到 82%，1965～1968 年退休津贴提高了两次，1965 年提高 7%，1967 年提高 13%，由于老年人口增加，1967～1972 财政年度联邦总开支从 1967 财政年度的 4.57 亿美元增加到 1972 财政年度的 12 亿美元，上升了 162.58%，用于老年人口社会保障的开支超过了其他福利开支部分(张卫国，2012)。田园养老在政府雄厚财力作为物质基础的支持下，迎来了新的发展机遇。

美国养老市场的发展还受到美国成熟金融市场体系的重要支持。美国拥有世界上最大、最发达的金融市场，以及世界上最完善的金融体系，其金融工具多、产业链条长、资金能力强，全美金融系统每年直接创造的产值约占美国 GDP 的 1/5。美国的金融市场体系能够对美国养老企业的乡村项目做全方面评估，包括企业的经营情况、资产、负债、管理水平、销售能力、项目盈利可能性等，通过一系列完善的风险评估系统降低资金亏损的可能性，对于金融体系看好的养老项目，营利性养老机构获得的资金力量大，养老机构的资金来源有保障。强大的金融市场体系为养老产业的发展提供了重要资金来源，保障了有先进技术、具备发展潜力的养老机构的资金链条稳定和可持续发展。

美国对老年人的住房问题也较关注和支持。1937 年通过的《美国住宅法》中，住房政策的焦点问题不是中老年住宅，公共住房和低租金住房是政策的主要覆盖和实施对象，对老年人的住宅投入非常有限。1961 年，首次召开美国白宫老龄问题会议，意味着养老问题上升到了重要的高度。非营利组织、公共机构还有农村老龄化住房贷款都同时增加。1965 年《美国老年人法》通过后，美国又颁布了《适老社区评估与改造指南》，提出要对社区进行适老评估和改造规划，帮助老年人改善居住环境(周五四和陈社英，2022)。

3. 美国田园养老——太阳城

在社会老龄化的背景下，众多提供完备养老服务的养老社区、养老公寓、养老度假村在美国兴起，以自然生态环境为特色而建立的休闲养老社区开始发展。1954 年，美国历史上第一个有年龄限制的养老社区——杨格镇(Young Town)建成。随后养老社区建设更加专业化、标准化与规模化，许多开发商在具有良好生态环境与丰富自然资源的郊区开发建设老年社区，如 20 世纪 60 年代兴建的美国太阳城老年社区至今仍是老年社区的借鉴典范(张嘉敏等,2019)。

美国太阳城养老社区位于佛罗里达州坦帕市郊,因为一年有超过 300 天能够感受到阳光,因此得名太阳城。建设于 1961 年的美国太阳城老年社区,占地56700 亩,其中水景面积占 700 亩,在 2009 年,该社区人口已达到 16 万人,并且其人口和面积至今都还在增加中。太阳城的开发,源于一名地产建筑商在路过此地时觉得这里气候炎热干燥,土地又非常便宜,因此在这里修建住宅,供美国寒带的一些农民在冬季农闲时到这里度假。令人惊讶的是,来此度假的基本都是老年人,因为此地的气候非常适宜老年人疗养各种慢性疾病。受此启发,这名地产商干脆把目标定位为老年人群体。他先是建设了一些仅供 55 岁以上退休老年人居住的样品房,同时修建了疗养、医疗、商业中心及高尔夫球场等老年人娱乐配套设施。由于房价低、气候环境好,房子供不应求。从那以后,这里慢慢崛起了一座新城,后来从老城扩大到西城,继而又迅速向西南延伸,面积成倍扩大,房屋和设施越来越高档,经历了 20 年的发展,这里成为美国最著名的退休养老理想居住地(吕志新,2013)。

太阳城的目标定位为使老年人过上不孤独、不依赖、精力充沛、身体健康的晚年生活。第一,太阳城明文规定:所有居民必须在 55 岁以上,这个年龄以下的,即便是亲属子女也没有居住权。子女要想去护理生病的老年人,只能住在该城之外的地方,18 岁以下的陪同人士一年居住时间不能超过 30 天,该规定使得太阳城的居住人群单一,能更好地促进"银发族"之间的互动交流,减少距离感。第二,就自然环境而言,该地区阳光明媚、光照充足、气候干燥、环境优美,是老年人安度晚年的好地方。第三,在建筑设计上,美国太阳城充分考虑老年人的身心需求,针对老年人心理状态、行为习惯等进行环境营造,丰富老年人生活的同时,最大限度地为老年人减少健康隐患。场地考虑老年人群体对安全性的需求,在道路系统营造上,不仅考虑道路通达性,也考虑通行障碍对老年人群体造成的影响,从而在道路体系上进行人车分离,实行无障碍通行(李雨童,2020)。第四,太阳城内住宅类型多样,包括独栋住宅、双拼住宅、多层公寓、独立居住中心、生活救助中心、生活照料社区、复合公寓住宅等。其中,以低层建筑为主,方便老年人生活。第五,太阳城医疗设施完善,社区内不仅设有多所大型综合性医院,更有数百个小型诊所遍布大街小巷。此外,还设有多个不同等级的疗养院和老年人照顾中心,并配有专门的护理人员,老年人可根据自身身体条件选择适合自己的服务。第六,为丰富老年人的日常活动,充分利用亚利桑那州全年超过 300 天能接收到日照、干燥少雨的气候条件,结合美国老年人喜欢进行体育锻炼和注重文化生活的习惯,在项目中建造了 1200 亩的高尔夫球场、保龄球馆、网球场、游泳馆、室外剧场、乡村俱乐部、交响乐演奏厅及图书馆等体育文化设施(夏骥等,2021)。为了丰富老年人的兴趣爱好,还设有各类艺术中心,供老年人进行书法、绘画、陶艺、裁缝、编制等手工活动。第七,实行企业化经营、专业化管理，社区内部主要有四种服务模式：独立生活服务、辅助式生活服务、专业护理服务、记忆障碍照护服务。该模式秉承持续照顾的理念。通过提供单层、单栋、双拼的住房出租或者销售，以及提供持续性照顾而盈利，并且实行会员制。

总之，太阳城是一个集医疗、娱乐、生活于一体的养老社区，是田园养老模式的成功案例之一。美国太阳城项目包括亚利桑那州的太阳城西部（Sun City West）、佛罗里达州的美国太阳城中心（Sun City Center）等在内的 8 个州的 14 个太阳城，服务对象为所有居住在太阳城的老年人。

4. 美国田园养老模式的特点

第一，田园养老与社区养老相结合。在乡村建立起一个完善的养老社区，既满足老年人对环境方面的需要，又建立完善的基础设施，在硬件设施、医疗护理、生活方式、环境氛围等方面都极具特色，弥补了乡村设施不完善的缺陷。

第二，田园养老社区以房地产市场为主导，以住宅开发的形式存在，能够快速地回笼资金。在运作模式上采取的是商业化的形式，主体主要有 3 个，分别是开发商、投资商和运营商。太阳城在性质上属于私人投资，每个环节专业的分工能够实现高效低风险的运作。

第三，田园养老社区内的从业人员都经过专业的培训，有严格的养老护理职业准入制度，对养老服务机构从业人员实行持证上岗制度。职业准入制度保证了养老服务从业人员的个人素质和技术水平。例如，在美国养老机构工作的护士都经过专业培训，能够完成全部治疗康复过程。同时，为了解决从业人员数量不足的问题，美国政府采取积极的移民政策吸引墨西哥人进入这个行业。他们经过培训取证后便成为照料老年人日常生活起居的主力军。

第四，田园养老社区服务具有多样性，如太阳城社区中设有多种类型住房，以及不同等级的疗养院。老年人可以根据自己的情况选择住房、定制服务，根据老年人购买服务所需的看护程度由弱到强，人力付出由少到多，费用由低到高。美国养老市场的差异化定价有助于养老组织获得更多的收入，同时，也使得不同收入水平和差异化需求诉求的老年人都能找到适合自己的养老服务机构。

7.1.2　法国

1. 法国的乡村旅游

休闲舒适的乡村生活是与卢浮宫、埃菲尔铁塔齐名的法国文化象征，有学者称："如果说法国住在城里，那她的历史则扎根乡村。"法国有 80% 以上的人住在城里，但法国人痴迷乡村生活。城里人无限向往乡下的风光、人文和美食，乡村旅游业因此蓬勃发展。第二次世界大战后，随着城市化的发展，大量法国人口从农村涌向城市，城市过度膨胀，而农村出现空心化。为了扭转城乡发展的不平衡问题，加快农业和农村的发展，法国在 1950 年推出了"领土整治"政策，在"领土整治"政策实施过程中，以巴黎为核心的公路、铁路等交通网络向外延伸至各地，与此同时，商铺、酒店等配套设施得到了完善，这为乡村旅游提供了坚实的基础和条件。1951 年，法国开始在农村地区建设乡村(民俗)旅馆，吸引城市游客到农村进行游览观光和休闲度假。1955 年，欧贝尔创意性地提出乡村旅游构想，他提出可以在发展农业的同时发展旅游业，从国家、地区角度在资金上支持乡村住宿的改建。1962 年法国政府颁布《马尔罗法》，要求保护具有历史价值的区域，又在 1972 年《质量宪章》中规定了乡居规模、硬件设施、服务和经营方式的标准。之后对农民分散经营的乡居进行统一标准化管理，并相继颁布了一系列政策。法国以政府补贴和银行信贷等方式，支持农户开展特色乡村旅馆建设，对家庭旅馆建设达到一定标准且每年对外开放时间达到要求的，给予政府公共补贴，并通过严格的法律法规规范乡村旅游企业在运营管理等方面的行为。在法律的指导与政府的支持下，法国的乡村旅游得以逐步稳健发展。法国旅游业历经了百年的发展完善，自 1955 年欧贝尔提出"乡村旅游"这一概念到 20 世纪 70 年代，乡村旅游就已经形成规模，如今更是成为法国第二大旅游产品体系，是经济收入的重要组成部分。法国乡村旅游每年可接待游客 3700 万人，收入近 237 亿欧元(刘洁，2017)。目前，乡村旅游已成为法国旅游业的重要组成部分，形成乡村客栈、家庭农场、学习农场、科技农园、狩猎牧场和露营农庄等多种模式。总而言之，法国乡村旅游系统已十分完善，具体表现在以下三个方面：第一，法国有一套完善的乡村旅游管理机制，该机制中有连接政府和企业的沟通桥梁——农会；第二，法国乡村旅游具有地方特色，但各区域又以共同加入某一具有权威性的组织协会(如"法兰西最美丽的村庄")的方式联合发展乡村旅游；第三，法国有一套完善的宣传体系，法国各区域都设有旅游局，甚至在国外也设置了旅游咨询处(陈想琴和沈世伟，2018)。

2. 法国的乡村养老

1865 年，法国 65 岁及以上老年人口比例就超过了 7%，成为世界上第一个进入老龄化社会的国家。1980 年左右，法国老龄人口比例达到 14%，进入了超老龄社会。预计 2050 年法国老龄人口比例将增至 32%，届时法国老年人口将达 2230 万人，平均每三个人中就会有一个人的年龄超过 60 岁，可见法国的人口老龄化问题十分严峻。1898 年，法国建立了城镇养老保险，1952 年，法国农村养老保险建立，故而，法国社会保障制度建立较早，且架构完善，建立的多层次养老保障模式基本覆盖了社会全体劳动者。法国政府根据不同部门、不同行业建立了阶梯式的养老保障制度体系，大力鼓励和发展商业养老保险。由于建立了完善的养老金制度，老年人的消费能力比较强，这大大加快了养老服务产业化的发展。然而，随着人口老龄化速度的加快，老年人口数量增多，养老负担日益加重，导致基本养老制度和补充养老制度赤字严重。与之同时，法国在职工退休上存在着两大普遍现象：法定退休年龄偏低、提前退休。1983~2010年，法国的法定退休年龄为60岁，是欧盟各国中退休年龄最低的国家之一（彭姝祎，2017）。法国作为浪漫之国，人们诙谐幽默、天性浪漫，对于法国人来说，社交是人生的重要内容，没有社交的生活是难以想象的，老年人集聚在一起，共同交流、娱乐，参加各种社交活动，体现了现代法国老年人"人老心不老"的精神状态。尽管人到晚年，但是他们不会降低自己的生活质量。不依赖子女，独立生活，这就是法国老年人晚年的幸福生活。同时，为应对老龄化造成的财政失衡现象，法国政府正利用庞大的老年群体对产品和服务的迫切需求，发展"银发经济"。据统计，法国老年人对健康和保险的投资巨大，在旅游、食品、信息及文化领域的花费也占据其收入的一半以上。与之同时，随着工业生产经济疲软，城市自然环境遭到破坏，城市居民因污染患病，回归自然的"乡村梦"在城市中逐渐盛行，乡村旅游受到城市居民的青睐，得以迅速发展（张建强等，2021）。故而，在政策的支持和引导下，随着普通民众富裕程度的提高，法国人以较低的年龄退休后，开始逃离喧嚣、拥堵的闹市，向往宁静、清新的乡村生活和高质量的居住环境。中产阶级和部分富裕的白领阶层在城郊和乡村环境幽雅的地带购置第二住宅渐成时尚（夏鲁平，2001），法国乡村成为乡村工业企业职工的居住地、市民的度假胜地和市民第二住宅所在地，到了周末，城市居民纷纷赶回乡村休息。同时，法国乡村更是城市退休者安度晚年的地方，大量的法国退休老年人居住在自己乡村的住宅里休闲养老（吴国庆，2014）。甚至，许多法国人退休后会出售城里的房子，再到乡村居住，使得法国成为全球拥有用于休闲、养老等用途的"第二居所"最多的国家（古依·鲍代尔和范冬阳，2013）。据统计，法国拥有第二住宅的家庭数目从1954年的60万户增加到1987年的270万户。由于第二住宅大多作为休假消遣时居住，有2/3建造在农村地区，1/3建造在海滨或山区，分布在市镇乡村的有120万所、巴黎地区的有55369所。这股购置第二住宅的势头有增无减（施庆宁，1989），以至于去过法国农村的人，通常将法国农村分为两类：一类是农业型农村，它们主要集中在西部诺曼底的农业发达区和西南部波尔多周围的葡萄园种植区；另一类是第二住宅型农村，它们集中分布在法国西海岸、南部阳光充足地区以及各个大城市的周边地区（林卫光，2008）。

由于房产价格高昂，多数家庭无力单独在乡村建造或者购买第二住宅，这会导致一部分经济收入不太高却向往乡村养老的法国人被拒之门外。因此，更多经济状况并不富裕的城市居民会联手购房、分时度假，或者住到当地的农户家里度假（姚昆遗，2005）。其中，分时度假（timeshare）起源于20世纪60年代的法国，当初产生的目的是解决家庭购买力有限和度假房产价格高昂之间的矛盾，出现了亲朋好友联合购买一幢度假别墅以供大家不同时间分别使用的现象（李穗菡，

2009)，最早的分时度假概念由此产生。分时度假模式的提出，不仅以较低的经济代价解决了向往乡村养老的法国城市居民在乡村的居住问题，满足了休闲度假者的需要，而且避免了乡村第二住宅的空置率高、资源浪费的问题，提高了设备设施的利用率。在法国，分时度假将房地产业、酒店住宿业、旅游观光业、休闲养老等产业完美结合在一起。随后，房地产商抓住了这一极具潜力的市场，适时提出了"复合产权"的新概念，即将一栋酒店或者别墅中的一间客房或者一套旅游公寓，按照一定的年限(20年或30年，甚至更长的时间)，将房屋使用权的时间分割成若干周或者若干月，分别出售给若干个业主，顾客购买了一个时段的房屋使用权后，即可在每年这一时间范围内到旅游目的地使用房间及其配套的休闲度假设施，如果业主在房屋购买的使用权时间段内不想去该地居住，那么，他可以采取度假交换的方式，到分时度假公司或者房地产商开发的其他分时度假酒店行使自己的使用权，这样就可以使分时度假酒店的投资者摆脱房地产这一不动产、不可移动的特性，在不同区域的乡村旅游目的地休闲养老。后来在法国分时度假模式的基础上还衍生出产权酒店，并风行于世界一些著名旅游城市和地区，它是指投资者买断酒店设施的所有权，除部分时间自己使用外，统一将其他时间的住宿权委托给酒店管理公司经营、自己获取红利的经营模式。

3. 法国大型老年社区——圣雷米老年人村

法国人的浪漫不仅表现在青年时期，而且晚年生活也十分懂得享受。由于法国老年人更加青睐养老院，法国政府为了让老年人生活得快乐，活得更有尊严，专为这些老年人设计了代替敬老院的村庄——圣雷米老年人村。该村庄位于伊夫林省什弗赫兹谷地，这里环境优美，仿若世外桃源，这使得养老机构从封闭管理转变为开放式管理，从喧嚣吵闹的城镇转移到清净优美的乡村。圣雷米老年人村的居民平均年龄为84岁。圣雷米老年人村的主要特点包括如下三个方面。

第一，村内设施完善，娱乐活动丰富，服务人员年轻化。为方便老年人的生活，村内邮局、杂货店、图书馆、美容美发店、健身中心、游泳池、酒吧、餐厅、音乐厅、活动中心等一应俱全。各类文化、娱乐活动，如桥牌、舞会、音乐会、森林野餐、戏剧课、雕塑课、绘画课及水中体操，更是老年人的精神食粮。

第二，优质而专业的医疗服务，医疗服务设施一应俱全。在圣雷米老年人村，老年人会得到非常优质的医疗服务，这里配有专门的医疗团队，团队由医生、护士、护理人员和医学心理专家组成。在老年人村的每一位老年人都有自己的医疗档案，医生会根据其身体状况制定治疗计划。那些病痛缠身、行动不便的老者，可以安心住进特别设计的房间，由一批专业医疗人员照料(孔娟，2004)。

第三，老年人的生活与地方社区结合紧密。村里的泳池，每星期三免费开放给邻近地区的小学童上游泳课。这些孩子每个月由老师带队，到村子里吃一次晚餐，跟老爷爷、老奶奶聊学校的课程及趣事。放长假时，老年人村热闹非凡，在村里居住的老年人的亲属从各地赶来，大家齐聚一堂，他们陪长者吃饭，有的还小住几天，老年人们借机享受含饴弄孙之乐，与儿孙们话话家常，其乐融融(徐英姿，2008)。总之，村里的老年人可以自由地选择喜欢的生活方式，享受快乐而充实的晚年生活(康轶群等，2020)。

7.1.3　日本

日本是亚洲国家中第一个进入老龄化社会的国家，目前也是全球老龄化程度最高的国家。20 世纪 50 年代，日本的老龄人口占总人口的比例不足 5%，而到了 1970 年，这一比例超过了 7%，进入了老龄化社会，而后在 1994 年老龄人口占总人口的比例进一步增长到 14%，进入深度老龄化社会。日本政府统计数据显示，截至 2021 年 9 月，该国 65 岁及以上老年人口达到 3640 万人，占总人口的近 30%。由于日本老龄化开始较早，日本政府也较早关注养老问题，在各方面给予一定的支持。在经济形势好时，给予养老产业财政支持，并完善相关制度；在经济低迷时，利用社会力量等方式解决资金问题。日本政府一直致力于引导、开拓老年经济，至今也逐渐形成了与之相应的医疗看护、养老居住、老年旅游等养老产业链。在日本，大多数中低收入的老年人选择生活成本相对较低的养老院。针对中产阶层老年人，日本分类建设个性化的商业养老院，包括看护型养老院、住宅型养老院和健康型养老院。同时，日本旅游业面向退休老年人，专门开设针对老年人的旅游项目，根据老年人的身体特点提供适合老年人身体需要的旅游运动项目，如观光摄影等较轻松的短途旅行(向甜，2013)。日本政府已将其中部分产业定为日本经济未来的增长点，并希望通过抢占先机，将相关产业建设成为日本的优势项目，参与未来国际竞争(天津经济课题组等，2015)。2010 年 6 月，日本政府公布的《21 世纪复活日本的 21 个国家战略项目》，将看护产业作为新兴的服务产业以拉动未来经济的发展。这一战略的实施带动了一批"老年人用品专卖""老年餐饮专营""老年人之家管理咨询""养老服务人员培训"等企业发展，成为日本经济未来的增长点，以确保养老制度的持续性。

为了缓解人口压力带来的社会养老问题，日本在养老领域积累了丰富而成熟的经验，其中乡村旅居养老模式成为日本众多养老模式中较受老年人欢迎的一类。说到日本的乡村养老模式，就不得不提日本乡村旅游产业的发展。20 世纪 30 年代乡村旅游在日本发轫，随后日本学者青鹿四郎最先提出"农业观光"这一概念，标志着日本学界正式开启了对乡村旅游的研究。根据日本乡村旅游的发展程度与规模，有的学者将日本乡村旅游的发展分为兴起阶段、转型发展阶段、多元发展阶段(李巧莎，2020)。首先，兴起阶段处于 20 世纪 50～80 年代，此时日本正处在战后重建时期，由于工业化和城市化的发展，日本社会内部形成了巨大的城乡差距，大量农村中青年劳动力流向城市寻找出路，农村出现空心化，老年人、妇女、儿童成为农业和农村发展的主力，农业后继乏人现象日益严重。20世纪70年代，石油危机给日本带来沉重打击，日本政府开始意识到农村经济的发展并未消耗大量能源并尽可能地减少财政依赖。在这些综合因素的交织作用下，日本乡村自发地出现了以重新振兴农村为目标的"造村运动"。日本"造村运动"旨在以发展农村产业为手段，促进地方经济发展，以振兴逐渐衰败的农村为目标，并以此为起点实施农村城市化的发展道路。当时的日本，财政力量越来越弱，仅凭财政投资和信贷改变地区差异也越来越难，而农村自发出现的"造村运动"恰好可以在不消耗大量能源和财政支持的前提下继续实现乡村的自我完善和发展。日本"造村运动"主要从以下两个方面来推进：一是大力推进农村城镇化，以吸引农村青壮年劳动力，同时积极发展地方特色产业；二是加大建设扶持力度，决定以振兴产业为手段促进地方经济的发展，使逐渐衰败的农村重新振兴起来。日本通过"造村运动"，着重保护生态环境、美化乡村景观，并充分挖掘当地特色文化的潜在价值，形成乡村旅游发展的基础（朱红根和宋成校，2020）。然而，这一时期的乡村旅游以观光体验型为主，并未过多涉及康养产业。直到20世纪80年代，随着日本老龄化社会程度的不断加深，一些以老年公寓为主题的大型度假村才相继建成。但是由于日本国土面积狭小，且地形崎岖，故而适宜耕种的土地较少，在这样的背景下，当时的日本法律规定农业用地不得用于非农建设。所以经营者将公寓内的"住宿小屋"称为"休闲小屋"，以规避法律的制裁（雷鸣和潘勇辉，2008）。20世纪90年代，日本乡村旅游迎来了转型阶段，从过去的观光型旅游逐渐发展为休闲型旅游。与观光型旅游通过农村独特的自然风光吸引游客不同，休闲型旅游更加注重满足游客的高层次需求。如果说过去农村住宿仅仅是人们到乡村旅游后的"附属品"，那么此时的乡村旅居生活已经逐渐成为主流。这一时期，乡村旅游与养老产业的结合成为一大特色。20世纪90年代，在日本第一波"婴儿潮"中诞生的人群正处在中老年时期，强烈的乡愁感使得他们对乡村养老模式更加青睐，更愿意选择到乡村度过自己的晚年。进入21世纪，随着生产技术的不断提高，人们更加注重获得精神与文化方面的体验。根据日本内阁办公室对日本老年人的调查，人们对生活的偏好逐渐从有形的物质层面转变为无形的精神层面。例如，在日本内阁办公室2011年的一项调查中，60%以上的受访者寻求精神上的富裕，而对有形商品的偏好则下降到31%。1973年，有形的物质层面和无形的精神层面的数值分别为35.3%、40.3%。为了迎合这一趋势，日本乡村养老产业更加注重旅游产品的高层次、专业化、精品化开发。通过将乡风民俗、传统文化与乡村养老产业结合，以满足旅居者的精神需要。

在日本，发展乡村旅居养老模式还具备组织上和法律政策上的支持。首先，日本在1947年成立了基础最广泛的农民互助合作组织——农业协同组织，还制定了《农业协同组合法》，不仅负责农业生产信息的提供、生产技术的指导，还提供农村金融服务，从事农村医疗保险、文教和各项社会福利事业，这为农村发展养老产业提供了有力保障。其次，随着城市化进程的加快，对应市民农园的需求高涨，1989 年通过了《特定农地贷付法》，允许农地以小面积和短期为条件面向市民大众实行租赁，地方公共团体和农协积极推广市民农园。1990 年，日本政府通过《市民农园整备促进法》，使得市民农园的法律制度更加完整，推动了城市居民到农村建设属于自己的农田菜园，促进休闲农业、体验经济的发展，这一法案的颁布对城市老年人到乡村休闲养老形成了重要推力。再次，日本政府构建了建筑标准、养老标准、介护标准三个层次的法律框架，保障养老地产的建设和运营，颁布的《介护保险法》规定了介护保险的适用范围、各级别介护费用以及申请介护保险的住宅硬件条件。介护保险是日本养老产业的主要支付方，利用介护保险为入住老年人提供服务是经营养老地产的关键[①]。在日本，养老房产市场主要分为两种类型。一类是休闲疗养型养老房产，多依托日本特有的温泉、海滨和森林风貌，利用目前日本乡村人口减少、空余土地较多的特点，以低廉价格供应房屋，如东部的千叶、神奈川和静冈等名胜地有不少养老房产项目，仅需人民币数十万元，即可购买一套数百平方米、带有菜地和花园的现房别墅，开发商还会辅以相应的医疗、生活和娱乐设施。另一类是充分考虑医疗看护功能的房产项目，其中涉及房间装修、家具家电、看护设备的预留位置和接口、室内无障碍设计，以及安防和报警装置等。一些开发商抓住这一商机，或是为逐渐步入高龄的用户提供全套房屋改装服务，或是将此类设计融合于带有养老特色的房产项目出售（天津经济课题组等，2015）。最后，日本的养老金制度是一个双层结构，第一层是强制性的国民年金，通过《国民年金法》(1985)保障全体社会成员享受同等条件的养老保险政策；第二层为自愿加入的基金制。双层结构包含四种项目：国民年金、共济年金、国民养老金基金、农民年金。故而，从模式来看，日本养老保险多元化，既有强制性的国民年金，又有自愿加入的基金制，基本满足了乡村养老保险需求（朱红根和宋成校，2020），保障了全体国民晚年生活的收入来源。

7.1.4　德国

根据德国联邦统计局的数据，2020 年德国人口总数为 8320 万人，65 岁及以上人口数量为 1800 万人左右，占总人口的 21.6%，略高于欧盟的平均水平。这一比例在未来 20 年内还将继续增加。数据分析显示，德国人口平均年龄将从 2020 年的 44.6 岁增加至 2040 年的 45.9 岁。根据联合国的数据，目前在德国，每 20 个人之中，就有一个人超过 80 岁。到 2050 年，德国每 6 个人之中就会有 1 个

---

① 明源地产研究院. 日本和美国是怎么做养老地产的，对我们有什么启示？[OL]. [2019-5-28]. https://baijiahao.baidu.com/s?id=1634737985570275355.

人超过 80 岁。作为人口老龄化较严重的国家之一，德国为了解决老年人的养老问题，推出了养老村的建设。

德国著称于世最酷、最人性化的养老村——福利德纳村（罗毅，2019），位于德国西部的莱茵兰地区，这里不仅风景如画，而且与附近的大城市杜塞尔多夫和艾森都有一定的距离，这使得福利德纳村远离了喧闹的城市中心和人群，安静坐落在郊外的一角。福利德纳村在面临居住人口极少而带来的空心化、产业经济萎缩化的背景时，很好地借助乡村更新计划政策，利用空心这一乡村特色营造养老村，打造优质的康养设施和社会服务，利用得天独厚的自然生态环境，将村子整体规划成为一个宜居的康养基地，将养老功能与乡村融合起来，实现了乡村产业经济的繁荣发展（翟一鸣，2021）。福利德纳村从 1987 年开始规划建设，村子以 T.F.基金会的创立者"福利德纳"的名字命名。福利德纳村是一个容纳了多种社会服务设施的综合服务基地，村子内包含了公寓、超市、交友社等基础设施，也具备护理、精神治疗、重症陪护等功能[①]。福利德纳村不是单纯的养老院、护理场所或精神病院，而是一个具有浓郁生活气息的生活化的村庄，这里把养老功能和村子很好地融合了起来，使住在这里的老年人享受着平静的晚年生活，他们感觉就像住在自己家里一样（刘川枫，2022）。德国福利德纳村不仅接纳身体健康的老年人，而且也接纳身体残疾的老年人、精神或智力有障碍的老年人。截至 2022 年，福利德纳村有 600 多名居民居住。其中有 200 多名老年人，150 名左右的残障人士，40 名左右的精神病患者，另外还有 200 多名陪护家属和义工以及专业的服务工作人员。福利德纳村的特点主要包括如下四个方面。

第一，丰富多彩的休闲娱乐活动。每天都安排有多个节目，如记忆训练、休息体操、游戏、烘焙、唱歌、跳舞……使老年人既参与了活动，又充分地展示了自己的才艺和特长。村里的大厅是一个公共大舞台，经常会进行电影播映、时装表演、周末舞会、戏剧演出，老年人们可以主动登台表演，在舞台上扮演自己喜欢的角色。福利德纳村还有专门的交友社，为村里居民提供日常社会交往服务。在这里，老年人可以结识到志同道合的新朋友，一起聊天、购物，达到缓解孤独和寂寞的目的。村子之外社会各界的志愿者也可以参与交友社，因此，老年人通过交友社可以接触到更多的人和活动，如农业收获、花园园艺等。村里还有小酒馆，给来这里小酌的老年人提供午餐和咖啡等服务，并且可以包场开私人酒会。对有宗教信仰的老年人，这里还提供与宗教相关的帮助，且村里的小教堂会接纳不同教派的信徒们。

第二，提供满足人性化、适老化设计的多功能住宅。为了满足不同生活需求和使用需求的老年人，在老年人护理区包含 12 栋不同建筑风格和功能的房屋，可提供 210 个不同护理需求的床位。为了方便轮椅出入，所有的房子都是无障碍

---

① 德国：福利德纳村融合养老功能的实践[M]. 四川科技报，2021-04-09(6).

通行。每间房屋内部设有一个小厨房、餐厅、客厅，并有一个公共区和一个花园区。几乎所有公寓都位于地面层，有一个小阳台、小温室和绿地出入口。大部分客房是单身公寓，并设有独立浴室，以及电话和有线电视。屋内设置了许多老年化的产品，如起夜灯、晕倒报警、扶手等(林泽宇，2021)。除了基本的设备，如护理病床、床头柜和衣柜之外，服务部门可根据公寓大小(最多 33m^2)，并按照个人需求，设计和安装量身定做的家具(高荣伟，2022)。

第三，优质的医疗护理服务。德国福利德纳村有专业的医疗人员和护理人员，在老年人选择到福利德纳村养老时，医疗人员和护理人员会全面检查老年人的身体健康状况。护理人员都是经过考核后持证上岗，负责老年人的生活照料和定期上门查看。一旦老年人需要紧急或特殊的护理，相应的服务设施和人员都会及时到位，护理人员会与每位老年人的家庭医生或治疗师交换意见，同时，会与老年人曾经的医生、药房、治疗室接触，以全面掌握老年人的病理情况，从而为他们提供定制化的护理服务。护理人员不仅会在日常生活中细心地照顾老年人，还会对老年人进行有针对性的护理服务(高荣伟，2022)。2012 年，德国福利德纳村建设了专门的"精神疗养花园"，花园占地 1100m^2，是莱茵兰地区第一个具有医疗功能的疗养花园，利用自然植物和辅助设施进行精神疗养，"精神疗养花园"是一个对老年人，特别是老年痴呆症患者有很大疗养作用的花园。

第四，公平合理的收费方式。德国福利德纳村针对不同家庭经济情况的老年人、不同护理需求层次的老年人采取差异化的收费方式，既兼顾了老年人的经济承受能力，又兼顾了养老服务市场定价的原则。对于经济条件差、需要社会救助的老年人，将他们的养老服务视为政府性的社会救助项目，通过该项目的支持入住福利德纳村的老年人，他们的费用由莱茵兰地区的政府财政支付；对于具备一定经济条件、申请一般养老服务的老年人，他们申请一般住房的费用基本按照当地的房价行情来确定，且产生的费用可从个人养老保险金中扣除，这无疑会降低老年人的经济压力和负担；对于经济条件良好、申请高级住房或是特殊护理住房(如森林小屋)的老年人，他们就需要为享受更高质量的住宿条件和护理服务额外缴纳一部分费用(陈颖，2021)，一般而言，房价水平是当地的同档次住房平均房价的 1.5～2.0 倍。基本的护理费用，都可从养老保险金里扣除。少数有特殊护理需要的老年人，需支付比较高的护理费用。

7.2　国内乡村休闲养老产业发展情况

7.2.1　浙江省丽水市

1989 年，丽水步入老龄化社会的节点，比全国提前了整整 10 年(崔璀和郑琳健，2014）。21 世纪头十年，丽水老年人口年均增速为 5.07%，远高于全省和全国水平，增速全省排名第一（周爱飞，2012）。根据第七次全国人口普查数据，浙江省 60 岁及以上老年人口为 12072684 人，占浙江省总人口的 18.70%，上海 60 岁及以上老年人口为 5815462 人，占上海市总人口的 23.4%，到 2040 年长三角地区老年人口约为 3730 万人。可见，现在及未来，丽水养老旅游市场拥有相当数量的老年消费群体和市场需求。同时，丽水发展休闲养老市场在自然生态资源、自然人文景观、资源禀赋、生活水平和政策扶持五个方面具有优势。

第一，在自然生态资源方面，丽水地处浙江省西南部，被誉为"浙南林海""华东天然氧吧""浙江绿谷"，是华东地区地级市中首个国家级生态示范区。习近平总书记在主政浙江省期间曾先后 8 次到丽水市调研，谆谆告诫当地干部"绿水青山就是金山银山，对丽水来说尤为如此"。丽水市素有"中国生态第一市"的美誉，为此，丽水市将生态旅游业确立为第一战略支柱产业，作为打开"两山通道"的金钥匙。2021 年上半年，生态环境部公布的数据显示，丽水市空气质量排名全国第五，在浙江省 55 个县级城市数据中，丽水市的龙泉、庆元、景宁、遂昌空气质量包揽前四名，云和空气质量排名第六。丽水市境内农村山地空气质量环境符合国家一级标准，城镇区域空气环境质量优于或者达到国家二级标准。丽水的地表水考核断面水环境质量位列全国第 13 名，是浙江省唯一进入前 20 名的城市，水环境质量稳居全省第一、全国前列。

第二，在自然人文景观方面，丽水市拥有莲都东西岩景区、古堰画乡景区、龙泉山旅游度假区等国家 4A 级旅游景区 22 家、3A 级景区 33 家、2A 级景区 6 家，森林公园 14 个，其中国家级森林公园 5 个、省级森林公园 8 个、市级森林公园 1 个，全市获省级森林特色小镇的创建镇 10 个、省级林业观光园区 30 个、市级林业观光园区 63 个、省五星级森林旅游区 1 个、四星级森林旅游区 2 个、三星级森林旅游区 3 个，市星级特色森林旅游基地 14 个，丽水市"林家铺子"旅游点 36 处；龙泉凤阳山、龙泉披云山、松阳箬寮、庆元百山祖、庆元千岗峡大杉木林、庆元马蹄岙天然阔叶林、遂昌神龙谷、景宁望东垟、景宁大漈古树群被评为浙江最美森林。丽水的古堰画乡、青田石雕、缙云仙都、云和梯田、遂昌金矿、景宁畲乡、庆元百山祖、松阳箬寮以及龙泉的青瓷和宝剑等，这些旅游目的地吸引着杭州、上海、南京等各地的游客。目前，丽水已成为长三角，特别是上海的"大花园、大果园、大菜园、大乐园、大创业园"。上海已经是丽水旅游最主要的客源地之一，两地多年来在旅游业一直有着密切的交流与合作。特别是随着高铁的开通，人们从上海到丽水仅用两个半小时，就能从快节奏的繁忙都市中脱开身来，到世外桃源般的诗画田园里享受惬意漫游。

第三，在资源禀赋方面，丽水面积为 1.73 万 km^2，占浙江省陆地面积的 1/6，是全省面积最大的地级市。在水资源方面，丽水市水资源丰富，多年平均水资源量为 184.6 亿 m^3，占全省水资源总量近 1/5，人均水资源量为 7600m^3，分别为浙江省人均水平的 4 倍和全国人均水平的 3.5 倍。在森林资源方面，丽水市素有"浙南林海"之称。全市森林覆盖率达到 80%以上，活立木蓄积量为 8597.03 万 m³，其中森林蓄积 8402.88 万 m³，占活立木总蓄积的 97.74%。乔木林单位面积蓄积量为 4.8m³/亩，其中天然林为 4.3m³/亩，人工林为 5.3m³/亩。同时，丽水的水果产业发达，处州白莲、莲都蜜橘、仙渡仙桃、太平白枇杷、青田杨梅、缙云仙桃、云和雪梨及遂昌红提等为主要代表品种的产业化区域格局发展壮大，另外，丽水也是厚朴、元胡和茯苓等名贵养生中药的主产区。

第四，在生活水平方面，丽水和衢州地处浙江西南山区，受制于地理区位等因素，经济发展水平相较省内发达地区相对落后，可以说，丽水和衢州是浙江省内经济欠发达地区。2020 年，丽水市全体居民人均生活消费支出为 25940 元，仅排在衢州市（21029 元）之前，位列全省地级市倒数第二，与此同时，上海市居民人均消费支出为 42536 元，杭州人均生活消费支出 38235 元，分别是丽水市的 1.64 倍和 1.47 倍。可见，丽水市的生活消费水平还是相对较低的，这成为丽水市吸引外地人到丽水养老的一大优势（江建秧，2016），毕竟外地老年人能够"质优价廉"地在丽水进行休闲养老，无疑是一种划算的养老方式。

第五，在政策扶持方面，从 2009 年起，丽水市委、市政府与中国社会科学院合作开展"丽水市发展生态休闲养生养老经济战略研究"的课题研究，并在 2012 年发布了正式规划——《丽水市生态休闲养生（养老）经济发展规划》[①]。在该规划中提出构建"1285"体系，打造养生养老之城，"1"是指发展养生经济的一个总体规划目标，即到 2030 年，力争打造"中国生态休闲养生（养老）第一市"；"2"是指两大平台，即休闲旅游景区、养生（养老）基地；"8"是与三大平台相对应的休闲养生八大产业，包括生态休闲旅游业、养生（养老）房产业、养生（养老）医疗与健康管理业、养生（养老）教育培训业、养生（养老）文化业、生态养生农业、生态养生林业、养生（养老）用品制造业八大养生经济产业；"5"则是指"5 养"，即小养、体养、食养、药养、文养[②]。2011 年 3 月，《丽水市国民经济和社会发展第十二个五年规划纲要》特别强调"培育壮大休闲养生产业"，提出休闲养生旅游业发展"821 工程"[③]。丽水市以市场需求为导向，以生态环境为基础，以高等级景区和省级旅游度假区为主要依托，把握"老龄社会到来"的时代趋势，完善生态休闲养生（养老）经济发展的相关政策体系，大力发展教育培训、休闲娱乐、医疗养生、健康管理以及休闲养老房产等休闲养生产业，加快建设大型休闲养生养老基地，打造国内外知名的"休闲养生乐园"。2022 年 2 月，《丽水市老龄事业发展"十四五"规划（2020—2025）》指出，促

---

① 丽水市发展和改革委员会. 丽水市生态休闲养生（养老）经济发展规划[OL]. [2012-04-18]. http://fgw.lishui. gov.cn/art/2012/4/18/art_1229234088_56600195.html.
② 浙江日报. 秘境丽水纯净来袭[OL].[2015-9-30]. http://zjrb.zjob.com.cn/html/2015-09/30/content_2914972.htm?div=-1.
③ "821 工程"，即打造八大旅游综合体、建成 20 个以上国家 4A 级旅游区和省级旅游度假区、建设 10 个生态休闲养生基地。

进养老服务与健康、养生、文化、旅游、体育、休闲、家政等产业的融合发展，推动传统旅游业向养生、养老、休闲、度假、康体等复合型旅游转变，设计推出适合老年人的旅游产品。同时，加强"康养 600"小镇建设，着力打造一批功能齐备、优势互补的"康养 600"小镇集群，重点建设白云森林康养小镇、灵康杏福康旅小镇等，逐渐形成丽水"康养 600"体系。

总而言之，丽水立足于得天独厚的生态环境优势，在旅游养老领域进行了实践探索并取得一定成效。当地政府目标明确，旨在打造山水型中国养生(养老)第一市，注重建设休闲旅游景区和养生(养老)基地，将养老设施与服务融入景区。政府开展生态休闲旅游业、生态体验农业以及养生健康管理、教育培训、娱乐活动；主动打造食养、水养、文养、体养、药养融合发展的品牌格局。政府首先制定了当地发展规划，主导建设了一些复杂的重点项目后，采取企业直接投资、委托经营管理或者开发闲置土地和农房等方式，打造了森林型、临湖型、环岛型、古镇型、宗教型等多样化健康养老机构，形成多元化、多层次的生态养生(养老)养心服务体系(田春来，2014)，全力推进旅游景区、养生(养老)基地、养生乡村三大建设。政府还通过对适合老年人养老居住的"养生乡村"各项条件进行评级认定的方式给予乡村一次性资金奖励，其旨在发挥评级养生乡村的示范带动作用，鼓励有条件的乡村模仿发展。这种发展模式由政府主导与带动，政府在乡村休闲养老社区建设中发挥了较大的作用。

7.2.2 杭州市临安区

九思村位于浙江省杭州市临安区 4A 级景区天目山境内，海拔 400～500m，九思湖是全村的核心景观。九思村距离天目山景区南门约 3km，距离临安 1 个小时的车程。2005 年 2 月，杭州联众农业技术开发有限公司(简称联众公司)与九思村的 8 户农民达成协议，合作共建乡村度假公寓——"城仙居"。2005 年 6 月，九思村书记带头拆了自己的房子，并与联众公司签订了新建农家公寓共同开发农家乐的合同，以此"联众模式"正式迈出了第一步。"联众模式"是社会资本参与农村建设的有益探索，也是显化农村宅基地财产权的地方实践典范(胡大伟，2020)。针对"联众模式"是否符合现行的土地管理方面的法律法规这一问题，浙江省自然资源厅政策法规处表示，"城仙居"的实质是农户将自己的房屋使用权交由企业统一出租经营，符合一户一宅的规定，也没有占用耕地。目前看来，联众公司等企业的操作模式与《中华人民共和国土地管理法》并无直接抵触，对促进农民增收、改善农民居住条件也能起到一定的积极作用。故而，"联众模式"这种新型的农村休闲产业模式，不仅缓解了大城市的养老压力，而且为农村经济的发展、农民增产增收开创了一条新路。

首先，联众公司支付保证金，打消村民拆房的顾虑。由于参与合作的农户必须自行拆除自家的旧房屋，这难免使他们心生顾虑和担心，农户害怕万一拆除房屋后一无所获且无处可住。为了打消农户的顾虑，由联众公司支付给每个参与农户 2 万元保证金，并承诺如果公司没有出资给农户代建新房，2 万元保证金则全归农户所有，同时，联众公司和愿意合作的农户签订《合作框架协议》，就旧房拆除、新房审批、新房设计、新房施工、新房利用和权益分配、房屋的修缮与管理、宅基地或房屋产权的转让、宅基地及其房屋的继承、宅基地的征用与补偿等达成一致，明确双方的权利和责任(姚如青，2015)。

其次，由联众公司出资对所在村庄进行整体规划设计，农户作为建设主体申请建房审批手续，在合法取得审批手续之后，借用联众公司的建设资金，委托联众公司代为设计和施工，帮助农户在原宅基地上按统一标准进行新建装修，使旧房破房变为乡村别墅。九思村住房包括村民住房和"城仙居"项目按照"围湖而设、依山傍水"进行布局。同时，联众公司还出资整治村里的河沟、荒池、溪流、污水排放系统，修建停车场，设置太阳能路灯，硬化道路，建设停车场和中心广场、生态厕所，新建医疗服务站，改善村里的医疗卫生条件。乡村酒店规划建设初期定位目标客户为大众人群，相应设施并未对老年人群体有所考虑，因此公司在后续增加了健身器材、农作物种植区以及垂钓区等配套设施(李桂超，2017)。新建成的农户住房层数由原来的 1 层或 2 层变为 4 层，采用钢筋混凝土结构，产权仍归农户所有，房间内部统一按宾馆标准间建造，其中，一楼交给农民自己住，并为旅居者提供了餐厅和集体厨房等公共设施，餐厅由农民经营，2~4 楼 12 间房 30 年的使用权和经营权交由企业统一对外经营，在 30 年使用期内，联众公司把这些房间用于休闲养老产业。在 30 年经营期届满后，所有住房经营权统一归还农户。在 30 年的经营期内，村民房主每个月还可以从联众公司拿 650 元工资，管理 2~4 层的房间。如有客人居住，每打扫一个房间，公司另支付 10 元的服务费(李松柏，2012)。农户还可以直接将土鸡、山核桃等土特产品转化为商品销售给客户。

最后，联众公司将一定年限的使用权或分时度假权益销售给老年度假者。每个城市居民与联众公司签订《城仙居会员协议书》，在支付 5 万~6 万元入会费后，就可以拥有一间房间(30 年的居住权)。同时，每个城市居民还需每年缴纳年费，这些年费主要用于房屋主体的维护、公共设施的日常运作及维护保养、公共卫生、绿化管理、管理人员的工资、俱乐部服务等费用。联众公司旗下的"城仙居"乡村度假连锁体系，采取"交换"模式，老年客户可在联众公司旗下任意一家"城仙居"居住。如果不住，可交给联众公司代为出租，获得租金收益。除了九思村的九思湖畔外，目前发展的还有天目山风景区大有村的大有桂谷、临安区潜川镇青山殿村的柳溪江畔、临安区横畈镇立塔村的立塔人家、临安区西天目乡西坑村的西坑云海、杭州市淳安县千岛湖金峰乡阔畈村的金山碧湖、湖州市德清县莫干山镇何村的春风何村及其他休闲养生项目，其间还收购并改造了西天目山景区的浮玉山庄宾馆(夏昱贤,2009)。

7.2.3 北京市怀柔区

北京市怀柔区渤海镇田仙峪村位于箭扣长城脚下,与著名的慕田峪长城相距仅3km。该村北侧紧邻山麓,山间果林茂盛,4月山桃花盛开,漫山芬芳。山上险峻秀美的箭扣长城是登山观长城的好去处,也是户外摄影爱好者的天堂。龙潭和珍珠泉两大天然泉水发源于此,常年奔流不息。田仙峪村四面环山,田仙河从村中流过,山清水秀,风景秀丽,空气清新,远离城市的喧嚣。村落历史长达600多年,截至2022年6月,全村有383户740人。田仙峪村中心有一棵高高的古老槐树,这棵槐树于500多年前种植,是村里的标志。田仙峪村距离北京北三环65km,沿京承高速、京密路、怀昌路皆可到达,交通极为方便。在产业发展方面,田仙峪村从最初的依靠虹鳟鱼水产特色养殖发展到集民宿、农家乐餐饮服务、休闲娱乐以及种鱼育苗等于一体的多元化产业之路。随着国家环保政策力度的不断加大,田仙峪村的水产养殖逐渐受到限制,与此同时,随着快速城镇化战略的持续深入推进,大量农村劳动力外出务工,田仙峪村的很多农宅被长期闲置,村子中有超过两成的闲置房屋,导致田仙峪村慢慢走向空心化村落。这些闲置的房屋不仅不能出租或者出售带来经济收益,而且还要产生定期打扫卫生等管理维护带来的经济开支。在这样的背景下,政府部门对田仙峪村发展旅游接待和乡村休闲养老产业给予了大力的支持。2013年,田仙峪村成功获得北京市农村养老项目的试点资格(刘鲁和吴必虎,2021)。2014年,国奥控股集团股份有限公司入驻田仙峪村,田仙峪村成立了北京市首家养老农宅合作社,将闲置农宅统一出租给养老农宅合作社管理,并引入社会资本参与投资开发,将闲置农宅重新装修改造,实行保护性开发,打造成一个远离城市且别具特色的休闲养老社区,通过"农户+合作社+企业"的经营模式,建立起农民所有、合作社使用、企业经营、政府监督四位一体的运行模式(李俏等,2021)。2015年,乡村休闲养老社区新模式在田仙峪村投入运营,田仙峪村基本保留了京郊乡村院落的原有格局,打造"院落+田园"的特色田园养老方式。田园养老,是指依托农村资源和田园生活空间,让老年人亲近生态环境,享受自然之美,并在和谐的自然和人文环境中实现生理、心理健康的一种积极养老模式,其本质在于养老活动回归自然与其带来的城乡互动效果。田园养老社区吸引广大城市人群的到来,新的思维、新的观念、新的模式随之在这里汇聚交融,有效地促进了乡村资源的旅游开发与利用(米傲雪,2020)。田仙峪村休闲养老社区的服务群体定位为具备中高收入水平、身体健朗且希望享受到高品质生活的城市老年人。具体而言,田仙峪村休闲养老社区存在如下特点。

第一,由企业按照一定标准,认定可以进行改造的房屋。村委会将可以改造房屋的户主组织起来，成立北京田仙峪休闲养老农宅专业合作社，由农户将闲置房屋自愿流转至合作社并成为合作社的一员；养老农宅合作社专门成立评估小组，到各家实地考察，制定出一套高于市场价格的出租方案。

第二，养老农宅合作社引入有实力、有规模、有经营管理经验的优质社会资本国奥控股集团股份有限公司作为投资和经营的企业，投入资金改造房屋。国奥控股集团对 30 个院落进行了改造，在农宅改造过程中，"休闲、养老"是主题，在注重保护传统村落风貌的同时，充分融入乡愁元素，外表"土味"十足，室内雅致不俗。通过对老年人心理需求和生活需求的分析，以老年人过去的社会角色、职业工作、学识才能和爱好为主题，策划了"老村民""老将军""老学者""老摄影师""老男孩足球俱乐部""老酒友""老画家"等一系列别出心裁的主题庭院，满足不同住户的需求（周京蓉，2017）。昔日闲置的农宅已经改造成各具特色的院落，茶道、戏曲、中医元素融入依山傍水的村落中，选择在这里养老的市民将开始他们的田园式养老生活。

第三，田仙峪村在配套设施上也下了不少工夫。田仙峪村委会闲置办公楼已改造成社区综合服务中心，在社区综合服务中心内，设有公共食堂、休闲酒吧、餐吧、洗衣房等公共服务设施。两处闲置的宅基地则改建成卫生服务站。卫生服务站配备了专业的医疗设备以及医疗人员，所有入住的老年人通过办理简单的手续，就可持医疗保险卡在相应卫生服务站就医。每位老年人都配有 GPS 定位腕表，可在村中活动或附近游玩时得到进一步的安全保障。

第四，吸引社会投资对闲置农宅进行改造后，将农宅租赁给城市老年人进行休闲养老。田仙峪村约有 1/3 的院落作为长租房供市民长年租用以供其居住养老，其他的院落以体验式居住的方式出租，入住时间可长可短，供老年人自选（肖涌锋，2016）。短租价格为每年 6 万～9 万元，长租时间为 20 年，价格为 120 万～150 万元。社员不仅取得了房屋租金收入，还可以获得一定的收益分红。公司每年将营业利润的 10%交给养老农宅合作社作为村民的年底分红，再由合作社对此项收益进行分配，流转闲置农宅的社员占总分红的 10%，剩余的 90%由全村农户共同分配。

第五，采用"农户+合作社+企业"的发展模式。农村闲置房屋所有权、使用权、经营权"三权分置"，农民的闲置房屋流转到养老农宅合作社，改造后的房屋用于城市老年人乡村休闲养老居住，社员能够从养老农宅合作社获得房屋租金并参与收益分红。在农村集体经济组织的领导下，田仙峪村与社会资本展开合作，形成了专门的乡村休闲养老社区（魏明俊，2015）。田仙峪乡村休闲养老社区在运营管理上，实现大胆的创新，通过引入合作社的方式完美地解决了宅基地使用权、房屋所有权以及管理经营权三者之间的矛盾关系，构建了村民所有、合作社使用、企业经营和政府监督的运营模式（徐丹，2019），这种方式将农户、农村集体、企业三大主体联系起来，使得农民的交易安全有保障，农户出地或房屋，养老农宅合作社进行统筹收集，将整理过后的农村闲置资本与社会资本、外来企业对接，农投企业拿到土地或房屋之后开展组织经营管理活动，养老农宅合作社定期将一定比例的收益交予农民分红。多方合作，协同推进，交易安全，收益有保障，该发展模式在运行过程中能够得到多方的支持。

7.2.4　浙江省湖州市

湖州地处太湖南岸，东邻嘉兴、南接杭州、西依天目山、北临太湖，素有"极目千里秀，林木十里深"之美誉。在交通区位方面，因沪苏湖铁路开通运营，坐高铁到上海仅需 30 分钟，宁杭高铁也早已使湖州到杭州的行程仅需 20 分钟、到南京 40 分钟，由此可见，湖州地处长三角中心区域，区位优势显著。在自然文化方面，湖州是一座拥有 2300 多年历史的江南古城，拥有众多的自然人文景观，如莫干山、安吉大竹海、南浔古镇等。在生态环境方面，湖州的气候很好，它地处北亚热带季风气候区，植被常绿、温暖多雨、四季分明，气候特征与上海和杭州地区基本相似，甚至更优于上海和杭州。湖州年平均气温为 14～22℃，即使是北方人居住，也会很快适应。元代著名诗人戴表元曾作诗"行遍江南清丽地，人生只合住湖州"，对湖州优良的人居环境给予了高度赞誉。2005年 8 月 15 日，时任浙江省委书记习近平到安吉县余村考察时，首次提出"绿水青山就是金山银山"的科学论断。2014 年 6 月 25 日经国务院批准，国家发改委等六部委联合下发了《关于印发浙江省湖州市生态文明先行示范区建设方案的通知》，浙江省湖州市成为全国首个获批建设生态文明先行示范区的地级市，也是当时唯一一个全市整体推进的国家级生态文明先行示范区（姚应祥，2017）。可见，湖州市对于发展休闲养老产业非常具有优势。

1. 湖州市长兴县水口乡顾渚村

浙江省湖州市长兴县水口乡顾渚村以低端农家乐集群为特色，是长三角老年人季节性养老的理想目的地。顾渚村休闲养老产业的兴起具有一定的偶然性。1993 年，上海市的一位老中医吴瑞安想找一个山清水秀、适合低收入老年人群体的康养之地，在走访和参观了很多地方后，最终选择了顾渚村，然后，他筹资 30 万元创办了老年乐园。由于区位优越、环境优美、价格公道、康养效果良好、相关服务配套设施比较完善，吸引了越来越多的城市老年人到顾渚村进行短期休假、季节性休闲、长期度假养老，其中，近六成老年人来自上海，每年接待以上海为主的老年游客达 201 万人次（方园等，2019），被称为"上海村"。随着顾渚村在休闲养老圈的名气越来越大，苏州、南京、杭州等长三角地区的老年人也纷至沓来。客源的快速增长刺激市场供给，顾渚村村民纷纷自建农家乐，逐步形成长三角著名的休闲养老产业集群。到 2017 年，顾渚村农家乐已增长到 600 多家，顾客遍及长三角各地，每年接待游客 300 多万人次，每家农家乐纯收入为 10 多万到 100 万元不等，经济效益明显。顾渚村休闲养老产业兴盛的原因包括如下六个方面。

第一，顾渚村天然的地理、自然优势。顾渚村背靠顾渚山，位于苏、浙、皖三省交界处，距离上海大约 150km 两个小时的车程，东临太湖，西靠大山，受太湖调节作用的影响，这里夏季温度比城里低 3～5℃，整体气候温和，冬暖夏凉。顾渚村的植被茂盛，林木覆盖率超过 90%，负氧离子丰富，是大自然馈赠的天然氧吧。村里有小溪流淌，有竹林果园，环境优美，四处都饱含乡村农家韵味。

第二，自主经营，主动创新。顾渚村打破了传统对于农村休闲的看法，不是单纯地吃农家饭、住农家屋、做农家事、看农家景，而是采取了"农家乐协会+农户"的模式，着力打造细节和品牌，把农村养老休闲生活打造得更精致与高端，同时，也不失去乡土气息。

第三，制度创新，调动农户规范化经营热情。①实行积分制度，调动村民积极性。长兴县水口乡人民政府和县文旅委对纳入积分制度管理范畴的农家乐采取季度普查、月度抽查、随机检查的方式督促农家乐规范经营。在重大节日、旅游高峰期，乡人民政府、县文旅委也会进行随机抽查，对于年总考核平均分达到 85 分的农家乐在贷款、教育培训等方面会大力扶持；95 分以上的农家乐将在贷款额度与利率上给予倾斜；在评选中获得省级四、五级的农家乐，会被优先推荐纳入职工疗休养基地名单。②实行"拆改结合，破立并举"发展模式，当地通过"拆"腾出公共空间，通过"改"提升景观品质。"一户一策"编制庭院改造提升方案，庭院改造费用由农户承担，验收后政府再给予改造费用 10%的奖励。这种方式有利于提高农家乐的建设积极性。③实行"先市场，后政策"的自主发展模式。顾渚村的村民敢想敢做，具有创新意识。从实际生活出发，为城市居民提供贴心服务。推出便民政策——"四统一"服务，即统一叫车、统一配送、统一洗涤、统一营销。城市老年人由客运公司统一接送进乡村社区；农家乐所需的食材由菜市场管理经营公司统一配送；农家乐的床单、被套由洗涤公司统一洗涤、消毒；由县旅游局统一负责对外宣传营销。这种便捷的服务不仅保障了客源的稳定，还给到这里休闲养老的城市老年人提供了方便，让老年人安心吃住。

第四，在管理模式方面，村两委班子辅助当地养老服务的农户管理，与农户一起开展工作，避免价格方面的恶性竞争。

第五，在基础设施方面，由村集体出资修整村子的道路，新建停车场，完善公共基础设施。在税收、信贷、基础设施建设方面，启动了资金补助计划，并对当地经营业主进行服务培训，同时还进行监督和指导。

第六，顾渚村还利用当地人文历史展现文化底蕴，吸引城市老年人前往。长兴县水口乡顾渚村是茶圣陆羽居住撰写《茶经》的地方，村里有刻着"千年古茶"的石板，还有中国历史上第一座皇家茶厂贡茶院、大禹治水时留下的"带缆石"等景点，每一处都彰显出当地的历史底蕴，也正是这种文化魅力吸引了众多外来游客。

2. 湖州市安吉县孝丰镇横溪坞村

横溪坞村，面积为 8.5km^2，位于"千年古镇，孝子之乡"浙江安吉县孝丰镇西北部，距离县城 12km。该镇是 24 孝中"郭巨埋儿得金""孟宗哭竹"故事的发源地。截至 2019 年 10 月，横溪坞全村总人口为 1100 人，325 户。作为安吉美丽乡村精品示范村，横溪坞生态保育良好，是典型的江南花园式山村。2015年，横溪坞完成了生态康养为主题，包含养生、养老、度假旅游三大板块的总体规划、产业发展规划及环境提升规划，并通过上级相关政府部门的会审。2016年，横溪坞村经过一年的基础、景观、文化设施建设、改造，村域面貌焕然一新，荣获安吉美丽乡村精品示范村一等奖。由于离市区较远，空气清新，竹林与白茶园遍布，距离赋石水库较近，村域风景优美，加上海拔较低，交通方便，故而为了推动本村产业发展，为本村村民和集体增收，由村集体发动，结合村庄的资源特色、地理位置、旅游资源等情况，横溪坞村将发展养老产业作为自身的发展方向，通过招商引资的方式对闲置耕地和农村闲置农宅进行了改造修缮以发展康养项目。在找准自己的发展优势后，横溪坞村决定实行差异化发展，重点发展老年人长期康养产业，引进外部资本开发了天然居颐养中心项目，同时，为丰富养老业态，引进气候友好农业公司的综合开发项目和农事体验项目，发展多元养老业态(李俏等，2021)，由此吸引城市老年人下乡养老，在合作社的带领下流转土地，合作开发综合项目、农事体验项目，带动民宿发展和农产品销售，达到提高村民和集体收入的目的(欧阳爱琼，2017)。横溪坞村实行股份合作制，以集体方式与外部资本合作，使得分配较为均衡，并且横溪坞村采用差异化发展，与邻村区别开来，在运营方式和发展策略上具有可借鉴之处(陈柳，2021)。

横溪坞村为发展长期康养产业，在体育运动、健康服务、文化休闲、适老服务、农业观光、场地服务等方面提供了多种多样的服务。第一，在体育运动方面，在横溪坞的室内、室外，有足够多的体育设施供选择，如篮球场、门球场、户外健身器材、骑行游步道、乒乓球台、棋牌等。第二，在健康服务方面，提供中医保健、自然疗法、情志养生、饮食健康、运动健康等涵盖多种服务项目的健康服务，在服务模式上更是包括养生营、学习课程、理疗服务和咨询服务(表 7-1)。第三，在文化休闲方面，横溪坞村各类文化休闲活动设施齐全，有书画馆、文化大礼堂、文化讲堂、图书室等，这些文化休闲活动设施是提高村民文化素质的基地，同时也对组团客户开放服务。第四，在农业观光方面，横溪坞村内有安吉白茶、安吉板栗、黄花梨、毛竹、景观苗木(栀子花)、水稻等农作物，根据不同农作物的生长时令，为城市老年人提供赏花、采摘、观赏、农耕体验等农业观光项目（表 7-2）。第五，在场地服务方面，横溪坞村可以为在村里休闲养老的老年人提供室内、室外的各类场地服务，具体包括篮球场、门球场、会议室、文化讲堂、图书馆、文化大礼堂、创客空间等（表 7-3）。

表 7-1　横溪坞村健康服务内容及形式

类别	服务项目	服务模式			
		养生营	学习课程	理疗服务	咨询服务
中医保健	砭石刮痧	《	《	《	
	灸疗	《	《	《	
自然疗法	音乐疗法	《		《	《
	辟谷		《		
情志养生	心理咨询		《		《
	禅修、禅茶		《		
	香道		《		
	艺术养生（书画、茶艺、插花等）		《		
	手工才艺工坊		《		
饮食健康	生机食疗	《	《	《	《
	营养食疗				《
运动健康	瑜伽		《		
	门球		《		
	易筋经		《		
	太极拳		《		
	大雁功		《		
	八段锦		《		

资料来源：http://www.hengxiwu.com/bencandy.php?fid=43&aid=889

表 7-2　横溪坞村农业观光体验季

品种	种植面积/亩	1月	2月	3月	4月	5月	6月	7月	8月	9月	10月	11月	12月
安吉白茶	300				采茶季								
安吉板栗	1800					赏花季				采摘季			
黄花梨	100			赏花季				采摘季					
毛竹	6000		春笋季				观赏季					冬笋季	
景观苗木（栀子花）	100					赏花季							
水稻	750				插秧季					收割季			

资料来源：http://www.hengxiwu.com/bencandy.php?fid=43&aid=891

表 7-3　横溪坞村场地服务

场地名称	地点	配套设备	规模	配套服务	适合用途
篮球场	户外	标准篮球场设施、篮球	常规	—	篮球活动
门球场	户外	标准门球场设施、门球、球杆	常规	—	门球活动
文化讲堂	室内	固定桌子、凳子	20 人	—	小型活动
金龙山书画院	室内	—	300 人	布展	画展
图书馆	室内	桌子、凳子	10 人	—	小型活动
文化大礼堂	室内	投影、音响、话筒、舞台、灯光、凳子、圆桌厨房	300 人	餐饮	文娱活动、宴席
中会议室	室内	—	15 人	—	会议、活动
大会议室	室内	投影、音响、话筒	70 人	—	会议、培训
创客空间	室内	独立办公室、固定/共享工位	300m²	办公设施、Wi-Fi	短期或中长期办公

资料来源：http://www.hengxiwu.com/bencandy.php?fid=43&aid=905

7.2.5　江西省靖安县

江西省宜春市靖安县作为长江中下游的重要生态屏障，生态环境质量长期位居江西省前列，森林覆盖率高达 84.1%，有"天然氧吧"和"天然基因库"的美誉。加上紧邻南昌市的区位优势，靖安在发展养生养老、休闲避暑等产业方面有着得天独厚的条件。靖安县中源乡位于江西省宜春市靖安县西南部，与罗湾乡接壤，下辖邱家、三坪、垴上、合港、船湾、山下、港口、古竹、龙丘、洞下、向务 11 个行政村，截至 2019 年末，户籍人口为 12185 人。中源乡是江西"生态强省、绿色立县、旅游兴乡"的建设示范区，以"绿水青山就是金山银山"的乡村振兴发展理念(王冬梅，2019)，打造靖安县全域性旅游的民俗文化重点工程，曾获"中国十佳避暑康养小镇""江西 4A 生态乡镇""江西特色小镇"等美誉。中源乡是江西西北部海拔较高的乡镇，境内三面环山，呈南北向狭谷走势，潦河和省道蜿蜒曲折穿境而过，绵延数十座超千米山峰、万亩山地草甸，群岭叠翠，山清水秀，素有"小庐山""农民书画之乡"的美誉。中源乡在发展休闲养老产业方面具有如下优势。

第一，在自然环境方面，拥有得天独厚的自然环境，有秀美的山川、清洌的水质、宜人的气候。平均海拔为 655m，平均空气湿度为 82.5%，森林资源丰富，森林覆盖率高达 86%以上，空气负氧离子含量高达 10 万/cm³，素有"江西天然氧吧"之称。全年平均气温为 14～15.8℃，夏季平均气温为 18～22℃，素有"小庐山"的美誉，是一处绝佳的避暑胜地，深受周边城市老年人的喜爱，现有不少老年人成为中源乡的常住客。

第二，在交通区位方面，江西省宜春市靖安县中源乡距省会城市南昌114km，仅需 1 小时车程，交通距离合适，每年接待以南昌为主要客源地的老年游客 110 万人次，距武汉、长沙均为 3 小时车程，也吸引了部分当地老年人前来。

第三，在媒体宣传方面，中源乡优越的自然资源和乡村旅游得到了各级新闻媒体的大力宣传报道，知名度得到了很大的提升。2012 年，CCTV1 "北纬 30°中国行" 栏目《远方的家》中 "群山里的秘密" 书写了中源高岭原生态风情；2015 年，CCTV2《消费主张》播出 "清凉度夏——丛林探宝"；2015 年夏季，江西卫视《新闻夜航》栏目走进中源乡村，体验高岭山村客居农宿文化活动；2017 年夏季，南昌广播电视台《新闻说报》栏目走进中源乡，寻夏日清凉，觅山里人家；2017 年夏季，宜春电视台《市县区联播》报道中源乡 "农宿发展变绿水青山为金山银山"。

第四，在文化底蕴方面，中源乡被称为 "农民书画之乡"，是唐代道教七十二福地之一，同时也是宋代十大民窑——丫髻山碗平窑遗址所在地，历来学风浓郁，文化底蕴丰富。人文旅游资源丰富，拥有远古冰川遗迹，明末政通商贾古驿道、钞关，古建 "清代九门楼" 等众多人文遗迹。三坪村陈氏祠堂内悬挂宋太宗御赐对联 "聚族三千口天下第一，同居五百年世上无双"。村里民风淳朴，信奉传统礼节的乡民们热情好客，与人为善，数量庞大的农家乐为游客提供服务，使中源乡成为避暑休闲的乐园。

自 2000 年第一家康养休闲民宿开业，经过 20 多年的发展，中源乡休闲养老产业的规模不断扩大，形成了一定数量和规模的乡村休闲养老项目。截至 2021 年，全乡登记在册民宿 640 余家，床位 2 万余张，全年接待游客达 120 万人次，每年 6～9 月的高峰时段日接待游客超过 3 万余人次，休闲养老产业综合收入达 1.3 亿元，经营农家乐的农户年纯收入达 20 万～30 万元[①]。中源乡休闲养老产业发展壮大的原因如下。

第一，因地制宜，开发不同类型的功能区，满足不同消费群体的需求。中源乡根据不同村庄的资源禀赋现状，打造不同特色的功能区，以满足不同休闲养老群体的个性化和差异化需求。例如，三坪村打造农宿避暑度假、乡村游功能区；垴上村打造农宿避暑度假、乡村游功能区；合港村打造九岭尖开发旅游区、乡村采摘、户外活动功能区；邱家村、船湾村、山下村打造特色乡镇、温泉度假、康养功能区；洞下村茶坪自然村打造原生态高山古村落、寺庙及人文景点体验旅游区。

第二，改善医疗条件，满足休闲养老群体的看病需求。近年来，前来中源乡避暑康养的老年人以每年 20% 以上的速度递增，"看病难" 成了突出问题。依托

① 靖安县人民政府. 政府工作报告——2022 年 4 月 28 日在中源乡第十八届人民代表大会第二次会议上[OL].[2022-04-29]. http://www.jxjaxzf.gov.cn/jaxrmzf/fzghe5/202204/dcf903d82e014a999b0abbf5b6f0604c.shtml.

"医共体"在全省的广泛推进,靖安县将昔日的中源乡卫生院升级为靖安县人民医院中源分院。这不仅是名称上的变化,人员配备、医疗设备和后续支持也都在不断完善。首先,靖安县为中源分院投入 20 万元,并从县人民医院增派了 3 名医生和 1 名护士。一般常见病、多发病可以在这里处理,给康养带来了很大便利。其次,按照"医养护"结合的理念,靖安县成立了养老服务公司,为老年人提供优质居家养老、社区养老关爱服务。鼓励民办医疗机构和护理机构进入养老领域,发挥养老机构在医疗、康复、护理、保健等方面的作用。加快建立"医养护"服务标准化体系,着力在全县培养一支职业化护理队伍,并引入连锁经营模式,建设一批连锁化、品牌化的养老服务机构(丁伟斌,2019)。最后,打造"康养+度假"的新模式。为保障游客身心健康,促进旅游良性发展,靖安县投资 5 亿元,将中源乡打造成为一个有 600 多家民宿的山乡康养度假小镇。小镇重点围绕市政基础设施建设、村庄风貌提升、集镇功能提升、住宿接待完善等进行全方位推进,通过创建山乡休闲旅游度假区,让康养旅游四季皆宜。

7.2.6　贵州省桐梓县

桐梓县气候环境适宜人居,尤其适合中老年人进行"候鸟式"的休闲度假。桐梓县冬无严寒、夏无酷暑,宜人的气候资源、便捷的交通条件使其成为"火炉"重庆的后花园。然而,在贵州,很长时间内,桐梓在旅游上并未表现出优势与潜力;在旅游资源富集的遵义,桐梓并未被纳入本土优势旅游资源富集地的视野。对桐梓旅游的重新审视发生在 2006 年(黄宝华和唐福敬,2009)。在 2006 年夏季,因重庆出现高温气候,不到 200km 距离的重庆主城区持续接近或超过 40℃的高温,适逢崇遵高速公路开通,桐梓县娄山关景区附近的乡村开始有重庆的中老年人到村里租房避暑,规模不断增大,2009 年桐梓县乡村旅馆数量增加到 302 家,可提供床位数 1 万张,到 2012 年,桐梓县乡村旅馆数量增加到 795 家,可提供床位数达到 3.44 万张,桐梓旅游业的跨越式发展,迅速从观光游向休闲度假游的产业升级。截至 2021 年 5 月,桐梓创建 4A 级景区 2 个、3A 级景区 11 个、乡村旅游示范点 34 个,乡村旅馆达 1917 家,床位 8.71 万张,有从业人员 12 万人。2020 年,游客接待量达 8000 万人次,旅游综合收入达 430 亿元,其中相当大的比例是乡村休闲养老所贡献的(王维维,2021)。2006 年以来,桐梓县乡村旅游业发展迅猛,主要原因如下。

第一,在气候环境方面,桐梓县平均海拔 1100m,全年平均温度为 14.6℃,夏季 6~9 月的平均气温分别在 21.5℃、24.5℃、23.9℃和 20.2℃,6~9 月平均气温为 22.53℃,比重庆同季气温低 5~10℃,个别山区低 15℃。根据国内外学者的研究结果,人体感觉最舒适的气温一般为 16~25℃,整个桐梓县 6~9 月平均气温处于人体感觉最舒适的气温范围内(罗晓松等,2018)。

第二，在交通区位方面，贵州省遵义市是连接贵阳和重庆的重要通道，遵义市桐梓县毗邻重庆市，成为重庆市通往遵义、贵阳的重要路段。桐梓交通区位较好，川黔铁路、210 国道和渝湛高速公路纵贯县境，距离历史文化名城遵义市59km，距离省会贵阳市 226km，距离重庆市 188km，乘坐高铁或动车，从重庆至桐梓县、贵阳至桐梓县的时间均为 1 个小时左右。

第三，在旅游景观方面，桐梓北部以生态旅游资源为主，如水银河、柏枝坝等景区，桐梓中部至南部以人文景观为主，如娄山关、官仓镇，主要集中了娄山关红军战斗遗址、夜郎古城遗址等，中南部与遵义市邻近，遵义是著名的历史文化名城，以遵义会议会址、红军山烈士陵园为代表的红色旅游开展得如火如荼，遵义会议会址、娄山关红军战斗遗址和四渡赤水红色旅游资源可以从南到北将遵义、桐梓、赤水三个县市相连，形成良好的红色旅游线路（方敏，2015）。

第四，重庆消费乡村旅游的市场巨大。重庆是中国第四个成立的直辖市，第七次全国人口普查数据显示，全市常住人口共 3205.42 万人，60 岁及以上老年人口为 701.04 万人，占 21.87%（其中 65 岁及以上老年人口为 547.36 万人，占17.08%），重庆的 60 岁及以上老年人人口占比仅低于辽宁、上海、黑龙江、吉林；65 岁及以上老年人人口占比更是仅低于辽宁，居全国第二。重庆市老龄化程度高，这对于桐梓县来说是一个巨大的乡村旅游消费市场。桐梓、重庆两地的历史渊源紧密、文化相通，历史上（1372～1728 年）遵义隶属四川（重庆原属四川）。因此，两地百姓语言相通，文化认知相通，更容易融合（饶洪生和龙茂兴，2012）。

桐梓县充分利用其气候、交通、区位、生态优势等旅游资源，立足遵义，背靠贵阳，主动对接重庆，集中打造避暑、休闲、生态、人文于一体的特色旅游，把桐梓打造成黔北对接重庆的"桥头堡"和黔渝经济"传接带"（付强，2015）。桐梓县为了发展乡村旅游产业，也做出了很多努力。

第一，坚持规划先行，健全机制强化措施。桐梓县把乡村旅游产业作为农村经济五大支柱产业之一，进一步加强对旅游工作的领导。近年来，该县成立了相应的组织协调机构，形成了"政府主导、部门联动、社会参与、市场运作"的工作格局。立足农业生产特点、历史文化底蕴和自然生态环境等基础条件，编制了《桐梓县乡村旅游发展总体规划》等一系列中长期发展规划，与重庆市合作编制了《黔北渝南旅游区规划》。对全县重点旅游景区和乡村旅游点，实行县政府审批制度，引进有实力的投资者开发建设，切实把乡村旅游做大做强。

第二，给予政策倾斜，多轮驱动助推发展。桐梓县坚持"多予少取放活"的方针，出台了政府补贴、项目捆绑、建设用地、市场准入、贷款贴息、干部领办、税费减免共 7 项优惠政策，对乡村旅游与休闲农业等做了全面的融合和定位，在产业发展的扶持政策等方面给予大力倾斜，形成了政府主导产业发展的有力保障。

　　第三，形成中心带动，助力基础设施提档升级。乡村旅游初级发展常常受基础设施的限制。为此，桐梓县结合加快新农村建设为契机，整合捆绑"四在农家"、农村危房改造、扶贫开发、沼气池建设、饮水安全等项目资金，充分吸纳机关干部资金、民间资本、闲散资金参与创建，鼓励企业、能人、干部带头领办或参与乡村旅游发展，举全县之力对上天池、朝门等乡村旅游聚集地进行提档升级。

　　第四，坚持"走出去"战略，主动出击，强化营销。主动和重庆渝中区旅游协会联系，与协会中的大世界旅行社、港客旅行社和风雅假期旅行社等多家旅行社及重庆市海外、国旅、车行天下等 100 余家旅行社和中介机构建立了广泛联系；与重庆周边的南川、万盛、綦江等区县签订旅游合作协议。与此同时，还在重庆设立旅游营销中心，每年在重庆等地召开乡村旅游推介会，每年举办一届以"凉爽大娄山·乡村生态游"为主题的乡村旅游节，各乡镇也举办品桃节、方竹笋节、赏油菜花节等活动，加大宣传推介力度，激活乡村旅游市场。

　　第五，创新模式提升品位。桐梓县在"公司+农户""支部+协会""协会+公司+农户""游客+农户""大户+小户"等多种模式的基础上，创造性地推行了联建、托管、干部领办和旅游地产开发等四种乡村旅游发展方式。①联建，即引导农户以宅基地或土地承包经营权以及资金入股和参与管理、服务的形式，与重庆游客共同出资修建乡村旅馆，解决了当地农民发展乡村旅游"钱从何处来"的问题；②托管，即由重庆游客一次性预付 15 年不等的租金，每年夏天来桐梓驻留1~5 个月后，将所租房屋交由业主管理、使用，业主还可收取适当的物管费，既有了建设资金，又稳定了客源（王瑞军和娄方进，2013）。③干部领办，即出台政策，鼓励县直机关和镇、村干部以及转任非领导职务的"二线干部"在各个乡村旅游点领办高标准、高品位的乡村旅馆，带领群众致富。④旅游地产开发，是吸引开发商以旅游开发为主导，在乡村规划建设用地范围内，建设相应配套设施，包括酒店、度假屋、公寓等，带动当地的乡村产业发展。

　　第六，强化服务，动态管理，倾听建议。桐梓县对游客最关心的"安全、设施、质量、服务、环境、收费"6 个核心要素进行评星定级，制定了《桐梓县乡村旅馆星级评定标准》，以此促进乡村旅馆提档升级，让每一位到桐梓的游客不仅能感受原生态的自然风情，更能享受到高规格的"星级服务"。乡村旅馆星级评定采用的是动态管理机制，每年要对评为星级的乡村旅馆进行审核，根据《桐梓县乡村旅馆星级评定标准》进行升降或取缔，确保游客吃得放心、住得舒心、玩得开心[①]。此外，桐梓各乡镇（街道），每年还定期召开游客代表座谈会，认真听取和征求游客意见及建议。同时，建立游客综合服务中心，专门负责收集、分流和处理涉及旅游方面的矛盾、投诉、求助及咨询等问题。

---

① 金台资讯. 桐梓风光无限好　全域旅游正芳华[OL]. [2020-09-14]. https://baijiahao.baidu.com/s?id=167778830180
　　5201469&wfr=spider&for=pc.

第8章 对 策 建 议

8.1 科学编制产业发展规划，遵循规律
发展乡村休闲养老产业

"多元共融"式产业模式给未来新农村综合体的产业发展提供了新思路，然而，具体到每一个新农村综合体的产业打造仍需建立在该地区的实际情况之上，因为"小组微生"新农村综合体内产业发展不能简单地套用一种模式，应因地制宜采取相应的变通模式以加强针对性、可行性和有效性，毕竟不同的新农村综合体在区位条件、资源禀赋、生态环境和社会经济发展水平等方面是存在着较大差异的。规划是一种使预定目标得以实现的有条理的行动顺序，制定科学合理的新农村综合体建设与产业发展规划，有助于在可持续发展的目标和价值判断下提出新农村综合体产业发展的行为标准和行动指南，从而有效地统筹和布局新农村综合体的产业发展，这不仅是产业发展取得成功的保障，而且也是预防资源和环境遭受破坏的重要措施。因此，政府部门应从新农村综合体建设发展的整体发展布局和节奏来考虑，宏观上，坚持在区（市、县）总体发展规划的框架下，编制"'小组微生'新农村综合体建设与'多元共融'式产业相结合发展规划"，并做好与土地利用、交通发展、城乡建设、生态保护、现代农业、旅游发展等各类专项规划的衔接，提高规划的整体性、前瞻性和延续性，强化规划的宏观性引领、调控和指导作用，确保新农村综合体建设和产业的合理有序发展。微观上，在编制"'小组微生'新农村综合体建设与'多元共融'式产业相结合发展规划"前，应全面开展资源的调查、评价工作，逐个摸清每一个新农村综合体的"家底"，在此基础上，在政府的指导下，新农村综合体结合自身资源优势，做好每一个"'小组微生'新农村综合体建设和'多元共融'式产业发展相结合专项规划"，以实现选准未来产业发展方向，突出本地特色，增强吸引力度，创造"人无我有""人有我优""人优我特"的独一无二的地区特色，最终由"多元共融"式产业发展模式走向"一极多元共融"产业发展模式，即在每个新农村综合体打造一个主导优势产业并成为经济增长极（"一极"），同时，力争在部分新农村综合体将承接的城市养老产业培育发展为主导优势产业，进而带动其他关联产业同步发展、共同振兴。可以说，政府主导、摸清家底、立足实情、确立目标、制定规划、有序发展，是避免不同新农村综合体产业一哄而上、产业雷同甚

至重复建设、重复投资的重要保障。在乡村养老，由于土地、人工等生产要素和生活成本较低，有利于降低养老成本，减轻养老负担，比在城里养老具有明显的性价比优势（吴正金，2019）。然而，城市老年人选择到乡村休闲养老，不仅看重的是乡村休闲养老模式的低成本，而且更看重乡村优美的自然环境和人文环境。城市养老与农村养老的最大区别就是环境，我们倡导的新农村综合体休闲养老环境是在干净整洁、规整有序的基础上，保护生态环境，打造符合生态的养老休闲产业，既能护理养老，又能休闲旅游。"小组微生"新农村综合体打造的休闲健康养老综合体一定是绿色发展，是以田园为生活空间，保留乡村特色，以休闲健康养老为活动目标，探寻一种回归自然、享受生命、修身养性、度假休闲、健康身体、护理治疗、颐养天年的生活方式，这意味着在新农村综合体应当尊重当地的现有格局，依山就势，不盲目拆除老街区，传承当地传统农居文化，不盲目盖高楼、不盲目复制城市建筑，保持当地宜居尺度。注重不同地方的人文特色，因地制宜打造不同主题的休闲养老综合社区。比如，以四季花海为主题的休闲养老综合社区、以溪流和果林为主题的休闲养老综合社区、以自然遗产和少数民族风貌为主题的休闲养老综合社区等。这些休闲养老综合社区的建立都体现了政策对特色小镇提出的文保规划、环保规划、风貌规划、产业规划的多规合一要求。强调生态系统保护、修复、利用，重视历史文化特色发掘与传承，培育特色鲜明的产业形态，尊重传统人文风光。同时，要充分发挥区位优势，因地制宜打造满足不同城市老年人需求的休闲养老场所，针对不同区位特色，努力开发出具有地方特色的"小组微生"新农村综合体。以成都市的城市圈层为例：第二圈层位于城市近郊，在交通距离和交通时间上都相对更具优势，生活方式上也更加现代化、城市化，适合不愿离家太远且使用自驾方式往返的城市老年人。因此，第二圈层"小组微生"新农村综合体建设的首要条件就是提高交通通达度；相对第二圈层，第三圈层距城市更远，也更加贴近自然，适合喜静、注重环境质量的城市老年人。

尤为值得注意的是，并不是所有的"小组微生"新农村综合体都适合发展乡村休闲养老产业。其实，发展乡村休闲养老产业对目的地的要求是非常严苛的，不仅要求具有优美的自然景观、田园风景，而且还要具备医疗卫生中心、综合超市、健身中心、活动中心等齐全的公共服务设施和基础设施。乡村休闲养老目的地所涉及的基础设施建设、自然环境、人文环境等因素从属于生活质量，这些细分因素总体上均能对老年人乡村休闲养老参与意愿产生正向影响（周鹏飞等，2022），研究发现，乡村旅游一般会经历乡村观光到乡村休闲的转变，游客先前的乡村观光经历会影响他们退休后的乡村休闲养老目的地决策（李松柏，2011）。因此，应当遵循从乡村旅游再到乡村休闲养老的一般规律，稳步推进乡村休闲养老产业的发展。首先，应该筛选出适合发展和承接城市休闲养老产业的新农村综合体；其次，搞好这些新农村综合体的基础设施和公共服务设施，打造本地区的乡村旅游特色；再次，通过宣传引导游客到新农村综合体进行周末游等形式的短期观光；复次，吸引曾经的游客成为到新农村综合体进行长期休闲养老的消费客户；最后，在做好城市老年人养老服务工作的基础上，实行会员积分制，城市老年人的居住次数、居住时间、推荐客户数等与积分相挂钩，凭积分等级可以享受相应的优惠活动，实现城市老年人对乡村休闲养老消费的持久性。

8.2　探索多元主体合作模式，建立科学的收益分配与共享机制

在成都市"小组微生"新农村综合体发展休闲养老产业，涉及产业规划、项目引进、资金筹集、住房及配套设施建设、规范化管理与运营等多个环节，若非集体经济组织，农户单独是不能办到和办好的。因此，需要探索多元主体合作模式，建立科学的收益分配与共享机制。第一，"农户+专业合作社+企业"方式。在农村宅基地所有权、资格权、使用权"三权分置"的政策下，探索农户在获取一定收益的前提下把闲置或多余的宅基地自愿转移给农村集体经济组织，成立宅基地股份合作社，养老企业、农投企业通过租赁的方式向集体经济组织支付租金，并获得一定期限内农村闲置宅基地和闲置住房使用权，同时，宅基地股份合作社亦可以将宅基地以及闲置农房入股到养老企业、农投企业，由它们将这些闲置宅基地、农房修建或改造成供城市老年人使用的养老住房，发展城市养老产业所得收益按持股比例进行分配。第二，"农户+企业"方式。农户将闲置的住房或者房屋出租给企业，企业按照标准进行装修改造，然后出租给城市老年人进行以休闲健康养老为目的的居住。农户也可以按照企业规定的标准对自己的房屋进行装修改造，使用企业的品牌进行经营，企业对农户进行统一管理和规范，农户出租房屋给城市老年人养老获取的收入在缴纳一定数额的管理费后全部归自己所有。第三，在城市老年人的基本生活保障中引入市场资本，通过市场的竞争机制优中选优，为城市老年人提供更好的服务，同时，可以利用市场资本降低时间成本和劳动成本，提高城市老年人的生活满意度。例如，引进对外经营的餐饮店满足城市老年人日常饮食需要，通过市场监督的方式保证食品安全，提高"小组微生"新农村综合体养老服务吸引力；将农村本地居民作为一个商业体，以宅基地、承包地出租、入股等方式参与市场，既有利于城市老年人更快、更好地融入乡村生活，节约租金降低养老成本，又为农村居民提供产业转移的机会，增加收入，提高生活水平，助力乡村振兴，实现城乡双赢(刘灵辉等，2021)。"小组微生"新农村综合体建设和产业发展过程中涉及集体经济组织、集体兴办的资产管理公司等实体、专业合作社、农民以及从外面引进的企业法人等利益主体，因此，如何在这些主体间构建紧密的利益共同体是亟待解决的核心问题和关键问

题，这涉及新农村综合体内产业发展的可持续性。目前，新农村综合体依托土地综合整治项目节余的集体建设用地指标出让收益，大部分新农村综合体将这部分收益用于交通路网、集中供水、能源电力、污水处理、广播电视、光纤宽带、安全防范等基础设施建设以及人均新建住房补贴，这与农民原有宅基地面积大小并没有直接的关联，致使原有宅基地占地面积较大农户的利益受损，而宅基地占地面积较小的农户受益。另外，新农村综合体内引进的企业与集体经济组织、农民的利益关系也尚未理顺。例如，新农村综合体内引进的农业企业每年均向农民支付相应的土地流转费，虽然农民通过土地流转获得的财产性收益有所提高，但是这部分收益大部分用于弥补农民因土地转出而带来食品购买支出的增加量，农民实际获益量并不明显。究其原因在于农民的土地投入与企业的经营利润之间的关系并不紧密。温江区万春镇幸福村整理土地面积 2861 亩，其中宅基地 314 亩，建新区用地 126 亩，节余集体建设用地 188 亩就地用于发展乡村度假旅游产业，截至 2015 年，已引进归隐万春、厚德园乡村度假酒店，而这些企业的后期运营收益如何在企业、集体经济组织、农民等主体间分配，不至于将农民排除在未来持续性的收益分配主体之外是值得研究的问题。因此，在"小组微生"新农村综合体承接城市养老产业过程中，也需要理顺政府部门、集体经济组织、农民、企业、金融机构等主体之间的利益关系，实现多元主体之间的合作共赢。

2010 年 11 月 9 日，成都市就出台了《关于全域成都统一城乡户籍实现居民自由迁徙的意见》（简称《意见》），《意见》站在全域成都视角考虑，充分尊重城乡居民自由迁徙的权利，破除长期以来束缚城乡居民自由迁徙的制度障碍，彻底破除城乡居民身份差异，推进户籍、居住一元化管理，鼓励农民进城，农民可以带产权进城，城乡居民可以自由流动，同时，还保障了城市居民下乡的迁徙自由，首次实现城乡双向自由迁徙。但是经过实地调查发现，户籍仍是农民能否参与利益分配的主要依据。例如，在邛崃市夹关镇周河扁新农村综合体，每位农民可以获得 15000 元新房建设补贴；在新都区新繁镇高院村玲珑锦院，每位农民可以获得 13000 元新房建设补贴；在郫县三道堰镇青杠树村新农村综合体，每位在册人口可以获得 41000～45000 元不等的补贴款。然而，户口转出的农民工和农村大学生等群体则不能获得这部分补贴，这无形中使户口的迁移与否和利益分配之间存在着紧密的内在联系，致使农民因顾忌潜在利益的损失而不能或放弃自由迁徙，这不利于统筹城乡一体化建设的深入推进。因此，在"小组微生"新农村综合体承接城市养老产业过程中，需要破除单一的户籍标准观念，在城乡融合的战略背景下，应当使户口已经转出的农村大学生、农民工、外嫁女等主体，都能够通过合理的途径参与到利益的分享中来，使得休闲养老产业的发展惠及更多的主体。

在"小组微生"新农村综合体发展休闲养老产业，会无形中拉长产业链条，促进农村产业优化升级，给当地居民尤其是低收入群体创造更多的就业机会，使他们能够为城市老年人休闲养老涉及的休闲观光农业、农家乐、民俗经济等产业提供车辆服务、运输配送、场地看管、社区安保、旅游讲解等服务赚取收入。同时，由于能够承担休闲养老成本的城市老年人往往收入水平较高，他们在"小组微生"新农村综合体内居住生活会对生活品质、产品质量等方面提出更高的要求，这无疑会在一定程度上提升当地的物价水平。此外，"小组微生"新农村综合体发展休闲养老产业会涉及政府部门、企业法人、集体经济组织、农民等多元主体，而城市下乡生产要素所有者占有财力、人力、信息资源优势，在与单个农民的博弈中处于优势地位，容易导致不公平的利益分配。由于投资一般具有负外部性，如污染、噪声、拥挤、物价上涨、挤出效应等，都会对当地原居民的利益造成损害，根据卡尔多-希克斯社会福利改进原则，这些都需要政府进行协调补偿（王文龙，2019）。因此，在"小组微生"新农村综合体承接城市养老产业过程中，要稳定物价，合理保护当地居民的生存、生活环境，使城市老年人和当地原居民能够在"小组微生"新农村综合体内和谐共生，营造和谐健康的农村养老氛围。

8.3 住房建筑和生活模式的差异化设计，提升交通服务能力和水平

通过对城市老年人到"小组微生"新农村综合体休闲养老的居住方式意愿调查发现，有 46.85%的受访城市老年人选择了"集中式居住"，即建设统一集中居住的养老场所由城市老年人居住，和当地村民保持一定的分隔度；有 46.85%的受访城市老年人选择了"邻居式居住"，即在新农村综合体内，城市老年人和当地村民相邻却分开独立居住；有 6.30%的受访城市老年人选择了"家庭式居住"，即城市老年人租住当地农户一套房间里的一间房屋，他们像家人一样，居住生活在一起。这个调查结果表明在"小组微生"新农村综合体休闲养老的城市老年人的居住方式选择呈现出较大的差异性。因此，为满足城市老年人的多样化、个性化居住方式需求，建议在新农村综合体的住房建设上采取三种截然不同且互为补充的方式，即"家人型方案""邻居型方案"和"亲戚型方案"。第一，"家人型方案"即城市老年人到新农村综合体养老采取与当地农民共同居住一套房的建设方案，农民将多余的房间租赁给城市老年人养老使用，双方吃住生活在一起，共用厨房等设施，这可以和城市老年人的"家庭式居住"需求相对接。这种方案适合于性格外向、喜欢热闹、倾向于降低生活成本的城市老年人。第二，"邻居型方案"即农民的住房建设采取中式或欧式双拼建筑设计，其中一套由农民居住生活，另外一套归城市老年人休闲养老居住，居住空间和生活空间相互独立、互不影响，这可以和城市老年人的"邻居式居住"需求相对接。这种

方案适合于性格内向、喜欢独立，能承担较高生活成本的城市老年人。第三，"亲戚型方案"是指在"小组微生"新农村综合体农民集中居住区周边寻找合适的区域建造集中式休闲养老居住中心，农民与城市老年人之间相隔一定的距离，但是城市老年人可以方便地共享新农村综合体的基础设施、社会公共服务设施等，并且能够方便地通过步行、骑自行车等方式随时到新农村综合体内享受农家乐、休闲观光农业、社区支持农业等产业体系提供的各种服务，这可以和城市老年人的"集中式居住"需求相对接。这种方案适合于性格外向，喜欢群居和热闹氛围，倾向于在住宿、餐饮等方面接受集中化、专业化服务但希望养老成本相对偏低的城市老年人。

成都市养老机构的建设标准和配置标准按照《养老设施建筑设计规范》（GB 50867—2013）（简称《设计规范》）执行，但是该《设计规范》重点针对的是老年养护院、养老院、老年日间照料中心等具有一定规模的集中式养老机构。因此，本书提出的"亲戚型方案"可以按照《设计规范》进行建设。但是"家人型方案"和"邻居型方案"由于建筑特色比较明显，对于《设计规范》中规定的"卧室使用面积不应小于 6.00m^2/床，且单人间卧室使用面积不宜小于 10.00m^2，双人间卧室使用面积不宜小于 16.00m^2"等规定，可以完全遵照执行；由于"家人型方案"和"邻居型方案"一般只提供生活用房中的居住用房和自用卫生间等生活辅助用房，对于医疗保健用房、公共活动用房则可以与新农村综合体内的已有设施进行共享。因此，对于《设计规范》5.1.1 规定的"养老设施建筑应设置老年人用房和管理服务用房，其中老年人用房应包括生活用房、医疗保健用房、公共活动用房"，只能变通执行。故而，建议成都市可考虑制定专门的"'小组微生'新农村综合体承接养老产业养老设施建筑设计规范"，用于指导"小组微生"新农村综合体建设和休闲养老产业发展相结合的住房建设和配置标准。在建设标准统一的前提下，应该通过公开的招投标程序选择承建单位，同时，根据2009 年颁布的《成都市社会主义新农村规划建设管理办法（试行）》，对于单体建筑三层及以上或建筑面积 300m^2 及以上工程规划和建设，应由市建委、市民政等相关部门负责建设监督管理工作；对于三层以下或建筑面积 300m^2 以下的工程规划和建设，应由乡（镇）政府负责建设监督管理工作。通过建筑单位的科学选择以及严格的建设监督管理，以确保工程建设质量。

为了方便城市老年人前往"小组微生"新农村综合体休闲养老、在综合体内的日常生活以及更加便捷地更换到另外一个"小组微生"新农村综合体休闲养老，政府部门应该强化新农村综合体的相关交通服务。第一，每个"小组微生"新农村综合体的农民可以自主组建车队，借助互联网打车平台，或者网站平台提供的交通服务人员联络方式，为从区（市、县）前往新农村综合体的城市老年人提供接送服务。第二，对于选择自驾前往新农村综合体的城市老年人，为了便于城市老年人能够安全便捷地抵达目的地，应该开通热线电话，为城市老年人提供路线咨询等服务。第三，由于新农村综合体内的商铺大都规模偏小，缺乏大型商超这一类的购物综合体，不能完全满足城市老年人的日常购物需求。因此，建议开通新农村综合体到区(市、县)购物中心的交通班车，为城市老年人到大型超市(综合商场)购物提供交通便利，对于购物金额达到一定标准的城市老年人，可以和购物中心达成免车票的服务协议。第四，将新农村综合体内部景点、娱乐项目点位以及周边的旅游景点等串联起来，制作旅游娱乐导览图，开通旅游环线小巴士，为城市老年人在新农村综合体周边的旅游观光以及娱乐游玩提供交通便利。第五，开设专门的老年人市郊往返班车和各个综合体之间的往返班车，方便老年人搭乘专车入住新农村养老综合体，把普通乡村旅游客人与老年人分开，避免拥挤，保护老年人人身财产安全；同时，能够将城市周边的不同类型、特色、主题的新农村综合体等串联起来，形成一个连贯的"城郊循环旅居圈"，促进不同新农村综合体的老年人自由流动、交友、消费，促进各地养老资源优化共享，提升养老产品与服务的利用率，提升养老服务体验。另外，在区(市、县)范围内的各个新农村综合体之间开通一定形式、一定数量的交通班车，为城市老年人到不同新农村综合体旅游参观或者更换休闲养老目的地提供交通便利。

8.4　重视新农村综合体建设的适老化环境设计

《黄帝内经》中《素问·上古天真论》提到，"外不劳形于事，内无思想之患。以恬愉为务，以自得为功，形体不敝，精神不散，亦可以百数"。如果一个人身体不被事务所劳，思想上没有过多的焦虑，以恬静快乐为任务，以悠然自得为目的，形体就不易衰老，精神就不易耗散，年寿可达百寿之限。恬，指心情平静、踏实；愉，指愉悦自在。"以恬愉为务"，是说人要以精神乐观为任务，精神乐观才是健康的要素、长寿的法宝。恬愉是我们每天要完成的任务。新农村综合体的设计要有利于城市老年人的健康，延长寿命，安享晚年。打造的养老综合体就要尽可能为老年人创造安全、舒适、便捷的养老环境。

第一，养老住房设计适老化。在设计新农村综合体内的养老住房时要遵循适老化设计的原则，把握持续照顾理念核心。首先，考虑到老年人在身心状况以及行为特点上的差异，尊重其生活规律与习惯，通过对老年人的活动空间尺寸要求、主要家具设备的尺寸要求、摆放方式的研究，设计楼房高度、建筑距离、户外活动空间与室内生活空间，包括日常生活的无障碍设计都要充分考虑适老化，从而降低老年人娱乐休闲、坐立躺起时发生危险的可能性。其次，通过优化设计，改进落后的适老化设计理念，创造安全且舒适的居住环境。例如，改变随处设置扶手的传统老年住宅设计观念。在住宅主要通道处用墙体、柜体、台面等设置连续的界面，不仅可以放日常出行物品，而且有助于老年人依靠与支撑(郝学等，2015）。总体来说，要坚持适用性、耐用性、便捷性和节能型的原则。

第二，地理位置、道路交通设计适老化。首先，在地理位置方面，调查数据表明，城市老年人理想的新农村综合体所在地应距离家 20～40km，1～2 小时的车程最佳。因此，应优先考虑分布在城市边缘、城郊接合部的"小组微生"新农村综合体来承接城市休闲养老产业，虽然交通距离增加致使交通成本（加油、打车等）会暂时增加，但是距离成都中心城区越远的乡村，由于经济发展水平相对较低，城市老年人的居住、餐饮等生活成本会有所降低。同时，地理位置合适的"小组微生"新农村综合体，不仅能使城市老年人远离城市的尘嚣，享受到真正的田园风光和乡村生活，而且能方便老年人随时往返于城市中心和养老田园之间，避免休闲养老目的地距离过远带来的不便。其次，在交通方式上，新建、平整新农村田园道路，完善各条通往综合体、各组团、商业设施、休闲地的交通道路、步行道路，将田园道路、步行通道与登山栈道形成环线，方便老年人自由活动。最后，保证新农村综合体内部各种基础服务设施老年人 15 分钟步行可达，并配备环保型电动观光车；道路符合老年人生理特征，平坦且无障碍，道路旁设置休息座椅、扶手等。

第三，服务模式适老化。建立"长效照顾养老护理机制"，针对不同身体条件、心理需求的老年人建立"集体型""邻居型""家庭型"养老服务模式，"集体型"养老服务模式适合高龄、需要长期照护、生活完全不能自理的老年人，把他们集中到一个组团由专业人员集中精细化照顾；"邻居型"养老服务模式适合中龄、间断性需要照护的老年人，他们与农村居民比邻而居；"家庭型"养老服务模式适合低龄、生活完全能自理的老年人，他们居住在单独的养老住房中，自由体验乡村生活与接受服务。加强智慧养老建设。利用现代通信技术，大数据、云计算，使老年人在养老住房里面就可以获得用药指导、医疗建议；老年人身上携带小型报警装置，能够通过 GPS 定位为求救老年人实施帮助；促进科技创新成果推广应用到老年人服务中来。

第四，配套设施的适老化。各个购物区、护理区、社团区、休闲娱乐区、运动健身的场地位置之间要设计连接通道、路径，为了避免风雨天气影响老年人日常生活，应设计凉亭、风雨连廊连接各个配套设施。半封闭、半敞开的空间形式也有利于老年人自由使用各个配套设施，并且与自然环境充分接触。同时，各种配套服务设施散落于每个地块，并保证各个组团对配套服务设施的直线可达性，尽量避免穿越其他组团，为每一个组团内的老年人生活提供方便快捷的服务。供电、污水垃圾处理地、旅行游客集散地要与老年人生活的地方隔开，保证老年人安全、健康的生活环境。

8.5　组建专业运营管理团队，
实现科学化和规范化运作

产业兴旺是乡村振兴的首要内涵，而产业运营是核心引擎。虽然"小组微生"新农村综合体遵循 "产村一体""产村融合"的发展理念，发展乡村旅游、民宿、农家乐等产业，但是新农村综合体的建设以及与未来产业发展的规划布局、营销宣传、后期服务、资金引进、技术保障等通常由集体经济组织成立的相关公司等来运作管理。由于这类公司人才匮乏，缺乏专业人才的指导，同时，人才引进意识淡薄、人才引进力度有限，导致新农村综合体产业缺乏专业团队的全局谋划和经营管理，会出现下列问题：第一，产业开发和更新的步伐缓慢，难以适应客源市场不断升级换代的旅游需要；第二，不同产业之间的有机衔接机制不畅，致使资源的低效利用与重复投资问题并存；第三，打造产业特色和提升品位的意识不足，品牌观念不强，产业聚集人气的作用不能很好地发挥，造成现有顾客和潜在客源流失的可能性大幅攀升；第四，增强产业的投资吸引力和投资回报率的能力不足，致使新农村综合体建设和产业发展依赖政府投资和节余建设用地指标抵押贷款，民间社会资本投资渠道不畅、动力不足，同时，产业特色不明与品位不足、产业转型升级缓慢，将导致游客消费市场低迷，影响产业投资的回收与盈利。

"小组微生"新农村综合体建设与"多元共融"式产业相结合，由于该产业模式存在新颖性、多样性、复杂性、融合性等特征，仅仅依靠集体经济组织内部的村干部、管理人员、农民等主体的传统经验式管理将无法满足需要，因此，需要引进一流专业团队实施规范化、制度化、组织化管理。具体而言，第一，对新农村综合体的产业品牌进行整体创意、市场运作、宣传推介，提升新农村综合体产业的影响力和吸引力；第二，坚持因地制宜、分类指导，形成内容丰富、形式多样、特色鲜明的乡村休闲观光旅游产品体系，并完美地与城市养老产业相衔接；第三，实行标准化的服务管理，实现"设施标准统一""服务标准统一""管理标准统一""价格标准统一""后勤标准统一"；第四，先进经验和理念的专业化团队，能够充分发挥其示范和引领作用，实现当地投资商的理念和经验的突破，从而引导民间资本融入"小组微生"新农村综合体的产业投资市场；第五，通过专业化团队的经营与管理，将充分发挥新农村综合体"多元共融"式产业吸收游客资金的作用，提高资金回笼的速度。在"小组微生"新农村综合体内部组建农民宅基地专业合作社，动员农民将多余的房屋出租给农民宅基地专业合作社，再由农民宅基地专业合作社将农民多余的住房交由引进的专业团队进行运作，运用分时度假的方式进行运营管理，允许农民以"房东""股东""员工"等多种身份形式参与到项目运营管理之中，将产业运营增值收益按照科学的标准在不同主体之间有序分配，从而构建起紧密的利益联结机制。

8.6 政府搭建推广平台，创新宣传营销模式，提高社会效应

"小组微生"新农村综合体承接城市养老产业面临着宣传推介问题。单纯地宣传和吸引城市老年人到新农村休闲养老，并不一定能够引起城市老年人的注意。即使是成都市下大力气倾力打造的新农村升级版——"小组微生"新农村综合体，在调研访谈时，也有部分老年人表示尚不清楚何谓"小组微生"，对社会主义新农村的认识也仅停留在"集中拆迁农民的老旧住房""农民集中搬进政府统一规划建设的新房"等认知层面。因此，"小组微生"新农村综合体承接城市养老产业不可避免会遇到宣传推介这一瓶颈。在受访的城市老年人中，有63.48%的受访城市老年人没听说过"小组微生"新农村综合体，可见大部分城市老年人在受访时尚不清楚何谓"小组微生"。通过对城市老年人到新农村综合体养老的意愿调查发现，有 45.84%的受访老年人给出了"不清楚，视情况而定"的回答，在向不排斥到新农村综合体养老的城市老年人询问"在一个地方居住时间到期后，您下次会不会选择更换到其他不同风格、不同区域的新农村综合体继续居住？"这一问题时，回答"不清楚，视情况而定"的受访者比例为56.92%，高于回答"会"的受访者比例(41.92%)。因此，如何让更多的城市老年人了解"小组微生"新农村综合体，领略到"小组微生"新农村综合体的自然田园风光、现代设施和公共服务以及传统的农耕文化、历史文化、建筑文化、民俗文化、饮食文化等，这是一个重要而迫切的现实问题。只有让城市老年人更充分地了解"小组微生"新农村综合体，才能使更多的城市老年人转变观念愿意到"小组微生"新农村综合体进行休闲养老，才能使他们愿意在新农村综合体停留更长的时间，才能使一部分城市老年人在一个新农村综合体居住一段时间后，愿意更换到其他新农村综合体内继续居住和休闲养老，以体验不同的区域特色。另外，成都市"小组微生"新农村综合体已经具有一定的数量和规模。截至 2016年 2 月，成都市共建成"小组微生"新农村综合体 123 个，到 2025 年，将建成"小组微生"新农村综合体 500 个以上。因此，未来亟待根据城市老年人到新农村休闲健康养老的全方位需求，从"自然-经济-社会"方面筛选出适合城市老年人休闲健康养老的农村点位。然后，在筛选出的众多新农村综合体点位中，联合起来打造一个"新农村休闲健康养老联盟"，那么，身体较好的老年人在一个新农村综合体住久了、住倦了，可以随时更换到联盟内其他新农村综合体内居住，城市老年人在不同新农村综合体之间轮换居住，与乡村旅游相结合，可以有着不

同的生活体验。同时，为使"新农村休闲健康养老联盟"更好地运行，应该在充分酝酿的基础上制定出一套科学完善的"新农村休闲健康养老联盟管理制度"，具体规定城市老年人在联盟内转移居住的衔接机制、联盟成员间的互利共赢机制等。在新农村休闲健康养老联盟内，实行会员积分制，城市老年人的居住次数、居住时间、推荐客户数等与积分相挂钩，凭积分等级可以享受相应的优惠活动。

政府部门应联合专业公司共同搭建"小组微生"新农村综合体健康休闲养老宣传推广平台，该平台应整合所有已建或待建"小组微生"新农村综合体的住宿、景点、娱乐、餐饮、民俗、特产等全方位资讯，并提供新农村综合体介绍、自驾游导航、乡土风情介绍、特色餐饮介绍、餐饮预定、在线预订等多种服务。更重要的是，这一平台应能提供每套(间)可出租房屋的位置情况、内部装修以及家具家电配置情况、预定情况、价格情况，帮助城市老年人选择心仪的房间。通过这种宣传营销模式，"小组微生"新农村综合体承接城市养老产业可以借助政府强大的信息化平台、宣传优势和公信力支持，迅速扩大的社会效应，同时，通过信息的全方位宣传公开，能够在不同新农村综合体内部形成潜在竞争压力，以帮助提升服务质量、提高管理水平。在宣传模式上，应采取平面媒体与立体媒体相结合、线上推广与线下推广相结合等多种方式。充分利用新农村综合体内凸显民俗特色的节庆活动，如玲珑锦院周边新都花香果居柚子节、荷风水村和余花农门子的荷塘音乐节等，在政府宣传推广平台上以头条的形式重点展示，在新农村综合体内则以制作精良的宣传板进行配套宣传，在吸引和凝聚起来的观光游客中，由专业团队在定点办公地点向潜在目标客户介绍养老项目，并提供现场参观、现场预订等服务。在新农村综合体承接城市养老产业的发展初期，还可以通过与城市居民社区合作的形式，由相关部门提供免费大巴将城市社区老年人接到新农村综合体感受和体验，并潜移默化地做面对面的宣传介绍。同时，充分重视并发挥城市老年人之间口碑相传对宣传营销的重要性。

8.7 多渠道破解新农村综合体承接城市养老产业的土地瓶颈

在我国实行最严格的耕地保护制度、土地用途管制的背景下，新农村综合体承接城市养老产业所需的建设用地以及配套公共服务设施用地，按照 2016 年 10 月，民政部等 11 部委联合印发的《关于支持整合改造闲置社会资源发展养老服务的通知》(民发〔2016〕179 号)精神，将乡村各类闲置社会资源整合改造成养老机构、社区居家养老设施用房，通过合法手续，提供出来作为养老用地。需要综合运用城乡建设用地增减挂钩、利用留置地、集体经营性建设用地入市、集体建设用地建设租赁性住房、城市老年人带用地指标下乡、明确养老产业的公益属性等多种渠道予以统筹解决。

第一，城乡建设用地增减挂钩。成都市"小组微生"新农村综合体建设属于城乡建设用地增减挂钩项目，存在着"拆旧""建新"的过程。因此，开展城乡建设用地增减挂钩项目结余的"地票"，应优先留在当地用于休闲健康养老产业。同时，其他农村城乡建设用地增减挂钩项目结余的"地票"，可以出售或者入股给有条件发展休闲健康养老产业的新农村综合体，实现不同地区城乡建设用地增减挂钩结余指标的流转交易。

第二，利用留置地。广东、广西、浙江、海南等多个省份在征地过程中自发地实施了留地安置，所谓留地安置，即政府在征收土地时根据征收规模将部分农转用土地（一般为 10%～15%）直接安排给被征地的农村集体经济组织或农民经营、使用，鼓励和扶持其兴办产业（唐健等，2014）。因此，当国家征收新农村综合体内的土地时，可以优先考虑将留地安置与承接城市养老产业的用地需求相结合，将留置地用于承接城市养老产业的建设用地需求。对于新农村综合体内没有征地行为发生的，亦可以参照城乡建设用地增减挂钩的节余指标的入股、出售等方式，将其他农村的留置地用于适合发展休闲养老产业的新农村综合体。

第三，集体经营性建设用地入市。允许集体经营性建设用地直接入市，取消了多年来集体建设用地不能直接进入市场流转的二元体制，实现集体经营性建设用地与国有土地"同地、同价、同权"，是新修订的《中华人民共和国土地管理法》（2019 年修正）的一大亮点和一个重大制度创新。2020 年 2 月，《四川省人民政府办公厅关于推进四川养老服务发展的实施意见》（川办发〔2020〕9 号）指出："支持利用集体建设用地发展养老服务设施，鼓励农村三产留地优先用于发展养老服务"。因此，在新农村综合体内有集体经营性建设用地的，就可以直接用于兴建休闲养老的住房或者基础设施与公共服务设施，或者集体经济组织可以在征得相应数量集体成员同意的前提下将集体经营性建设用地通过出让、出租等方式让渡给相关企业，由企业用于发展休闲养老产业。新农村综合体还可以将集体经营性建设用地采用土地入股的方式与开发商进行合作，由新农村综合体与开发商围绕休闲养老产业成立合资的公司企业，新农村综合体根据集体经营性建设用地的评估价以及提供的其他资源评估价持有一定比例的股份，根据项目运营收益，新农村综合体和农民获得相应的收益分红（张迪，2022）。

第四，充分利用成都市作为集体建设用地建设租赁住房试点城市的政策优势。2017 年 8 月，《国土资源部 住房城乡建设部关于印发〈利用集体建设用地建设租赁住房试点方案〉的通知》（国土资发〔2017〕100 号）指出，确定第一批在北京、上海、沈阳、南京、成都等 13 个城市试点利用集体建设用地建设租赁住房。2019 年 1 月，自然资源部办公厅、住房和城乡建设部办公厅联合发布《关于福州等 5 个城市利用集体建设用地建设租赁住房试点实施方案意见的函》（自然资办函〔2019〕57 号），原则同意福州、南昌、青岛、海口、贵阳 5 个城市利用集体建设用地建设租赁住房试点实施方案。那么，在项目用地符合城乡规划、土地利用总体规划，且以存量土地为主、不占用耕地的情况下，集体经济组织可以自行建设或者联营、入股等方式建设对外盈利的租赁性住房。因此，新农村综合体内承接城市养老产业建设的住房，只要不直接以对外出售为目的或者"以租代售"，就可以依托这一政策解决建设用地问题。充分利用成都市作为集体建设用地建设租赁住房试点城市的政策优势，在规划建设方案合理可行、利益分配明晰的基础上，充分调动集体经济组织、企业、农民的积极性，将集体闲置、低效的建设用地进行归并整合，用于休闲养老的租赁性住房建设。

第五，城市老年人带用地指标下乡。某一个新农村综合体能够吸引多少城市老年人前来休闲养老，体现着该综合体的吸引力和汇聚力，然而，城市老年人的数量越多，对该新农村综合体的用地指标带来的压力会越大。因此，政府部门未来可以根据新农村综合体批准建设的养老产业的项目情况，结合新农村综合体内休闲养老的城市老年人数量，在建设用地指标上给予照顾和倾斜，实现城市老年人带着养老用地指标到农村休闲健康养老。

第六，明确养老产业的公益属性。养老产业用地存在着公益性和营利性之争，如果养老产业用地被界定为营利性项目，那么，企业就需要通过招标、拍卖、挂牌等土地出让的方式获得土地，然而，高额的土地出让金使得大多数社会资本望而却步，很少有养老机构有能力从市场上竞价取得土地。鉴于大力发展养老产业是涉及国家"老有所养"宏观目标得以实现的全国性工程，关系到数亿老年人颐养天年的目标，符合"量最广、质最优"的公共利益判断标准。因此，应严格区分公益性养老服务机构、营利性养老服务机构，对于前者应给予划拨用地的支持。同时，政府还应该优先支持养老土地规划，加强有养老规划的田园综合体配套设施建设，如电、水、通信等（艾蓉，2019），在配套基础设施和公共服务设施建设上给予支持和用地政策倾斜。

8.8　强化新农村综合体的医疗卫生体系，打造"医养结合"特色和亮点

消费行为学认为，人口特征与消费者行为密切相关，城市老年人乡村休闲养老态度与身体状况、时间条件休戚相关，一般而言，城市老年人在退休后要想拥有充裕的自我支配时间，那么，就需要提高城市老年人的收入水平，这需要做到：健全企业职工工资正常增长机制，继续提高退休人员基本养老金待遇水平，养老金涨幅力度与物价涨幅力度相适应，机关事业单位退休人员和企业退休人员同步调整，强化市域范围内基本养老保险基金统收统支管理；加大对养老保险基金的补助力度，统筹安排资金，确保增加的基本养老金及时足额兑现。同时，从

第四次中国城乡老年人生活状况抽样调查结果得知，医疗服务是当今老年人最在意的一类服务需求。结合本书的调查结果统计显示，397名受访城市老年人中有86.3%的调查对象要求在新农村综合体内设置医疗卫生机构。Conway等(2003)指出，颐养天年是老年人最关心的问题。因此，一个医疗水平较高且就医方便的地方很容易成为部分老年人移居的首选。因此，本书认为，"小组微生"新农村综合体承接城市养老产业为自身医疗卫生条件的改善和医疗水平的提高提供了契机，同时，应趁势而上打造深度"医养结合"这一亮点和特色，让城市老年人在新农村综合体内就能享受到与城市一样的医疗服务，满足老年人的基本健康需要。具体而言可开展如下工作。

第一，加强对新农村卫生所(室)的建设和投入，引进专职医生和护士团队；定期邀请知名老年病专家坐诊；提供全天候的医疗服务保障。

第二，为在新农村休闲养老的城市老年人建立专属的健康档案，以会员价为他们定期做身体检查，跟踪每一位老年人身体健康各项指标的变化情况，及时更新并做好备份，卫生中心的专管人员还应对每份健康档案的记录规范性和内容逻辑性进行检查，查缺补漏，以提高城市老年人健康档案质量。

第三，在房间内的床头、卫生间、厨房等多个紧要位置配置多个紧急呼叫装置，应对老年人出现的突发情况，当城市老年人在房间内突发疾病或者出现火灾等危险情况时，能够快速通过紧急呼叫装置获取救援和帮助。

第四，设立社区医疗咨询服务中心，由专门的工作人员帮助城市老年人通过App、互联网查询到自己满意的医生，并协助他们通过网络预约、电话预约等方式挂号。

第五，城市老年人的身体疾病治疗不能单纯依靠新农村综合体内部的医务室，大病、急病、重病和突发性疾病要及时到具备治疗水平的大医院就医。因此，应保障"小组微生"新农村综合体与市内高水平医疗机构之间交通、资讯畅通，通过签订协议的形式建立起双向转诊机制，在城市老年人出现严重或者复杂疾病时，搭建就医绿色通道，保证城市老年人能方便地到优质医疗机构就诊、住院，能最快速度、最高效率地由专业医疗机构的专业医生对城市老年人进行诊治、救治工作。

第六，对新农村卫生所(室)的医保定点资格进行认定，对持有"认定卡"的城市老年人只需要办理简单的手续就可持医保卡在卫生所(室)就医看病(魏明俊，2015)；通过城乡间医保合作，实现医保异地结算，解决城市老年人在新农村内的医保报销问题。通过商业医疗保险与单位报销相结合，降低城市老年人医疗费用支出，避免城市老年人因经济问题而贻误各类疾病的治疗。

第七，政府加大新农村医疗卫生投入，出台相关优惠政策，加大补贴力度，建立乡村医疗人才激励机制，效仿"大学生村干部""定向师范生"等计划，通过实施"大学生村医计划"，通过考研加分和考公务员、事业单位加分，给予津补贴等多种激励机制，吸引更多医药专业毕业生下沉到农村基层从事医疗服务行业，保证乡村医疗人员的专业程度。为提高基层医疗服务人员服务水平，还应对其提供针对性培训，聘请专家到新农村医疗机构现场指导或开讲座；畅通人才引进渠道，注重人才的培养和引进，建立农村医疗卫生服务人员养老保险制度，不断提升新农村综合体内医务人员的整体水平。

8.9　市场主导与政府合理引导相结合，助力产业健康有序发展

　　"小组微生"新农村综合体建设的两大特色——"市场化""民主化"应该在"多元共融"式产业发展过程中得到充分体现。首先，在专业化团队的运作下，虽然城市老年人的收入水平较高和支出承受能力相对较强，但是城市老年人到乡村休闲养老亦希望在"物美价廉"的前提下达到目的，毕竟任意一个城市老年人都不愿意承受不必要的、不合理的经济支出。故而，城市老年人到"小组微生"新农村综合体休闲养老面临的重要问题就是价格的合理性和公平性问题。因此，政府部门应根据"小组微生"新农村综合体的区位、住房结构、住房面积、住房楼层、住房朝向、房间内部配置等情况，在充分调查、科学测算、听证与公示等基础上，出台新农村综合体出租房屋供城市老年人休闲养老的参考价格标准，包括每间房单独出租的参考价格标准、双人合租的参考价格标准、整套房出租的参考价格标准，且参考价格标准应当考虑城市老年人的居住时长，细化到每天、每周、每月、每季度、每年的租赁价格标准。一般而言，城市老年人的租赁时间越长，折算下来的平均租赁价格标准应当越低。在符合参考价格标准的前提下，由农民和城市老年人双方协商房屋的实际出租价格。同时，政府部门应制定统一格式合同文本，在城市老年人与农民就租赁房屋进行休闲养老达成一致后签订房屋租赁协议，以明确双方的责权利，并提交两份合同分别到新农村综合体休闲养老运营机构以及相应政府部门留存备案。对于城市老年人购买新农村综合体农民的蔬菜、瓜果、肉类以及土特产等价格，均应随行就市、明码标价，同时，农民出售的农产品应符合相关质量标准，并接受相关政府部门的产品质量检验和监督；对于新农村综合体内提供的休闲观光农业旅游、农家乐、民宿经济等价格也应该在营业场所的显著位置明码标价，接受工商、物价等部门的价格监督，并在消费场所显著位置标明当地物价部门的投诉举报电话。通过政府的科学引导与市场资源配置的主导作用有机结合，最终实现新农村综合体的人力、物力和财力等资源的合理优化配置。

8.10　培训与规范体系相结合，引导村民文明素质提升

"小组微生"新农村综合体承接城市养老产业在软实力层面的最大障碍就是城乡居民的文明素质和生活习惯方面的差距，这是城市老年人到"小组微生"新农村综合体休闲养老的一个顾虑。因此，需要通过培训和规范化引导相结合予以提升。

首先，农民的综合素质培训与专业技能培训不仅是解决农民就业、促进农民增收以及提升农民的思想素质、文明素质、集体意识、团结意识、劳动就业技能、民主法治意识等的重要手段，更是乡村振兴的重要前提。因此，应把以转变农民的生产和生活方式为主要目标的农民培训贯穿于落实乡村振兴战略的全过程，坚持"一手抓基础设施建设，一手抓精神家园建设"。根据调查结果，从接受培训农民的人次、培训的次数、培训的天数、培训的效果、培训满足预期等方面来看，为配合"小组微生"新农村综合体内农民生产生活方式转变，各级政府部门对农民的相关培训做了及时跟进。然而，农民培训工作不仅存在培训方式方法有待改进、多部门(机构)开展的培训工作相互间统筹力度不够、可以利用的培训资源拓展不足等问题，而且培训内容存在着"重技能，轻思想"的倾向，即主要目的是围绕农民职业技能的提高，培训内容集中在种植业、养殖业以及非农产业(餐饮、旅游、机械、家电等)，对于引导农民生活层面和精神层面转变的培训偏少。例如，农民闲暇时间利用方面的兴趣爱好培养类培训、农民沟通交流技巧类培训、农民文化素养类培训等开展较少。在调查中发现，在新农村综合体建成前后，农民在闲暇时间仍以打牌为主要消遣，这直接影响农民闲暇时间的利用和分配。因此，在"小组微生"新农村综合体承接城市养老产业过程中，对于新农村综合体内农民的培训内容，应包括生产和生活两个方面，实现内容设计更有针对性，培训形式更科学、更有实效。

其次，新农村综合体在住房城镇化、基础设施和公共服务设施城镇化的同时，开始注重村民文明素质市民化，但是采取的措施并未完全规范化和制度化，存在着"口号式""奖励式"和"积分式"等多种形式。例如，郫都区安德镇安龙村新农村综合体注重对村民生活习惯的引导，强调"要让入住群众从心理上和文明习惯上进城"。将"每周至少洗澡一次"等对新生活习惯的提倡写在展板上、摆进小区。新都区斑竹园镇建设竹柚塘居新农村综合体注重对环境卫生的引导。组织开展最美组团和最美小院卫生评比，建立组团互评制度，实行卫生月评打分，每年评选 1 个最美组团，给予 5000 元的奖励，用于组团绿化、卫生补贴及公共设施维护。"最美小院"评选，由各组团委员会考察后提出评选名单，公示后由社区两委给予 500 元奖励。温江区万春镇幸福村新农村综合体经群众自主

议定，以户为单位在全村长期开展"幸福积分"激励活动，主要内容包括环境卫生、道德诚信、公益参与、家庭文明、邻里和睦等分项，积分较高的农户可获得荣誉激励和新村内部分商户优惠。因此，在"小组微生"新农村综合体承接城市养老产业过程中，应当在政府部门的指导下，通过村规民约等方式制定相应的规范体系引导村民文明素质的提升和生活习惯的改善。

参 考 文 献

艾蓉，2019. 乡村振兴战略下田园综合体与乡村养老融合发展研究[J]. 农村实用技术(1)：4-7.

白然，2016. 都市老年人乡村旅游养老模式探究[J]. 商业经济研究(11)：201-202.

白然，田敏娜，2016. 乡村养老旅游产业模式探讨[J]. 合作经济与科技(5)：27-28.

白维军，2021. 家庭养老的风险标识及其治理[J]. 社会保障评论，5(4)：104-117.

陈红玲，张玉君，张灵杰，等，2021. 风险感知视角下广西巴马"候鸟式"养老旅游行为意向研究[J]. 山东农业大学学报(社会科学版)，23(3)：98-104.

陈李波，周若白，2018. 从"安居"到"乐居"——台湾综合性养老机构空间布局影响因素研究[J]. 华中建筑，36(5)：59-63.

陈柳，2021. 城乡融合视域下农村旅居养老的发展路径研究[D]. 无锡：江南大学.

陈恬恬，钟硕，武嘉慧，2018. 老年教育市场分析：以石家庄市为例[J]. 产业与科技论坛，17(16)：119-120.

陈伟涛，2021. "和而不同"：家庭养老、居家养老、社区养老和机构养老概念比较研究[J]. 广西社会科学(9)：144-150.

陈卫平，2014. 社区支持农业：理论与实践[M]. 北京：经济科学出版社.

陈想琴，沈世伟，2018. 中国大陆学者对法国旅游的研究[J]. 特区经济(2)：57-62.

陈小亮，姚一旻，2022. 美国宏观经济格局和宏观政策困境研究——宏观政策"三策合一"的视角[J]. 财经问题研究(4)：15-24.

陈颖，2021. 黑龙江省乡村休闲养老发展影响因素研究[D]. 哈尔滨：东北林业大学.

成都市农业委员会，2017. 加快推进供给侧结构性改革 奋力实现"三农"强、美、富[J]. 先锋(4)：25-26.

崔璀，郑琳健，2014. 农村养老的"丽水模式"[N]. 丽水日报(第A05版)，2014-10-16.

单麦琴，2003. 浅谈休闲的经济学意义[J]. 经济师(3)：257.

邓大松，丰延东，2021. 社区养老服务缓解了中国老年人健康脆弱性吗?[J]. 湖北大学学报(哲学社会科学版)，48(5)：150-159，169.

邓启运，2016. 关于成都"小组微生"新农村综合体建设的探索与思考[J]. 财讯(18)：9.

邓颖，2002. 成都市老年人不同照顾模式探讨[D]. 成都：四川大学.

邓远建，汤彪，屈志光，2022. 农业经济"双循环"新发展格局的内在逻辑与实现路径[J]. 西北农林科技大学学报(社会科学版)，22(1)：106-114.

邓志阳，2001. 休闲与休闲经济[J]. 南方经济(12)：51-54.

丁圣彦，尚富德，2003. 都市农业研究进展[J]. 生态经济(10)：159-163.

丁伟斌，2019. 把青山绿水变成名山名水——江西靖安走出生态保护与经济发展共赢之路[N]. 中国县域经济报，2019-10-19(3).

丁雪萌，孙健，2019. 近二十年我国养老护理人员研究的现状与趋势[J]. 江汉学术，38(6)：26-34.

董金秋，汪丽萍，2013. 城乡一体化视角下的城市老年人乡村社区养老模式研究[J]. 邯郸学院学报，23(2)：120-124.

董秋云，2018. 共享经济下乡村休闲养老产业的发展对策[J]. 改革与战略，34(1)：145-148.

杜国玮，2010. 我国养老服务机构护理员队伍现状、问题及对策研究——以北京地区为例[D]. 北京：中国社会科学院研究生院.

段海平，吴义丽，逄增昌，2012. 老化表型结构方程模型分析[J]. 中国公共卫生，28(10)：1376-1379.

段文婷，江光荣，2008. 计划行为理论述评[J]. 心理科学进展，16(2)：315-320.

樊敏俐，2012. 新农村综合体建设条件探析——以资阳市雁江区文龙寺村为例[J]. 安徽农业科学，40(35)：17175-17178.

方敏，2015. 桐梓乡村度假旅游发展现状及对策分析[J]. 旅游纵览(下半月)(4)：183-184.

方园，刘声，祝立雄，等，2019. 多维生态位视角下的乡村养老特色村研究——以浙江西北部为例[J]. 经济地理，39(8)：160-167.

冯刚，2014. 台湾养老服务考察报告[J]. 中国物业管理(9)：48-49.

冯清，2007. 浅谈老年旅游的新模式——"候鸟式"旅游[J]. 华东经济管理，21(3)：121-123.

冯戎，2019. 成都平原乡村休闲养老园区景观规划设计研究[D]. 雅安：四川农业大学.

冯晓兵，2022. 中国民宿网络关注时空特征及影响因素研究[J]. 世界地理研究，31(1)：154-165.

付强，2015. 遵义桐梓县乡村度假旅游发展研究[J]. 遵义师范学院学报，17(4)：43-47.

高荣伟，2022. 德国养老新模式[J]. 检察风云(12)：54-55.

高岩，李玲，2011. 机构养老服务研究文献综述[J]. 劳动保障世界(理论版)(7)：47-49.

耿虹，李彦群，范在予，2019. 农家乐发展的地域空间格局及其影响因素——基于浙江、湖北、四川的比较研究[J]. 经济地理，39(11)：183-193.

辜波，李开红，2016. 成都规划291处社区养老设施84处养老机构[N]. 成都商报，2016-11-09(3).

古依·鲍代尔，范冬阳，2013. 中小城市——法国国土开发的催化剂[J]. 国际城市规划，28(5)：23-28.

郭海娟，林学宽，2021. "公园城市"背景下的成都市周边美丽乡村建设规划探究[C]//中国城市规划学会，成都市人民政府面向高质量发展的空间治理——2020中国城市规划年会论文集(16 乡村规划). 北京：中国建筑工业出版社：955-962.

郝学，张华纲，王惠，2015. 老年社区适老化解决方案设计实践——以上海天地健康城为例[J]. 建筑学报(6)：24-27.

何刚，丁国武，范艳存，2016. 我国准老年人、老年人自评健康现状及其影响因素分析——基于CHARLS数据的实证分析[J]. 老龄科学研究，4(3)：46-54.

何阳，李芬，2017. 政府治理异地养老的理论与实践启示[J]. 青海社会科学(1)：108-114.

胡大伟，2020. 宅基地"三权分置"的实施瓶颈与规范路径——基于杭州宅基地制度改革实践[J]. 湖南农业大学学报(社会科学版)，21(1)：49-55.

胡定强，2019. 老龄化社会背景下武汉市乡村养老设施规划研究[D]. 武汉：华中科技大学.

胡雪琴，2009. 重庆：城市老年人的农村养老试验[J]. 中国经济周刊(9)：68-69.

花园园，2021. 基于GNBS模型和行为决策理论的工程争端谈判结果预测模型[D]. 天津：天津大学.

华钢，汪彦，2018. 城镇休闲养老服务体系研究[J]. 嘉兴学院学报，30(1)：117-121.

黄宝华，唐福敬，2009. 面朝重庆"火炉"叫卖凉爽桐梓[J]. 当代贵州(12)：46-47.

黄璜，2013. 国外养老旅游研究进展与我国借鉴[J]. 旅游科学，27(6)：13-24，38.

黄婕，2015. 南京市老年人乡村休闲养老意愿及其影响因素研究[D]. 南京：南京农业大学.

黄梅君，袁玲儿，2005. 山水休闲养老与统筹城乡和谐发展[J]. 宁波广播电视大学学报，3(2)：80-82.

黄淑娜，2021. 乡村振兴战略实施中的乡村养老价值再造——基于浙江省老龄化现状的思考[J]. 宁波开放大学学报，
　　19(3)：42-46.

黄震方，陆林，苏勤，等，2015. 新型城镇化背景下的乡村旅游发展——理论反思与困境突破[J]. 地理研究，
　　34(8)：1409-1421.

江海燕，刘庆友，2014. 银发族乡村旅游养老意愿及影响因素分析：基于南京市 200 位老年者的调查[J]. 湖南农业
　　科学(17)：61-65.

江建秋，2016. 以高铁时代为契机发展丽水高端休闲养老社区探析[J]. 市场研究(2)：46-48.

杰弗瑞·戈比，2000. 你生命中的休闲[M]. 康筝译，田松校译. 昆明：云南人民出版社.

金晓艳，赫天姣，2022. 粤港澳大湾区国际中文教育集群发展的 SWOT 分析[J]. 广州大学学报(社会科学版)，
　　21(2)：126-136.

靳晓青，2011. 我国观光休闲农业发展的空间布局和发展模式研究[D]. 石家庄：河北师范大学.

康轶群，郑志丹，郅海纯，等，2020. 乡村集中养老社区建设的新构想[J]. 中国商论(2)：96-98.

孔娟，2004. 国外的老年人如何安居[J]. 社会福利(2)：52-57.

赖扬恩，2014. 城镇化进程中推进城乡基本公共服务均等化研究[J]. 福建论坛(人文社会科学版)(6)：193-199.

劳可夫，吴佳，2013. 基于 Ajzen 计划行为理论的绿色消费行为的影响机制[J]. 财经科学(2)：91-100.

雷鸣，潘勇辉，2008. 日本乡村旅游的运行机制及其启示[J]. 农业经济问题(12)：99-103.

黎江，黄璜，2013. 衡阳市休闲农业发展现状与对策[J]. 作物研究，27(S1)：75-77.

李晨，赵海云，2020. 生态文明视角下乡村休闲养老精神需求研究——以靖安县中源客家避暑小镇为例[J]. 城市发
　　展研究，27(1)：7-11.

李东雷，路召飞，2017. 着力构建社会救助大格局[J]. 人民论坛(31)：56-57.

李桂超，2017. 基于农宅再利用的适老型乡村酒店设计研究——以川渝地区为例[D]. 重庆：重庆大学.

李果，陈建滨，高梦薇，等，2021. 从"统筹"到"融合"——成都乡村规划十七年的实践探索[C]//中国城市规
　　划学会，成都市人民政府. 面向高质量发展的空间治理——2020 中国城市规划年会论文集(16 乡村规划). 北京：
　　中国建筑工业出版社：393-400.

李泓沄，储德平，2015. 安养乡村、乐享田园：养老型乡村旅游地新机遇——基于养老旅游、乡村旅游与生态旅
　　游的融合发展[J]. 资源开发与市场，31(4)：493-496.

李晋，李发戈，田莉，2016. 农民集中居住区建设应注意的几个问题——以成都市"小组微生"新农村综合体建
　　设为例[J]. 重庆行政(公共论坛)，17(3)：41-43.

李俊，王红漫，2018. 美国老年人口结构变化及健康养老制度演进对中国的启示[J]. 中国老年学杂志，38(17)：
　　4346-4349.

李巧莎，2020. 日本乡村旅游模式探索及案例分析[J]. 现代日本经济，39(2)：72-80.

李俏，陈柳，赵向红，2021. 城乡融合视域下养老下乡的生成机制与实践策略[J]. 宁夏社会科学(2)：132-141.

李松柏，2007. 我国旅游养老的现状、问题及对策研究[J]. 特区经济(7)：159-161.

李松柏，2011. 都市圈乡村休闲旅游与老年季节性移居融合发展研究[J]. 农村经济(9)：101-104.

李松柏，2012. 长江三角洲都市圈老人乡村休闲养老研究[J]. 经济地理，32(2)：154-159.

李穗菡，2009. 基于度假旅游需求的第二住宅开发模式研究——以张家界市为例[D]. 长沙：中南林业科技大学.

李雨童，2020. 田园养老度假景观设计研究——以唐县张合庄养老度假村设计为例[D]. 保定：河北农业大学.

李雨潼，2018. "候鸟式"异地养老方式研究[J]. 社会科学战线(8)：276-280.

李源，刘后平，2014. 新农村综合体的要素整合和产业发展问题探讨——以内江市市中区尚腾新村为例[J]. 商场现代化(12)：122-123.

李月，2020. 城市人口空间分布与公共服务资源配置问题研究——以成都市为例[J]. 社会与公益(6)：1-7，10.

廖芬，2007. 社会养老辟蹊径 城乡统筹开新篇[J]. 特区经济(11)：157-159.

廖益，2021. 乡村振兴战略背景下乡村休闲养老产业发展对策分析[J]. 现代农业研究，27(7)：57-59.

林卫光，2008. 法国：最舒服的地方是农村[J]. 乡镇论坛(2)：27.

林禧慧，2008. 发展乡村休闲养老产业探讨[C]//海峡西岸乡村休闲产业发展研讨会. 中国农学会，福建省农学会，福建省乡村休闲发展协会：345-348.

林泽宇，2021. 乡村振兴战略下养老地产开发模式的研究[D]. 福州：福建工程学院.

凌丽君，2013. 河南省城市老人季节性移居乡村休闲养老旅游研究[D]. 郑州：郑州大学.

刘川枫，2022. 湖北省英山县红山镇乡村振兴对策研究[D]. 武汉：华中师范大学.

刘海玲，王二博，2005. "休闲人"假设与快乐管理[J]. 理论与现代化(S1)：42-43.

刘佳，2014. 中国老龄化，十八年走完百年进程[J]. 市场周刊(资本)(7)：16-19.

刘洁，2017. 法国乡村旅游发展经验的启示[J]. 现代企业文化(上旬)(Z1)：134-135.

刘凯捷，王晨，罗秀兰，等，2019. 基于结构方程模型的社区老年人药物治疗依从性的影响因素[J]. 中国老年学杂志，39(11)：2800-2803.

刘灵辉，2018. 城市老人农村休闲健康养老意愿的影响因素研究——以成都市"小组微生"新农村综合体为例[J]. 西南交通大学学报(社会科学版)，19(5)：58-65，96.

刘灵辉，2019. 大城市边缘区新农村承接城市养老产业研究[J]. 资源开发与市场，35(1)：102-106，137.

刘灵辉，黄莉春，谢佳培，等，2021. 城市老人到新农村综合体休闲养老的个性化诉求及其行为影响研究——以成都市新农村综合体建设为例[J]. 西南交通大学学报(社会科学版)，22(5)：25-37.

刘灵辉，唐海君，苏扬，2018. 农村大学生返乡创建家庭农场意愿影响因素研究[J]. 四川理工学院学报(社会科学版)，33(3)：1-20.

刘鲁，吴必虎，2021. "城市-景区"双驱动型乡村发展：路径选择及其动态演化过程[J]. 地理科学，41(11)：1897-1906.

刘倩，2003. 小组工作介入农村失能老人女性照顾者情绪困境研究——以Q市P区为例[D]. 大庆：东北石油大学.

刘爽，陈谊，黄慧，等，2006. 孰是孰非：聚焦"异地养老"[J]. 人口研究(4)：35-46.

刘晓红，2017. 打造敬老盛宴 凸显品牌价值——第四届石家庄敬老节活动回顾[J]. 采写编(3)：191-192.

刘友莉，王天志，张直，2015. 五星村里的好风景[N]. 成都商报，2015-10-15(6).

卢贵敏，2017. 田园综合体试点：理念、模式与推进思路[J]. 地方财政研究(7)：8-13.

卢亚，2014. 四川灾后新农村综合体景观规划体系研究初探[D]. 雅安：四川农业大学.

罗津，2021. 深度老龄化背景下城市社区居家养老的治理机制[J]. 上海交通大学学报(哲学社会科学版)，29(4)：63-70，129.

罗小红，2018. 新农村综合体模式下农村公共体育服务供需现状研究[D]. 成都：成都体育学院.

罗晓松，敖芹，谢佳君，等，2018. 遵义避暑旅游气候资源比较优势分析[C]//第35届中国气象学会年会 S17 气候环境变化与人体健康：100-104.

罗歇·苏，1996. 休闲[M]. 姜依群译. 北京：商务印书馆.

罗毅，2019. 新时代特色小镇建设路径探讨[J]. 重庆三峡学院学报，35(2)：71-76

吕志新，2013. 美国太阳城——集中式养老社区的代表[J]. 中国医院建筑与装备，14(8)：50-51.

麻宝斌，任晓春，2011. 从社会管理到社会治理：挑战与变革[J]. 学习与探索(3)：95-99.

马惠娣，刘耳，2001. 西方休闲学研究述评[J]. 自然辩证法研究(5)：45-49.

马克斯·韦伯，2005. 社会学的基本概念[M]. 胡景北译. 上海：上海人民出版社.

马岚，2019. 新中国70年来我国社会养老服务的本土化实践[J]. 兰州学刊(8)：184-194.

马勇，2018. 旅游接待业[M]. 武汉：华中科技大学出版社.

毛帅，2008. 休闲农业与观光农业、都市农业的联系与区别[J]. 特区经济(10)：133-135.

米傲雪，2020. 基于景观吸引力的北京市怀柔区乡村文化景观空间研究[D]. 天津：天津大学.

米辉，刘先忠，2004. 带休闲的 Uzawa-Lucas 模型[J]. 华中科技大学学报(自然科学版)(4)：114-116.

穆光宗，2010. 关于"异地养老"的几点思考[J]. 中共浙江省委党校学报，26(2)：19-24.

穆月英，陈家骥，1994. 两类风险　两种对策——兼析农业自然风险与市场风险的界限[J]. 农业经济问题(8)：33-36.

欧阳爱琼，2017. 孝丰镇横溪坞村：打造乡村康养目的地[N]. 安吉新闻数字报，2017-09-30(3).

潘鸿雷，蔡蓉蓉，徐子琳，2012. 城乡统筹背景的南京乡村旅游养老产业探索[J]. 江苏商论(2)：120-122.

庞启健，2020. 成都市田园综合体建设发展的问题和对策研究[D]. 成都：成都大学.

庞学铨，2016. 休闲学研究的几个理论问题[J]. 浙江社会科学(3)：110-119，159-160.

彭锐，张婷，张秋玲，等，2021. 大城市近郊都市现代农业多功能实施路径探究——以苏州高新区通安现代农业示范园为例[J]. 中国农业资源与区划，42(10)：11-18.

彭姝祎，2017. 法国养老制度的现状及改革[J]. 法国研究(3)：49-57.

彭希哲，陈倩，2022. 中国银发经济刍议[J]. 社会保障评论，6(4)：49-66.

青连斌，刘天昊，2021. 夯实居家养老在养老服务体系中的基础地位[J]. 理论视野(3)：56-59.

邱宏亮，2016. 道德规范与旅游者文明旅游行为意愿——基于 TPB 的扩展模型[J]. 浙江社会学(3)：96-103，159.

屈学书，矫丽会，2013. 我国社区支持农业(CSA)研究进展[J]. 广东农业科学，40(9)：214-217.

冉波，2015. 资产置换引导城市老年人旅游养老研究[D]. 成都：西华大学.

饶洪生，龙茂兴，2012. 建立长效机制是遵义市桐梓县乡村旅游持续发展的有力保证[J]. 遵义师范学院学报，14(2)：26-29.

任欢，2018. 警惕养老服务业人才荒[N]. 光明日报，2018-07-08(7).

任靖袆，2017. 统筹城乡发展推进美丽乡村建设[J]. 农村经济与科技，28(8)：187-189.

沈铁松，李增勇，熊正明，2018．"互联网+众筹"乡村休闲养老产业发展研究——以重庆市九龙坡区为例[J]．重庆广播电视大学学报，30(2)：25-30．

施庆宁，1989．法国的住房政策及其措施[J]．国际科技交流(3)：38-41

石言弟，2013．家庭农场：农业现代化的现实选择[J]．江苏农村经济(7)：15-18．

舒灏，方瓅，2006．禀赋效应及其对经济学理论的影响[J]．上海立信会计学院学报，20(1)：53-57．

宋艺，关丽丽，许鲜，2021．都市现代农业的发展现状及对策研究——以成都市为例[J]．经济师(2)：272-274．

苏先春，樊敏俐，2012．新农村综合体产业选择影响因素分析——以资阳市雁江区文龙寺村为例[J]．经济研究导刊(34)：58-60．

苏悦，2021．马克思的休闲观及其当代启示[D]．南昌：南昌大学．

孙坤，2020．崇州市乡村聚落空间形态演变分析及优化策略研究[D]．成都：成都理工大学．

孙立棉，史仕新，2009．国际经验与成都市"农家乐"发展策略探索[J]．中国集体经济(36)：141-142．

孙天厌，2003．关注休闲：经济学视角[J]．自然辩证法研究(6)：92-95．

孙煦扬，严耕，2021．休闲、劳动及其关系——对鲍德里亚休闲观的批判[J]．北京林业大学学报(社会科学版)，20(4)：45-49．

孙延红，2006．城市居民旅游动机及影响因素的实证分析[J]．工业技术经济(11)：114-117．

孙艳，2016．乡村养老度假村项目运作模式的比较研究[D]．南京：南京农业大学．

谈志娟，黄震方，吴丽敏，等，2016．基于 Probit 模型的老年健康休闲旅游决策影响因素研究——以江苏省为例[J]．南京师大学报(自然科学版)，39(1)：117-123．

谭文静，2018．推进适老环境建设主流化刻不容缓[J]．老龄科学研究，6(1)：71-79．

唐冰，王邦泉，2021．成都农家乐服务现状分析——服务供给视角[C]//四川劳动保障杂志出版有限公司．劳动保障研究会议论文集(十三)：113-115．

唐健，李珍贵，王庆宾，等，2014．因地制宜地稳妥推进留地安置——基于对 10 余省份留地安置的调研[J]．中国土地科学，28(4)：91-96．

天津经济课题组，孟力，李向春，等，2015．大力发展养老产业已成必然[J]．天津经济(7)：37-44．

田春来，2014．丽水生态休闲养老服务的策略研究——以浙江省丽水市为例[J]．农家顾问(11)：18-21．

田帆，王阳，范宁玥，等，2017．成都市医养结合型医疗机构的价格收费研究[J]．中国卫生经济，36(9)：42-45．

托马斯·古德尔，杰弗瑞·戈比，2000．人类思想史中的休闲[M]．成素梅，马惠娣，李斌，等译．昆明：云南人民出版社．

王春蕊，2011．对城乡统筹发展中新农村综合体建设模式的解读[J]．河北学刊，31(5)：202-204．

王冬梅，2019．这里的美景成了"摇钱树"——江西靖安践行"绿水青山就是金山银山"的故事[N]．工人日报，2019-10-28(4)．

王桂新，2016．人口迁移导致中国农村老龄化显著加重[N]．北京日报，2016-02-29(3)．

王海滨，王涛，全志，等，2007．北京现代都市农业建设应大力发展休闲农业[J]．中国农学通报，23(10)：274-278．

王惠绵，2020．城乡住宅普遍存在不适老问题 适老化改造需全龄维度考虑[N]．中国青年报，2020-08-30(2)．

王慧叶，2017．乡村型养老旅游目的地供给及其优化研究——以长兴县顾渚村为例[D]．杭州：浙江工商大学．

王瑞军，娄方进，2013．乡村旅游的桐梓样本[J]．当代贵州(10)：34-35

王树进, 2012. 从市民农园到乡村市民社区——关于城乡统筹发展的一种新模式的思考[J]. 农业经济与管理(2): 74-78.

王树新, 2006. "异地养老"应自由选择量力而行[J]. 人口研究, 30(4): 42-46.

王维维, 2021. 桐梓: 避暑旅游让乡村更加多彩[J]. 当代贵州(22): 1.

王卫东, 2010. 结构方程模型原理与应用[M]. 北京: 中国人民大学出版社.

王文博, 2021. 基于田园综合体模式下的养老集成建筑设计研究[D]. 兰州: 兰州大学.

王文龙, 2019. 城市生产要素下乡带动乡村振兴的实现机制研究——基于湖州休闲养老产业典型案例分析[J]. 经济体制改革(1): 82-87.

王小春, 2013. 农家休闲养老模式研究——以衢州七里等为例[D]. 金华: 浙江师范大学.

王小荣, 原健, 2017. 台湾"在地老化"政策下城市养老方式的探究与借鉴[J]. 建筑与文化(1): 139-141.

王渝, 廖成林, 2017. 乡村旅游住宿业产业组织管理研究——基于供应链协调的角度[J]. 农村经济(3): 66-72.

王羽, 伍小兰, 尚婷婷, 等, 2021. 老年人居家养老环境需求分析及对策建议[J]. 老龄科学研究, 9(1): 10-19.

王玉, 2007. 旅游养老市场需求与模式分析[J]. 商业经济(4): 106-107.

王昀加, 何自力, 2016. 让老年人积极自主经营生活——探访台湾长庚养生文化村[J]. 两岸关系(8): 42-43.

韦晓丹, 陆杰华, 2017. 季节性候鸟老人自评健康影响因素的实证分析——以海南省为例[J]. 北京社会科学(5): 99-107.

魏明俊, 2015. 农民闲置房变身田园养老小院, 京郊试点首个乡村休闲养老社区[N]. 农民日报, 2015-07-18(8).

魏馨远, 程梓粆, 潘惊萍, 等, 2021. 四川省空巢老人生命质量及影响因素研究[J]. 现代预防医学, 48(11): 2032-2035.

魏友民, 2008. 新型休闲养老产业大有可为[J]. 决策(9): 6-8.

温铁军, 2013. 农民专业合作社发展的困境与出路[J]. 湖南农业大学学报(社会科学版), 14(4): 4-6.

温铁军, 杨春悦, 2010. 综合性农民专业合作社的发展问题[J]. 中国农民合作社(2): 26.

文军, 2001. 从生存理性到社会理性选择: 当代中国农民外出就业动因的社会学分析[J]. 社会学研究(6): 19-30.

巫英慧, 2015. 农家休闲养老模式发展趋势分析[J]. 旅游纵览(下半月)(20): 15-16.

吴国庆, 2014. "巴黎的忧郁": 变革、平衡与新的困境——近三十年来法国经济社会转型历程综述[J]. 人民论坛·学术前沿(16): 6-23.

吴克润, 2021. 苍南县灵溪镇休闲观光农业发展问题及对策研究[D]. 重庆: 西南大学.

吴正金, 2019. 乡村养老产业发展思考[J]. 合作经济与科技(6): 162-164.

武赫, 2017. 人口老龄化背景下我国养老产业发展研究[D]. 长春: 吉林大学.

武萍, 付颖光, 2021. 责任分担视角下我国机构养老服务困境的法律应对[J]. 社会科学家(4): 107-113.

夏骥, 葛钰, 刘吉源, 2021. 生态田园型养老模式的现状问题与发展前景探讨[J]. 住宅产业(9): 56-59, 96.

夏鲁平, 2001. 第二住宅消费与海南的新机遇[J]. 新东方(2): 86-88.

夏宇翔, 杨滨, 2020. 乡村养老未来发展方向的调查研究——基于湖北省S县的调查[J]. 农村经济与科技, 31(19): 241-244.

夏昱贤, 2009. 新农村建设的实践与思考——以"联众模式"为例[D]. 杭州: 浙江大学.

向甜, 2013. 人口老龄化背景下上海养老产业发展研究[D]. 上海: 上海工程技术大学.

肖涌锋，2016. 乡村旅游综合体适老化设计研究[D]. 北京：北京建筑大学.

谢玉壮，2020. 马克斯·韦伯"合理性"理论及当代价值研究[D]. 通辽：内蒙古民族大学.

谢媛，2016. 分析四川省旅游养老产业的发展概况[J]. 旅游纵览(下半月)(4)：118，120.

熊晴桠，2020. 成都市郫都区青杠树村"小组微生"综合体建设案例研究[D]. 成都：电子科技大学.

徐丹，2019. 休闲养老型美丽乡村建设规划策略研究——以黄冈黄州区松杨村为例[D]. 武汉：华中科技大学.

徐光良，2012. 休闲观光农业经营模式及其应用研究——以宁波市鄞州区东吴镇为例[D]. 杭州：浙江大学.

徐晗婧，袁心怡，2021. 以乡村养老为主导的传统村落发展路径探析——以阳泉市平定县西岭村为例[C]//中国城市规划学会，成都市人民政府. 面向高质量发展的空间治理——2020 中国城市规划年会论文集(16 乡村规划). 北京：中国建筑工业出版社：1525-1536.

徐琳，2008. 会议室里的战争："多数派"与"少数派"[J]. 软件工程师(11)：30-32.

徐英姿，2008. 城市机构养老的发展[D]. 上海：复旦大学.

徐知秋，胡惠琴，2017. 老旧住宅改造成社区养老设施的方法探索[J]. 建筑学报(3)：95-101.

薛文博，2013. 台湾老人住宅政策分析及长庚养生文化村案例研究[D]. 天津：天津大学.

闫岩，2014. 计划行为理论的产生、发展和评述[J]. 国际新闻界，36(7)：113-129.

严勇，2020. 美丽宜居村庄建设视野下城市居民农村养老服务与休闲旅游联合开发研究[J]. 农业经济(4)：82-84.

演克武，陈瑾，陈晓雪，2018. 乡村振兴战略下田园综合体与旅居养老产业的对接融合[J]. 企业经济，37(8)：152-159.

杨国良，2002. 城市居民休闲行为特征研究——以成都市为例[J]. 旅游学刊(2)：52-56.

杨继瑞，马永坤，2011. 完善新农村综合体建设的制度安排[J]. 经济纵横(5)：14-17.

杨建平，束必珠，仲维华，2007. 城市社会化养老的新选择——乡村养老院[J]. 老龄问题研究(10)：33-35.

杨茂庆，史能兴，2018. 身份认同理论观照少数民族流动儿童的城市社会融入与身份建构[J]. 民族教育研究，29(3)：101-107.

杨书侠，卢继东，沈建萍，2014. 乡村休闲养老对老龄人群身心健康效益的影响研究[J]. 现代经济信息(19)：81-82.

杨晓冬，武永祥，姚嘉玉，2016. 面向用户满意的养老社区服务体系构建[J]. 中国软科学(3)：175-183.

杨秀婷，王春昕，王桂茹，等，2010. 我国空巢老人焦虑抑郁现状及相关因素研究进展[J]. 中国老年学杂志，30(18)：2712-2713.

杨阳，2012. 走向现代文明的深刻变革——聚焦四川新农村综合体建设[J]. 四川党的建设(农村版)(7)：12.

杨伊凡，申悦，2021. 基于地理数据分析的"候鸟式"养老模式研究[C]//中国城市规划学会，成都市人民政府. 面向高质量发展的空间治理——2021 中国城市规划年会论文集(11 城乡治理与政策研究). 北京：中国建筑工业出版社：280-289.

杨璺，储德平，李泓沄，等，2018. 近二十年中国养老旅游研究态势——基于 1993—2017 年 CNKI 所刊期刊文献的共词可视化分析[J]. 资源开发与市场，34(7)：982-986.

姚昆遗，2005. 发展农业旅游略议[J]. 旅游科学(4)：28-32.

姚如青，2015. 制度框架、产权缔约和土地利用——"景中村"宅基地开发的"联众模式"兴衰探讨[J]. 中共福建省委党校学报(8)：89-95.

姚树荣，余澳，2018. 村庄整治中的"小组微生"模式研究[J]. 安徽农业科学，46(1)：218-220，231.

姚应祥，2017. 基于"生态＋"理念建设长三角"健康谷"的思考——以湖州市为例[J]. 浙江体育科学，39（2）：41-44.

易开刚，俞富强，2010. 基于共生视域的"农家乐"经营模式创新研究[J]. 商业研究（5）：85-88.

尹立杰，张捷，韩国圣，等，2012. 基于地方感视角的乡村居民旅游影响感知研究——以安徽省天堂寨为例[J]. 地理研究，31（10）：1916-1926.

游上，史策，2018. 发展民宿旅游 助力乡村振兴[J]. 人民论坛（13）：96-97.

于丹，2008. 品牌购买理论（TBP）研究：理性行为理论（TRA）在品牌购买情境下的深化与拓展[D]. 大连：大连理工大学.

于江，2011. 城市旅游者乡村旅游动机分析[J]. 经济研究导刊（33）：161-164，169.

余贵贤，2015. 论发展休闲观光农业的条件[J]. 中外企业家（6）：32.

俞文正，2001. 休闲农业的功能及发展前景[J]. 青海农林科技（4）：37-38，34.

禹鹏斌，2016. 广西农村养老服务供需矛盾与对策研究——以桂林市为例[D]. 南宁：广西大学.

袁赛男，2013. 家庭农场：我国农业现代化进路选择——基于家庭农场与传统小农户、雇工制农场的比较[J]. 长白学刊（4）：92-97.

袁忻忻，李倩，黄灿，等，2017. 我国养老服务产业存在的问题及其对策[J]. 管理观察（1）：189-192.

原新，金牛，2021. 中国医养结合模式治理的基点、焦点和要点[J]. 河海大学学报（哲学社会科学版），23（2）：71-78，107-108.

翟坤周，周庆元，2014. 新农村综合体的内涵特征、体系框架与建设策略——四川新农村综合体建设的实践反思[J]. 现代经济探讨（4）：47-52.

翟一鸣，2021. 城乡融合视域下的乡村人居环境建设模式初探[D]. 济南：山东大学.

翟媛，2013. 乡村养老度假偏好差异研究——以浙江省为例[J]. 旅游论坛，6（6）：15-20.

翟振武，陈佳鞠，李龙，2017. 2015—2100年中国人口与老龄化变动趋势[J]. 人口研究，41（4）：60-71.

张晨，2021. 旅居趋势下滇中康养旅游地规划研究[D]. 昆明：昆明理工大学.

张迪，2022. 点状供地政策下的养老设施配置研究[D]. 北京：北京建筑大学.

张海洲，虞虎，徐雨晨，等，2019. 台湾地区民宿研究特点分析——兼论中国大陆民宿研究框架[J]. 旅游学刊，34（1）：95-111.

张嘉敏，房旭，张雅琪，等，2019. 田园养老国内外研究综述[J]. 农村经济与科技，30（19）：251-254.

张建强，陈梦薇，黄学彬，2021. 法国乡村旅游发展经验对我国乡村振兴的启示[J]. 中国商论（12）：36-39.

张晋，2015. 村办敬老院吸引城市老年人 农村生态养老有望产业化[N]. 青岛日报，2015-10-12（第 004 版）.

张丽，段圣奎，2019. 老龄化社会背景下乡村养老旅游发展模式研究——以江苏省为例[J]. 太原城市职业技术学院学报（10）：24-26.

张松彪，刘长庚，2021. 中国基本养老金区域差距的变化及其影响因素[J]. 经济地理，41（12）：43-54.

张卫国，2012. 美国养老社区研究[J]. 世界经济与政治论坛（5）：136-149.

张卫红，1999. 旅游动机定量分析及其对策研究[J]. 山西财经大学学报（4）：100-103.

张文斌，王景梅，苏孜，2021. 基于行为决策理论的宅基地退出影响因素分析——甘肃省 654 户调查数据的实证[J]. 中国国土资源经济，34（4）：63-70.

张怡，2020. 成都市"小组微生"新农村建设的案例研究[D]. 成都：电子科技大学.

张元钗，2022. 台湾地区人口老龄化的发展态势、政策措施与经验借鉴[J]. 亚太经济(2)：129-137.

张璋，王钰婷，邓成洋，等，2016. 北京市民"以房养老"影响因素分析[J]. 中国集体经济(4)：159-160.

张长春，王玉莹，王慧敏，等，2011. 基于城市老年人乡村集中养老社区视角的集体土地利用制度再设计[J]. 江苏农业科学，39(6)：659-661.

张紫琼，Rob Law，刘挺，2012. 旅游重要性感知、旅游动机与人口特征：基于香港居民调查数据的实证研究[J]. 旅游科学，26(5)：76-84.

赵海云，沙楠欣，许俊，2018. 乡村休闲养老客户群决策行为特征分析——基于 800 份南昌城区老人的访谈数据[J]. 城市发展研究，25(10)：125-127，133.

赵明，2012. 计划行为理论相关变量测量研究[J]. 湖北第二师范学院学报，29(4)：79-81.

赵圳，2013. 郊区生态休闲养老：城市养老保障新模式[J]. 环境与可持续发展，38(2)：50-55.

郑风田，2015. 提倡"养老下乡"，养老产业的希望在农村[J]. 农村工作通讯(2)：35.

郑军，蒋成飞，2020. 税收优惠政策支持养老服务业发展的美国经验及启示[J]. 三峡大学学报(人文社会科学版)，42(1)：79-84.

钟佳利，孙强，魏成轩，2022. 成都市都市农业发展现状问题及对策[J]. 南方农业，16(1)：118-120，124.

周爱飞，2012. 浙江欠发达山区人口老龄化：形势与对策——以浙江省丽水市为例[J]. 云南社会主义学院学报(4)：28-31.

周飞跃，勾竞懿，梅灵，2018. 国内外社区支持农业(CSA)体系的比较分析[J]. 农业经济问题(7)：78-87.

周飞跃，孙浩博，2020. 我国社区支持农业(CSA)信任机制构建研究[J]. 农业技术经济(5)：32-44.

周刚，罗萍，2021. 基于供求分析的重庆市乡村休闲养老发展策略研究[J]. 西部旅游(6)：16-17.

周觉，2004. 时间稀缺性与休闲的异化——个人自由时间之不可能[J]. 探求(4)：21-25.

周京蓉，2017. 老龄化背景下兴隆县郭家庄村旅居养老综合体设计研究[D]. 包头：内蒙古科技大学.

周凯，2018. 养老旅游与城郊乡村旅游融合发展路径研究——以靖安县为例[D]. 南昌：南昌大学.

周密，2014. 武汉市乡村养老地的开发研究[D]. 武汉：华中师范大学.

周鹏飞，杨欣炼，沈洋，2022. 老年人乡村休闲养老意愿影响因素实证考察——以重庆主城都市区为例[J]. 重庆师范大学学报(社会科学版)，42(1)：66-76.

周五四，陈社英，2022. 比较视野下适老化改造的国际经验与中国路径[J]. 浙江工商大学学报(2)：125-136.

朱红根，宋成校，2020. 乡村振兴的国际经验及其启示[J]. 世界农业(3)：4-11，27.

朱明，2018. 社区支持农业的研究进展[J]. 世界地理研究，27(2)：106-117.

朱治钢，2012. 成都市三圣花乡乡村旅游消费动机研究[D]. 成都：西南财经大学.

Ajzen I，1985. From Intentions to Actions：A Theory of Planned Behavior[M]//Action Control：From Cognition to Behavior. Heidelberg：Springer.

Ajzen I，1991. The theory of planned behavior[J]. Organizational Behavior and Human Decision Processes，50(2)：179-211.

Ajzen I，2002. Perceived behavioral control，self-efficacy，locus of control and the theory of planned behavior[J]. Journal of Applied Social Psychology，32(4)：665-683.

Ajzen I，Fishbein M，2005. The Influence of Attitudes on Behavior[M].The Handbook of Attitudes. Mahwah：Erlbaum.

Al-Rafee S，Cronan T P，2006. Digital piracy：Factors that influence attitude toward behavior[J]. Journal of Business Ethic，63(3)：237-259.

Arhin，Kwame，Brokensha D，et al.，1983. Peasants in 19th-century asante[J]. Current Anthropology，24(4)：471-480.

Armitage C J，Conner M，2001. Efficacy of the theory of planned behavior：A meta-analytic review[J]. British Journal of Social Psychology，40(4)：471-499.

Bagozzi R P，Lee K H，Loo M F V，2001. Decisions to donate bone marrow：The role of attitudes and subjective norms across cultures[J]. Psychology and Health，16(1)：29-56.

Bandure A，1977. Self-efficacy：Toward a unifying theory of behavior change[J]. Psychological Review，84(2)：191-215.

Bennett D G，1993. Retirement migration and economic development in high-amenity，nonmetropolitan areas[J]. Journal of Applied Gerontology，12(4)：466-481.

Brown L D，Glasgow N，2008. Rural Retirement Migration[M]. Netherlands：Springer.

Capella L M，Greco A J，1987. Information sources of elderly for vacation decisions[J]. Annals of Tourism Research，14(1)：148-151.

Casado-Diaz M A，Kaiser C，Warnes A，2004. Northern European retired residents in nine southern European areas：characteristics，motivations and adjustment[J]. Ageing and Society，24(3)：353-381.

Champion T，Shepherd J，2006. Demographic change in rural England[C]//The Aging Countryside：The Growing Older Population of Rural England：29-50.

Chan D K-S，Fishbein M，1993. Determinants of college women's intentions to tell their partners to use condoms[J]. Journal of Applied Social Psychology，23(18)：1559-1816.

Christine V，2006. Retirees boosting states' rural economies[EB/OL]. www. stateline.org,March 04. [2006-03-04].

Cialdini R B，Kallgren C A，Reno R R，1991. A Focus theory of normative conduct：A theoretical refinement and reevaluation of the role of norms in human behavior[J]. Advances in Experimental Social Psychology，24(1)：201-234.

Cohen S，Taylor L，1992. Escape Attempts：The Theory and Practice of Resistance to Everyday Life[M]. London：Routledge：185.

Conway K S，Houtenville A J，1998. Do the elderly "vote with their feet?"[J]. Public Choice，97(4)：663-685.

Conway K S，Houtenville A J，2003. Out with the old，in with the old：A closer look at younger versus older elderly migration[J]. Social Science Quarterly，84(2)：309-328.

Cuba L，1989. Retiring to vacationland：From visitor to resident[J]. Ge-nerations，13(2)：63-67.

Fishbein M，Ajzen I，1975. Belief，attitude，intention and behaviour：An introduction to theory and research[J]. Philosophy and Rhetoric，41(4)：842-844.

Fleischer A, Pizam A，2002. Tourism constraints among israeli seniors[J]. Annals of Tourism Research，29(1)：106-123.

Foulds G A, 1962. A Theory of Cognitive Dissonance[M]. Palo Alto: Stanford University Press.

Gadek E A, 2008. Flocking together: Bridging and bonding ties in retirement migration[J]. Honors Projects: 14.

Guba L, 1989. Retiring to vacationland: From visitor to resident[J]. Generations, 13(2): 63-67.

Gustafson P, 2002. Tourism and seasonal retirement migration[J]. Annals of Tourism Research, 29(4): 899-918.

Haas W H, Serow W J, 2002. The baby boom, amenity retirement migration, and retirement communities: Will the golden age of retirement continue?[J]. Research on Aging, 24(1): 150-164.

Han H S, Kim Y, 2010. An investigation of green hotel customers' decision formation: Developing an extended model of the theory of planned behavior[J]. International Journal of Hospitality Management, 29(4): 659-668.

Haug B, Dann G M, Mehmetoglu M, 2007. Little norway in Spain: From tourism to migration[J]. Annals of Tourism Research, 34(1): 202-222.

Huang L, Tsai H T, 2003. The study of senior traveler behavior in Taiwan[J]. Tourism Management, 24(5): 561-574.

Jang S C S, Wu C, 2006. Seniors' travel motivation and the influential factors: An examination of Taiwan residents seniors[J]. Tourism Management, 27(2): 306-316.

Kraft P, Rise J, Sutton S, et al., 2005. Perceived difficulty in the theory of planned behavior: Perceived behavioral control or affective attitude[J]. British Journal of Social Psychology, 44(3): 479-496.

Krout J, 1983. Seasonal migration of the elderly[J]. Gerontologist, 23(3): 295-299.

Litwak E, Longino C F, 1987. Migration patterns among the elderly: A developmental perspective[J]. Gerontologist, 27(3): 266-272.

López-Mosquera N, Garcia T, Barrena R, 2014. An extension of the theory of planned behavior to predict willingness to pay for the conservation of an urban park[J]. Journal of Environmental Management, 135(15): 91-99

Man K C, 1998. Predicting unethical behavior: A comparison of the theory of reasoned action and the theory of planned behavior[J]. Journal of Business Ethics, 17(16): 1825-1834.

Ono M, 2008. Long-stay Tourism and International Retirement Migration: Japanese Retirees in Malaysia[M]// Transnational Migration in East Asia: Japan in a Comparative Focus. Osaka: National Museum of Ethnology.

Ragheb M G, Beard J G. 1982. Measuring Leisure Attitude[J]. Journal of Leisure Research, 14(2): 155-167.

Rodriguez V, Fernández-Mayoralas G, Rojo F, 1998. European retirees on the Costa del Sol: A cross-national comparison[J]. International Journal of Population Geography, 4(2): 183-200.

Rodriguez V R, 2001. Tourism as a recruiting post for retirement migration[J]. Tourism Geographies, 3(1): 52-63.

Romsa G, Blenman M, 1989. Vacation patterns of the elderly German[J]. Annals of Tourism Research, 16(2): 178-188.

Sangpikul A, 2008. Travel motivations of Japanese senior travellers to Thailand[J]. International Journal of Tourism Research, 10(1): 81-94.

Skelley B D, 2004. Retiree-attraction policies: Challenges for local governance in rural regions[J]. Public Administration and Management, 9(3): 212-223.

Stallmann J I, Deller S C, Martis S, 1999. The economic and fiscal impact of aging retirees on a small rural region[J]. Gerontologist, 39(5): 599-610.

Viallon P, 2012. Retired snowbirds[J]. Annals of Tourism Research, 39(4): 2073-2091.

Warnes T A，2009. International Retirement Migration[M]//International Handbook of Population Aging. New York：Springer.

Williams A M，2013. Mobilities and sustainable tourism：Path-creating or path-dependent relationships?[J]. Journal of sustainable tourism，21（4）：511-531.

Zasada I，Alves S，Müller F C，et al.，2010. International retirement migration in the Alicante region，Spain：Process，spatial pattern and environmental impacts[J]. Journal of Environmental Planning and Management，53（1）：125-141.

Zeithaml V A，Berry L L，Parasuraman A，1996. The behavioral consequences of service quality[J]. Journal of Marketing，60（2）：31-46.

Zimmer Z，Brayley R E，Searle M S，1995. Whether to go and where to go：Identification of important influences on seniors' decisions to travel[J]. Journal of Travel Research，33（3）：3-10.

附　录

附录1："小组微生"新农村综合体与休闲养老相结合调查问卷

问卷编号：＿＿＿＿＿＿＿　　　调 查 者：＿＿＿＿＿＿＿

调查时间：＿＿＿＿＿＿＿　　　调查地点：＿＿＿＿＿＿＿

一、基本情况

1. 您的性别：□男　　　　□女
2. 您的年龄：＿＿＿＿＿＿＿
3. 您的家乡(出生地)位于：□城市　　□农村
4. 您的户口性质：(1)城市户口(□成都　□非成都)
　　　　　　　　　(2)农村户口(□成都　□非成都)
5. 您的经常居住地为：
　　□成都市内
　　□四川省内(除成都市)
　　□四川省外
6. 您的文化程度：
　　□初中及以下
　　□高中及中专
　　□专科
　　□本科
　　□硕士研究生及以上
7. 您是否退休：
　　□未退休，在职工作中
　　□已退休，兼职工作中
　　□已退休，休息在家
8. 您的职业身份(退休前)是：
　　□国家机关、党群组织、企事业单位负责人
　　□专业技术人员(教师、医生、工程技术人员、作家等专业人员)

□办事人员(从事行政、安保、消防、邮政等人员)

□商业、服务业人员

□农、林、牧、渔业生产及辅助人员

□生产、运输设备操作人员

□军人

□其他_____

9. 请您结合实际情况,给自己的健康状况打分(满分为100)_____

10. 您觉得自己的性格类型是:

□内向型　　　　□外向型

11. 您现在的经济来源是(可多选)?

□工作收入

□退休金

□子女供给

□政府补贴

□商业养老保险

□储蓄利息

□基金、股票收入

□其他_____

12. 您现在平均月收入大概为:

□2000元及以下　　　□>2000~2500元　　　□>2500~3000元

□>3000~3500元　　　□>3500~4000元　　　□>4000~4500元

□>4500~5000元　　　□>5000~5500元　　　□>5500~6000元

□>6000~6500元　　　□>6500~7000元　　　□>7000~7500元

□>7500~8000元　　　□>8000~8500元　　　□>8500~9000元

□9000元以上

13. 您的家庭情况:

13.1　家庭总人数为(　　　)人。

13.2　您有(　　　)个子女。

13.3　和您一起生活的子女有(　　　)人。

13.4　子女是否经常回家探望您:

□经常

□比较经常

□一般

□不经常

□几乎不

14.您目前的居住状况是？（可多选）

□和子女一起居住

□和配偶一起居住

□和自己的孙辈一起居住

□和雇佣的家政人员一起居住

□在养老院居住

□独居　　　　　　□其他

二、对乡村田园休闲养老的态度、意愿调查

题目	得分				
	非常赞同	比较赞同	不确定	比较不赞同	非常不赞同
	5	4	3	2	1
15. 您是一个有乡土情怀的人	5	4	3	2	1
16. 到乡村田园休闲养老能够获得不一样的体验(如新鲜的空气、清洁的水、明媚的阳光、浓郁的乡村文化、特色的乡村美食、有趣的乡村娱乐项目等)，您的态度是	5	4	3	2	1
17. 乡村田园生活让您感到愉快	5	4	3	2	1
18. 配偶、子女或者亲戚朋友同意或支持您到乡村休闲养老	5	4	3	2	1
19. 您会听从专家学者关于城市老年人到乡村休闲养老的建议	5	4	3	2	1
20. 您会听取网络媒体关于城市老年人乡村休闲养老的宣传	5	4	3	2	1
21. 政府如果对城市老年人乡村休闲养老给予支持与帮助，您会更愿意到乡村休闲养老	5	4	3	2	1
22. 您有足够的时间以支持自己到乡村休闲养老	5	4	3	2	1
23. 您有足够的金钱以支持自己到乡村休闲养老	5	4	3	2	1
24. 您有良好的身体条件以支持自己去乡村休闲养老	5	4	3	2	1
25. 便捷的交通条件会使您去乡村休闲养老的想法更坚定	5	4	3	2	1
26. 当地完善的养老服务设施会使您去乡村休闲养老的想法更坚定	5	4	3	2	1
27. 当地良好的医疗条件会使您去乡村休闲养老的想法更坚定	5	4	3	2	1
28. 当地特色的文化、景观景点等会使您去乡村田园休闲养老的想法更坚定	5	4	3	2	1

	是/有	否/没有
29.您曾经有到乡村田园休闲养老的想法	5	1
30. 如果乡村休闲养老地条件好，您愿意推荐给别人	5	1
31. 您鼓励城市老年人到乡村休闲养老	5	1
32.1　您曾经为了到乡村田园休闲养老而到农村实地踏勘过	5	1
32.2　您曾经在农村以田园休闲养老为目的居住过一段时间	5	1

三、到"小组微生"新农村综合体田园休闲养老的意愿、期望

2012 年至今，成都市在周边第二、三圈层区(市、县)(郫都区、温江区、新都区、新津区、金堂县、邛崃市、崇州市、都江堰市等)区域建设起一批"小规模、组团化、微田园、生态化"(简称"小组微生")新农村综合体，截至 2016 年 4 月，共建成像青杠树村、指路村、荷风水村、余花龙门子、五星村这样的"小组微生"新农村综合体 123 个，预计到 2025 年，将建成"小组微生"新农村综合体 500 个以上。每个"小组微生"新农村综合体都展现出一幅"城景相融、田园相连、山水相依"的新型城乡形态画面，同时，"小组微生"新农村综合体的居住条件、基础设施条件、公共服务设施、生态环境等也十分优良，每户居民都拥有川西民居风格的独栋房。例如，2018 年 2 月 12 日上午，习近平总书记考察的成都市郫都区唐昌街道战旗村就是"小组微生"新农村综合体的杰出代表。

33. 您是否听说过"小组微生"新农村综合体：
    □听说过　　　　　　　□没有听说过
34. 您是否了解"小组微生"新农村综合体：
    □了解　　　　　　　　□不了解
35. 您是否去过"小组微生"新农村综合体：
    □去过　　　　　　　　□没去过
36. 如果自身各方面条件允许，您是否愿意到一个适合自己的"小组微生"新农村综合体进行以田园休闲为目的的养老：
    □愿意——请回答 37～54 题
    □不清楚，视情况而定——请回答 37～54 题
    □不愿意——请直接回答 53～54 题
37. 您希望休闲养老的"小组微生"新农村综合体位置(可多选)：
    第二圈层：□新都区　　　　□郫都区　　　　□温江区　　　　□双流区
    　　　　　□龙泉驿区　　　□青白江区
    第三圈层：□都江堰市　　　□彭州市　　　　□邛崃市　　　　□崇州市
    　　　　　□简阳市　　　　□金堂县　　　　□大邑县　　　　□蒲江县
    　　　　　□新津区
38. 到"小组微生"新农村综合体休闲养老，您可以接受的交通距离为：
    □20km 及以内　　　□>20～40km　　　□>40～60km
    □>60～80km　　　　□>80～100km□100km 以上
39. 到"小组微生"新农村综合体休闲养老，您可以接受的交通时间为：
    □1 小时及以内　　□>1～2 小时　　□>2～3 小时　　□3 小时以上

40. 到"小组微生"新农村综合体休闲养老，您倾向于选择哪种交通方式：
　　□自驾　　　　　　　　□出租车　　　　　　　□网约车
　　□公交车　　　　　　　□地铁　　　　　　　　□其他

41. 到"小组微生"新农村综合体休闲健康养老，您期望哪种居住方式：
　　□集中式居住：建设统一集中居住的养老场所，和当地村民保持一定的分隔度
　　□邻居式居住：建设欧式或者中式双拼住房，和当地村民相邻但分开独立居住
　　□家庭式居住：租住当地农户的空余住房，和当地村民住在一套房间里

42. 到"小组微生"新农村综合体休闲养老，您对房间要求有哪些：
　42.1　户型：□卧室____间　　　　　□会客厅____个
　　　　　　□卫生间：　□独立卫生间　　　　□共用卫生间
　　　　　　□厨　房：　□独立厨房　　　　　□共用厨房
　　　　　　□衣帽间　　□书房　　　　　　　□储物间
　　　　　　□阳台　　　□其他
　42.2　总面积：□15m^{2}及以内　　□＞15～30m^2　　□＞30～45m^2
　　　　　　　　□＞45～60m^2　　□＞60～75m^2　　□＞75～90m^2
　　　　　　　　□90m^{2}以上

43. 根据您所选的居住模式以及住房需求，您每个月愿意支付的房租为：
　　□400元及以下　　　□＞400～600元　　　□＞600～800元
　　□＞800～1000元　　□＞1000～1200元　　□＞1200～1400元
　　□＞1400～1600元　　□＞1600～1800元　　□＞1800～2000元
　　□＞2000～2200元　　□＞2200～2400元　　□＞2400～2600元
　　□＞2600～2800元　　□＞2800～3000元　　□3000元以上

44. 到"小组微生"新农村综合体休闲养老，您倾向于采取哪种方式解决吃饭问题：
　　□自己采购食材，自己做饭
　　□和当地某户农民一起搭伙做饭
　　□在农家乐等对外经营的餐饮店点餐（或送外卖）
　　□在专门的固定食堂集中就餐

45. 到"小组微生"新农村综合体休闲养老，您认为社区需要配套哪些公共设施(可多选)：
　　□医疗机构　　　　　□药房　　　　　　　□综合超市
　　□茶楼　　　　　　　□餐馆(食堂)　　　　□棋牌室
　　□老年活动室　　　　□书店(图书馆)　　　□健身中心
　　□KTV　　　　　　　□电影院　　　　　　□美容美发店
　　□干洗店　　　　　　□老年学校　　　　　□邮局
　　□心理咨询服务　　　□养生保健咨询服务　□法律服务

☐金融综合服务站　　　☐医疗直通车　　　☐购物交通班车
☐停车场(位)　　　　☐物业管理机构　　　☐其他

46. 到"小组微生"农村综合体休闲养老，您希望体验哪些活动(可多选)：
☐农事体验(种、采、摘、捉、喂养、垂钓、捕捞)
☐民俗活动(歌舞戏曲、节庆)
☐参观农业历史展览
☐参观现代农业科技
☐学习农业技术
☐乡村人文景点参观
☐自然景观旅游观光
☐公益服务活动(为当地农民开讲座、为当地农村中小学生兼职授课)
☐老年大学上课
☐其他＿＿＿＿＿＿

47. 在"小组微生"新农村综合体休闲养老期间，如果遇到突发疾病或者意外
47.1 您倾向于到哪里医治：
☐新农村综合体内部的医疗室
☐新农村综合体所在地的乡镇卫生院
☐新农村综合体所在地的县(市、区)医院
☐成都市主城区医院
47.2 您倾向于到哪一级别的医院医治：
☐一级(☐甲等 ☐乙等 ☐丙等)
☐二级(☐甲等 ☐乙等 ☐丙等)
☐三级(☐特级 ☐甲等 ☐乙等 ☐丙等)

48. 您到"小组微生"新农村综合体居住并以休闲为目的进行养老，您倾向
于哪个时间段去(可多选)：
☐1月　　　☐2月　　　☐3月　　　☐4月　　　☐5月
☐6月　　　☐7月　　　☐8月　　　☐9月　　　☐10月
☐11月　　　☐12月

49. 您到"小组微生"新农村综合体居住并以休闲为目的进行养老，每次您
预计可以持续居住时间(可多选)：
☐15天以内　☐1个月　　☐2个月　　☐3个月　　☐4个月
☐5个月　　☐6个月　　☐7个月　　☐8个月　　☐9个月
☐10个月　　☐11个月　　☐12个月　　☐1年以上

50. 在一个"小组微生"新农村综合体休闲养老一段时间后，您会不会选择
更换到不同区域、不同风格的"小组微生"新农村综合体继续居住？
☐会　　　　☐不清楚，视情况而定　　　☐不会

51.到"小组微生"新农村综合体休闲养老前，您需要了解哪方面的信息(限3项)：

□地理位置　　　　　□特色饮食　　　　　□历史文化
□风俗习惯　　　　　□自然风光　　　　　□旅游景点
□公共服务设施情况　□交通情况　　　　　□医疗条件
□养老住房　　　　　□咨询联络方式
□服务(公司)人员情况　　　　　　　　　　□价格情况
□文化娱乐　　　　　□其他_____

52.在"小组微生"新农村综合体内休闲养老，您每个月能够承受的总开支为多少？

□2000元及以内　　　□＞2000～2500元　　□＞2500～3000元
□＞3000～3500元　　□＞3500～4000元　　□＞4000～4500元
□＞4500～5000元　　□5000元以上

53.到"小组微生"新农村综合体休闲养老，您最大的顾虑有哪些(限3项)？

□当地医疗条件差
□医疗费用异地报销难
□养老服务设施设备不健全
□运营管理不规范
□食品安全得不到保障
□消费项目收费标准不科学
□当地社会治安差
□外出养老，子女探望困难
□公共服务设施不完善
□来往交通不便利
□与当地居民的融洽交往问题
□养老服务人员不专业
□居住卫生条件差
□出现纠纷，难以解决
□其他_____

54.您对"小组微生"新农村综合体休闲养老这种新型养老方式有哪些意见或建议？

附录 2："小组微生"新农村综合体内农民生产生活方式转变调查问卷

问卷编号：＿＿＿＿＿＿　　　调查者：＿＿＿＿＿＿
调查时间：＿＿＿＿＿＿　　　调查地点：＿＿＿＿＿＿

1. 受访者及家庭人口情况基本信息（请在相应框内打"√"）

受访者本人情况							受访者家庭人口组成情况				
年龄	性别	文化程度	职业类型	是否户主	是否党员	是否村（组）干部	总人口	非农业人口	劳动力人数	需要抚养、赡养人数	大学生人数
□≤20岁 □21~25岁 □26~30岁 □31~35岁 □36~40岁 □41~45岁 □≥46岁	□男 □女	□未受教育 □小学 □初中 □高中或中专 □大专 □本科 □本科以上	□纯农业 □以农业为主兼业 □以非农业为主兼业 □纯非农业	□是 □否	□是 □否	□是 □否	□1人 □2人 □3人 □4人 □5人 □6人 □7人 □8人 □9人 □≥10人	□0人 □1人 □2人 □3人 □4人 □5人 □6人 □7人 □8人 □≥9人	□0人 □1人 □2人 □3人 □4人 □5人 □6人 □7人 □8人 □≥9人	□0人 □1人 □2人 □3人 □4人 □5人 □6人 □7人 □8人 □≥9人	□0人 □1人 □2人 □≥3人

2. 家庭年平均总收入与农业收入、非农业收入情况（单位：元）（请填写具体数字）

阶段	总收入	农业收入	非农业收入
入住新农村综合体前			
入住新农村综合体后			

3.1　入住新农村综合体前，您家庭年总收入内部详细构成情况（单位：万元）（请在相应框内打"√"）

农业经营性收入
□≤0.1
□>0.1~0.5
□>0.5~1.0
□>1.0~2.0
□>2.0~3.0
□>3.0~4.0
□>4.0~5.0
□>5.0

非农经营性收入
□≤2.0
□>2.0~5.0
□>5.0~8.0
□>8.0~11.0
□>11.0~14.0
□>14.0~17.0
□>17.0~20.0
□>20.0

集体内务工收入
□≤0.1
□>0.1~0.5
□>0.5~1.0
□>1.0~2.0
□>2.0~3.0
□>3.0~4.0
□>4.0~5.0
□>5.0

外出务工收入
□≤2.0
□>2.0~5.0
□>5.0~8.0
□>8.0~11.0
□>11.0~14.0
□>14.0~17.0
□>17.0~20.0
□>20.0

投资理财收入
□≤0.5
□>0.5~1.0
□>1.0~2.0
□>2.0~3.0
□>3.0~4.0
□>4.0~5.0
□>5.0~6.0
□>6.0

土地流转收入
□≤0.2
□>0.2~0.4
□>0.4~0.6
□>0.6~0.8
□>0.8~1.0
□>1.0~1.2
□>1.2~1.4
□>1.4~1.6
□>1.6~1.8
□>1.8~2.0
□>2.0~2.2
□>2.2~2.4
□>2.4~2.6
□>2.6~2.8
□>2.8~3.0
□>3.0

房屋出租收入
□≤0.2
□>0.2~0.5
□>0.5~1.0
□>1.0~1.5
□>1.5~2.0
□>2.5~3.0
□>3.0~3.5
□>3.5~4.0
□>4.0~4.5
□>4.5~5.0
□>5.0~5.5
□>5.5~6.0
□>6.0~6.5
□>6.5~7.0
□>7.0~7.5
□>7.5

房屋、土地外其他财产出租收入
□≤0.1
□>0.1~0.5
□>0.5~1.0
□>1.0~2.0
□>2.0~3.0
□>3.0~4.0
□>4.0~5.0
□>5.0

集体分红

土地征收、房屋拆迁补偿
□≤2.0
□>2.0~5.0
□>5.0~8.0
□>8.0~11.0
□>11.0~14.0
□>14.0~17.0
□>17.0~20.0
□>20.0

养老金(退休金)
□≤0.1
□>0.1~0.5
□>0.5~1.0
□>1.0~1.5
□>1.5~2.0
□>2.0~2.5
□>2.5~3.0
□>3.0

亲友间赠与

政府补贴补助
□≤0.1
□>0.1~0.2
□>0.2~0.3
□>0.3~0.4
□>0.4~0.5
□>0.5~0.6
□>0.6~0.7
□>0.7~0.8
□>0.8~0.9
□>0.9~1.0
□>1.0~1.1
□>1.1~1.2
□>1.2~1.3
□>1.3~1.4
□>1.4~1.5
□>1.5

救济金、救灾款、抚恤款
□≤0.1
□>0.1~0.2
□>0.2~0.3
□>0.3~0.4
□>0.4~0.5
□>0.5~0.6
□>0.6~0.7
□>0.7~0.8
□>0.8~0.9
□>0.9~1.0
□>1.0~1.1
□>1.1~1.2
□>1.2~1.3
□>1.3~1.4
□>1.4~1.5
□1.5

3.2　入住新农村综合体后，您家庭年总收入内部详细构成情况（单位：万元）（请在相应框内打"√"）

农业经营性收入
□≤0.1　□>0.1~0.5　□>0.5~1.0　□>1.0~2.0　□>2.0~3.0　□>3.0~4.0　□>4.0~5.0　□>5.0

非农经营性收入
□≤2.0　□>2.0~5.0　□>5.0~8.0　□>8.0~11.0　□>11.0~14.0　□>14.0~17.0　□>17.0~20.0　□>20.0

集体内务工收入
□≤0.1　□>0.1~0.5　□>0.5~1.0　□>1.0~2.0　□>2.0~3.0　□>3.0~4.0　□>4.0~5.0　□>5.0

外出务工收入
□≤2.0　□>2.0~5.0　□>5.0~8.0　□>8.0~11.0　□>11.0~14.0　□>14.0~17.0　□>17.0~20.0　□>20.0

投资理财收入
□≤0.5　□>0.5~1.0　□>1.0~2.0　□>2.0~3.0　□>3.0~4.0　□>4.0~5.0　□>5.0~6.0　□>6.0

土地流转收入
□≤0.2　□>0.2~0.4　□>0.4~0.6　□>0.6~0.8　□>0.8~1.0　□>1.0~1.2　□>1.2~1.4　□>1.4~1.6　□>1.6~1.8　□>1.8~2.0　□>2.0~2.2　□>2.2~2.4　□>2.4~2.6　□>2.6~2.8　□>2.8~3.0　□>3.0

房屋出租收入
□≤0.2　□>0.2~0.5　□>0.5~1.0　□>1.0~1.5　□>1.5~2.0　□>2.5~3.0　□>3.0~3.5　□>3.5~4.0　□>4.0~4.5　□>4.5~5.0　□>5.0~5.5　□>5.5~6.0　□>6.0~6.5　□>6.5~7.0　□>7.0~7.5　□>7.5

房屋、土地外其他财产出租收入
□≤0.1　□>0.1~0.5　□>0.5~1.0　□>1.0~2.0　□>2.0~3.0　□>3.0~4.0　□>4.0~5.0　□>5.0

集体分红
□≤0.1　□>0.1~0.5　□>0.5~1.0　□>1.0~2.0　□>2.0~3.0　□>3.0~4.0　□>4.0~5.0　□>5.0

土地征收、房屋拆迁补偿
□≤2.0　□>2.0~5.0　□>5.0~8.0　□>8.0~11.0　□>11.0~14.0　□>14.0~17.0　□>17.0~20.0　□>20.0

养老金（退休金）
□≤0.1　□>0.1~0.5　□>0.5~1.0　□>1.0~1.5　□>1.5~2.0　□>2.0~2.5　□>2.5~3.0　□>3.0

亲友间赠与
□≤0.1　□>0.1~0.5　□>0.5~1.0　□>1.0~1.5　□>1.5~2.0　□>2.0~2.5　□>2.5~3.0　□>3.0

政府补助
□≤0.1　□>0.1~0.2　□>0.2~0.3　□>0.3~0.4　□>0.4~0.5　□>0.5~0.6　□>0.6~0.7　□>0.7~0.8　□>0.8~0.9　□>0.9~1.0　□>1.0~1.1　□>1.1~1.2　□>1.2~1.3　□>1.3~1.4　□>1.4~1.5　□>1.5

救济金、救灾款、抚恤金
□≤0.1　□>0.1~0.2　□>0.2~0.3　□>0.3~0.4　□>0.4~0.5　□>0.5~0.6　□>0.6~0.7　□>0.7~0.8　□>0.8~0.9　□>0.9~1.0　□>1.0~1.1　□>1.1~1.2　□>1.2~1.3　□>1.3~1.4　□>1.4~1.5　□>1.5

4. 您家庭年总支出及内部详细构成情况（单位：万元）（请在相应框内打"√"）

阶段：入住新农村综合体前

总支出	食品支出	衣着支出	居住支出	交通和通信支出	教育培训支出	医疗保健支出	家庭设备支出	休闲娱乐支出	其他支出
□≤2	□≤1.0	□≤0.5	□≤0.1	□≤0.1	□≤0.1	□≤0.1	□≤0.1	□≤0.1	□≤0.1
□>2~4	□>1.0~1.5	□>0.5~1.0	□>0.1~0.5	□>0.1~0.5	□>0.1~0.5	□>0.1~0.5	□>0.1~0.5	□>0.1~0.5	□>0.1~0.5
□>4~6	□>1.5~2.0	□>1.0~2.0	□>0.5~1.0	□>0.5~1.0	□>0.5~1.0	□>0.5~1.0	□>0.5~1.0	□>0.5~1.0	□>0.5~1.0
□>6~8	□>2.0~2.5	□>2.0~3.0	□>1.0~3.0	□>1.0~1.5	□>1.0~3.0	□>1.0~2.0	□>1.0~3.0	□>1.0~2.0	□>1.0~2.0
□>8~10	□>2.5~3.0	□>3.0~4.0	□>3.0~5.0	□>1.5~2.0	□>3.0~5.0	□>2.0~3.0	□>3.0~5.0	□>2.0~3.0	□>2.0~3.0
□>10~12	□>3.0~3.5	□>4.0~5.0	□>5.0~7.0	□>2.0~2.5	□>5.0~7.0	□>3.0~4.0	□>5.0~7.0	□>3.0~4.0	□>3.0~4.0
□>12~14	□>3.5~4.0	□>5.0~6.0	□>7.0~9.0	□>2.5~3.0	□>7.0~9.0	□>4.0~5.0	□>7.0~9.0	□>4.0~5.0	□>4.0~5.0
□>14~16	□>4.0	□>6.0	□>9.0	□>3.0	□>9.0	□>5.0	□>9.0	□>5.0	□>5.0
□>16~18									
□>18~20									
□>20~22									
□>22~24									
□>24~26									
□>26~28									
□>28~30									
□>30									

阶段：入住新农村综合体后

总支出	食品支出	衣着支出	居住支出	交通和通信支出	教育培训支出	医疗保健支出	家庭设备支出	休闲娱乐支出	其他支出
□≤2	□≤1.0	□≤0.5	□≤0.1	□≤0.1	□≤0.1	□≤0.1	□≤0.1	□≤0.1	□≤0.1
□>2~4	□>1.0~1.5	□>0.5~1.0	□>0.1~0.5	□>0.1~0.5	□>0.1~0.5	□>0.1~0.5	□>0.1~0.5	□>0.1~0.5	□>0.1~0.5
□>4~6	□>1.5~2.0	□>1.0~2.0	□>0.5~1.0	□>0.5~1.0	□>0.5~1.0	□>0.5~1.0	□>0.5~1.0	□>0.5~1.0	□>0.5~1.0
□>6~8	□>2.0~2.5	□>2.0~3.0	□>1.0~3.0	□>1.0~1.5	□>1.0~3.0	□>1.0~2.0	□>1.0~3.0	□>1.0~2.0	□>1.0~2.0
□>8~10	□>2.5~3.0	□>3.0~4.0	□>3.0~5.0	□>1.5~2.0	□>3.0~5.0	□>2.0~3.0	□>3.0~5.0	□>2.0~3.0	□>2.0~3.0
□>10~12	□>3.0~3.5	□>4.0~5.0	□>5.0~7.0	□>2.0~2.5	□>5.0~7.0	□>3.0~4.0	□>5.0~7.0	□>3.0~4.0	□>3.0~4.0
□>12~14	□>3.5~4.0	□>5.0~6.0	□>7.0~9.0	□>2.5~3.0	□>7.0~9.0	□>4.0~5.0	□>7.0~9.0	□>4.0~5.0	□>4.0~5.0
□>14~16	□>4.0	□>6.0	□>9.0	□>3.0	□>9.0	□>5.0	□>9.0	□>5.0	□>5.0
□>16~18									
□>18~20									
□>20~22									
□>22~24									
□>24~26									
□>26~28									
□>28~30									
□>30									

5. 您家庭内承包地、宅基地基本情况（请填写具体数目）

阶段	耕地			园地	林地	养殖水面	其他1	其他2	其他3	总计	宅基地
	水田	旱地	菜地								
入住新农村综合体前											
入住新农村综合体后											

6. 您家庭土地转入和转出情况（请在相应框内打"√"）

阶段	流转类型	数量	转出方式	流转期限	转出每亩土地年收入	转出土地的用途	合同签订
入住新农村综合体前	转入土地	□≤10亩 □>10~20亩 □>20~30亩 □>30~40亩 □>40~50亩 □>50~60亩 □>60~70亩 □>70~80亩 □>80亩	□转包 □租赁 □入股 □转让 □互换 □代耕 □继承 □其他	□≤3年 □>3~5年 □>5~10年 □>10~15年 □>15~20年 □>20年	□≤400元 □>400~600元 □>600~800元 □>800~1000元 □>1000~1200元 □>1200元	□农业 □工业 □服务业	□有 □无
入住新农村综合体后	转入土地	□≤10亩 □>10~20亩 □>20~30亩 □>30~40亩 □>40~50亩 □>50~60亩 □>60~70亩 □>70~80亩 □>80亩	□转包 □租赁 □入股 □转让 □互换 □代耕 □继承 □其他	□≤3年 □>3~5年 □>5~10年 □>10~15年 □>15~20年 □>20年	□≤400元 □>400~600元 □>600~800元 □>800~1000元 □>1000~1200元 □>1200元	□农业 □工业 □服务业	□有 □无

续表

阶段	流转类型	数量	转出方式	流转期限	转出每亩土地年收入	转出土地的用途	合同签订
入住新农村综合体前	转出土地	□≤2亩 □>2~4亩 □>4~6亩 □>6~8亩 □>8~10亩 □>10~12亩 □>12~14亩 □>14~16亩 □>16~18亩 □>18~20亩 □>20亩	□转包 □出租 □入股 □转让 □互换 □代耕 □继承 □其他	□≤3年 □>3~5年 □>5~10年 □>10~15年 □>15~20年 □>20年	□≤400元 □>400~600元 □>600~800元 □>800~1000元 □>1000~1200元 □>1200元	□农业 □工业 □服务业	□有 □无
入住新农村综合体后	转出土地	□≤2亩 □>2~4亩 □>4~6亩 □>6~8亩 □>8~10亩 □>10~12亩 □>12~14亩 □>14~16亩 □>16~18亩 □>18~20亩 □>20亩	□转包 □出租 □入股 □转让 □互换 □代耕 □继承 □其他	□≤3年 □>3~5年 □>5~10年 □>10~15年 □>15~20年 □>20年	□≤400元 □>400~600元 □>600~800元 □>800~1000元 □>1000~1200元 □>1200元	□农业 □工业 □服务业	□有 □无

7. 您家庭耕种、收割等环节的劳作方式主要是（请在相应框内打"√"）

阶段	纯手工操作	以手工操作为主，机械配合为辅	以机械操作为主，手工操作为辅	纯机械操作
入住新农村综合体前				
入住新农村综合体后				

8. 您家庭拥有农业机械情况以及购买、租用农业机械意愿（请在相应框内打"√"）

阶段	农机拥有情况		是否准备购买		是否准备租用	
	有	没有	是	否	是	否
入住新农村综合体前	□1台 □2台 □3台 □4台 □5台 □≥6台					
入住新农村综合体后	□1台 □2台 □3台 □4台 □5台 □≥6台					

9. 您家庭住房基本情况（请在相应框内打"√"）

阶段	房屋套数	房屋结构	住房面积	房屋间数	空余房间数	房间空余程度
入住新农村综合体前	□1套 □2套 □3套 □4套 □5套 □6套 □7套 □≥8套	□砖木结构 □砖混结构 □钢筋混凝土结构 □钢结构	□≤90m² □>90~120m² □>120~150m² □>150~180m² □>180~210m² □>210~240m² □>240~270m² □>270~300m² □>300~330m² □>330~360m² □>360~390m² □>390~420m² □>420~450m² □>450~480m² □>480m²	□≤2间 □3间 □4间 □5间 □6间 □7间 □8间 □9间 □10间 □11间 □12间 □13间 □14间 □15间 □≥16间	□1间 □2间 □3间 □4间 □5间 □6间 □7间 □8间 □9间 □≥10间	□空余很多 □空余较多 □刚好够用 □略微不足 □非常不足
入住新农村综合体后	□1套 □2套 □3套 □4套 □5套 □6套 □7套 □≥8套	□砖木结构 □砖混结构 □钢筋混凝土结构 □钢结构	□≤90m² □>90~120m² □>120~150m² □>150~180m² □>180~210m² □>210~240m² □>240~270m² □>270~300m² □>300~330m² □>330~360m² □>360~390m² □>390~420m² □>420~450m² □>450~480m² □>480m²	□≤2间 □3间 □4间 □5间 □6间 □7间 □8间 □9间 □10间 □11间 □12间 □13间 □14间 □15间 □≥16间	□1间 □2间 □3间 □4间 □5间 □6间 □7间 □8间 □9间 □≥10间	□空余很多 □空余较多 □刚好够用 □略微不足 □非常不足

10. 您家庭内部人员务工基本情况（请在相应框内打"√"）

阶段	打工地域	家庭务工人数	工作单位性质	从事行业	月人均收入
入住新农村综合体前	□村内或新农村综合体内	□1人 □2人 □3人 □4人 □5人 □6人 □7人 □≥8人	□国有企业 □集体企业 □机关事业单位 □私营企业 □外资企业 □股份制企业 □个体工商户 □自谋职业	□纺织服装 □建筑、装修 □住宿与餐饮 □批发与零售 □仓储物流 □交通运输 □环境卫生 □家政服务 □电子，机械制造 □个体户 □其他	□≤1000元 □>1000~1500元 □>1500~2000元 □>2000~2500元 □>2500~3000元 □>3000~3500元 □>3500~4000元 □>4000~4500元 □>4500~5000元 □>5000元
	□本乡（镇）内 □本区（市、县）内 □成都市内 □四川省内（除成都市） □四川省外 □国外	□1人 □2人 □3人 □4人 □5人 □6人 □7人 □≥8人	□国有企业 □集体企业 □机关事业单位 □私营企业 □外资企业 □股份制企业 □个体工商户 □自谋职业	□纺织服装 □建筑、装修 □住宿与餐饮 □批发与零售 □仓储物流 □交通运输 □环境卫生 □家政服务 □电子，机械制造 □个体户 □其他	□≤1000元 □>1000~2000元 □>2000~3000元 □>3000~4000元 □>4000~5000元 □>5000~6000元 □>6000~7000元 □>7000~8000元 □>8000~9000元 □>9000元
入住新农村综合体后	□村内或新农村综合体内	□1人 □2人 □3人 □4人 □5人 □6人 □7人 □≥8人	□国有企业 □集体企业 □机关事业单位 □私营企业 □股份制企业 □外资企业 □个体工商户 □自谋职业	□纺织服装 □建筑、装修 □住宿与餐饮 □批发与零售 □仓储物流 □交通运输 □环境卫生 □家政服务 □电子，机械制造 □个体户 □其他	□≤1000元 □>1000~1500元 □>1500~2000元 □>2000~2500元 □>2500~3000元 □>3000~3500元 □>3500~4000元 □>4000~4500元 □>4500~5000元 □>5000元
	□本乡（镇）内 □本区（市、县）内 □成都市内 □四川省内（除成都市） □四川省外 □国外	□1人 □2人 □3人 □4人 □5人 □6人 □7人 □≥8人	□国有企业 □集体企业 □机关事业单位 □私营企业 □股份制企业 □外资企业 □个体工商户 □自谋职业	□纺织服装 □建筑、装修 □住宿与餐饮 □批发与零售 □仓储物流 □交通运输 □环境卫生 □家政服务 □电子，机械制造 □个体户 □其他	□≤1000元 □>1000~2000元 □>2000~3000元 □>3000~4000元 □>4000~5000元 □>5000~6000元 □>6000~7000元 □>7000~8000元 □>8000~9000元 □>9000元

11. 接受政府部门或其他单位组织的相关培训情况（请在相应框内打"√"）

阶段	每年培训次数	每次培训天数	实际培训内容	采取培训方式	培训地点	培训效果	满足自己需求期望情况
入住新农村综合体前	□1次 □2次 □3次 □4次 □5次 □6次 □7次 □8次 □9次 □≥10次	□1天 □2天 □3天 □4天 □5天 □6天 □7天 □8天 □9天 □≥10天	种植业：□粮食 □水果 □蔬菜 □苗木花卉 □棚室生产 □特种经济作物 □其他 养殖业：□猪 □牛 □羊 □鸡 □鸭 □鹅 □水产养殖 □特种养殖 □其他 非农：□机械 □运输 □建筑 □餐饮 □家电 □通信 □服装 □家政 □商服 □美发 □旅游 □美容 □文秘 □财会 □营销 □农产品加工 □农产品贮藏 □其他	□面对面授课 □现场实习 □电视、广播 □VCD学习 □多种方式结合 □其他	□村内或新农村综合体内 □区(市、县)内 □成都市内 □四川省内(除成都市) □四川省外	□很好 □较好 □一般 □较差 □很差	□非常满足 □比较满足 □不太满足 □很不满足
入住新农村综合体后	□1次 □2次 □3次 □4次 □5次 □6次 □7次 □8次 □9次 □≥10次	□1天 □2天 □3天 □4天 □5天 □6天 □7天 □8天 □9天 □≥10天	种植业：□粮食 □水果 □蔬菜 □苗木花卉 □棚室生产 □特种经济作物 □其他 养殖业：□猪 □牛 □羊 □鸡 □鸭 □鹅 □水产养殖 □特种养殖 □其他 非农：□机械 □运输 □建筑 □餐饮 □家电 □通信 □服装 □家政 □商服 □美容 □旅游 □财会 □美发 □文秘 □营销 □农产品加工 □农产品贮藏 □其他	□面对面授课 □现场实习 □电视、广播 □VCD学习 □多种方式结合 □其他	□村内或新农村综合体内 □区(市、县)内 □成都市内 □四川省内(除成都市) □四川省外	□很好 □较好 □一般 □较差 □很差	□非常满足 □比较满足 □不太满足 □很不满足

12. 入住新农村综合体前，家庭能源前三位依次是：＿＿＿、＿＿＿、＿＿＿

入住新农村综合体后，家庭能源前三位依次是：＿＿＿、＿＿＿、＿＿＿

A. 秸秆　　B. 薪柴　　C. 煤炭　　D. 石油（柴油、汽油、煤油）

E. 电力　　F. 天然气　G. 沼气　　H. 其他

13. 您个人闲暇时间、技能及利用基本情况（请在相应框内打"√"）

阶段	每天闲暇时间	每月闲暇消费开支	闲暇技能	闲暇时间主要活动
入住新农村综合体前	□没有空闲　□0~2小时　□2~4小时　□4~6小时　□6~8小时　□>8小时	□≤100元　□>100~500元　□>500~1000元　□>1000~1500元　□>1500~2000元　□>2000~2500元　□>2500~3000元　□>3000~3500元　□>3500~4000元　□>4000元	□下棋　□打牌　□上网　□唱歌　□唱戏　□羽毛球　□篮球　□游泳　□乒乓球　□太极拳　□编织裁剪　□跳舞　□乐器　□书法绘画	□在家闲呆　□打牌　□看电视　□外出闲逛　□串门聊天　□走亲访友　□上网娱乐　□看电影　□听音乐　□跳舞　□看书读报　□收听广播　□国内外旅游　□参加各类讲座　□体育健身　□参加学习培训　□参加公益性活动　□其他
入住新农村综合体后	□没有空闲　□0~2小时　□2~4小时　□4~6小时　□6~8小时　□>8小时	□≤100元　□>100~500元　□>500~1000元　□>1000~1500元　□>1500~2000元　□>2000~2500元　□>2500~3000元　□>3000~3500元　□>3500~4000元　□>4000元	□下棋　□打牌　□上网　□唱歌　□唱戏　□羽毛球　□篮球　□游泳　□乒乓球　□太极拳　□编织裁剪　□跳舞　□乐器　□书法绘画	□在家闲呆　□打牌　□看电视　□外出闲逛　□串门聊天　□走亲访友　□上网娱乐　□看电影　□听音乐　□跳舞　□看书读报　□收听广播　□国内外旅游　□参加各类讲座　□体育健身　□参加学习培训　□参加公益性活动　□其他

14. 您家庭家用电器情况（请填写具体数目）

阶段	液晶电视	洗衣机	电冰箱	空调	手机	净水器	热水器	抽油烟机	电烤箱	微波炉	电饭煲	照相机	电脑	汽车
入住新农村综合体前														
入住新农村综合体后														

15. 您个人基本生活情况（请在相应框内打"√"）

阶段	购买服装时，您主要看重哪些方面？	您是否知道"平衡膳食"这一说法？	您外出到异地，如果需要住宿，您会选择住在哪？	您平时多久做一次体检	家庭主要消费场所	家庭主要生活用水类型	您家每周打扫卫生次数	您每周洗澡次数	您每周衣服更换洗次数	您主要使用手机的哪些功能	您每月手机话费
入住新农村综合体前	□价格 □款式 □材质 □品牌 □其他	□知道 □不知道	□去亲戚朋友家 □小旅舍 □经济型酒店 □星级酒店	□三个月 □半年 □一年 □二年 □三年 □三年以上	□生活区附近商铺 □乡（镇）综合市场 □大型超市或综合商场	□河水 □井水 □自来水 □净化自来水	□1次 □2次 □3次 □4次 □5次 □6次 □≥7次	□1次 □2次 □3次 □4次 □5次 □6次 □≥7次	□1次 □2次 □3次 □4次 □5次 □6次 □≥7次	□打电话 □发短信 □听歌 □看电影 □浏览网页 □发邮件 □照相 □微信微博	□100元以上 □>80~100元 □>60~80元 □>40~60元 □>20~40元 □>20元及以下 □几乎为零
入住新农村综合体后	□价格 □款式 □材质 □品牌 □其他	□知道 □不知道	□去亲戚朋友家 □小旅舍 □经济型酒店 □星级酒店	□三个月 □半年 □一年 □二年 □三年 □三年以上	□生活区附近商铺 □乡（镇）综合市场 □大型超市或综合商场	□河水 □井水 □自来水 □净化自来水	□1次 □2次 □3次 □4次 □5次 □6次 □≥7次	□1次 □2次 □3次 □4次 □5次 □6次 □≥7次	□1次 □2次 □3次 □4次 □5次 □6次 □≥7次	□打电话 □发短信 □听歌 □看电影 □浏览网页 □发邮件 □照相 □微信微博	□100元以上 □>80~100元 □>60~80元 □>40~60元 □>20~40元 □>20元及以下 □几乎为零

16. 您觉得以下方面与入住新农村综合体前后的对比情况如何？（请在相应框内打"√"）

对比	家庭成员之间关系	邻里关系	住房状况	治安状况	水、电、煤气费缴费	工作劳动条件	垃圾、污水处理	子女教育条件	公共厕所情况	交通条件	通信条件	网络设施	文化娱乐条件	购物方便程度	看病方便程度	看病治疗效果	ATM自助银行网点	邮局	管理民主化程度
大幅改观																			
小幅改观																			
保持不变																			
小幅变差																			
大幅变差																			

17. 目前您对以下方面的满意度如何？（请在相应框内打"√"）

满意度	家庭成员之间关系	邻里关系	住房状况	治安状况	水、电、煤气费缴费	工作劳动条件	垃圾、污水处理	子女教育条件	公共厕所情况	交通条件	通信条件	网络设施	文化娱乐条件	购物方便程度	看病方便便程度	看病治疗效果	ATM自助银行网点	邮局	管理民主化程度
非常满意																			
比较满意																			
一般																			
较为不满																			

18. 在收取费用的前提下，您是否愿意出租房屋接纳城市健康老年人到家中进行以健康和休闲为目的的养老（   ）

A. 愿意——请回答 19～23 题

B.不清楚——请回答 19～23 题

C.不愿意——请直接回答 22～23 题

19.您家可以出租给城市健康老年人作为健康和休闲养老的房间数量为（   ）

A. 1 间   B. 2 间

C. 3 间   D. 4 间

E. 5 间   F. 6 间

G. 7 间   H. 8 间

I. 8 间以上

20. 您家每次出租房屋给城市健康老年人用以健康和休闲养老的最长期限是（   ）

A. 1 个月及以内   B. ＞1～3 个月

C. ＞3～6 个月   D. ＞6～9 个月

E. ＞9～12 个月   F. ＞12～15 个月

G. ＞15～18 个月   H. ＞18～21 个月

I. ＞21～24 个月   J. ＞24 个月以上

21. 城市健康老年人到您家居住并以健康和休闲为目的的进行养老，您愿意接受的生活方式及费用情况（请在自己觉得合适的选项上打"√"）

A. 像一家人一样，吃住生活在一起 在此种情况下，您觉得每月每人收取多少费用合适（含房屋出租）：

□500 元及以下   □＞500～1000 元

□＞1000～1500 元   □＞1500～2000 元

□＞2000～2500 元   □＞2500～3000 元

□＞3500～4000 元   □＞4000～4500 元

□＞4500～5000 元   □5000 元以上

B. 仅出租房屋，吃饭不在一起，在此种情况下，您觉得每月每人收取多少费用合适（含房屋出租）：

□400 元及以下   □＞400～500 元

□＞500～600 元   □＞600～700 元

□＞700～800 元   □＞800～900 元

□＞900～1000 元   □＞1000～1100 元

□＞1100～1200 元   □＞1200～1300 元

□＞1300～1400 元   □＞1400～1500 元

□>1500～1600 元 □>1600～1700 元
□>1700～1800 元 □>1800～1900 元
□>1900～2000 元 □>2000 元以上

22. 城市健康老年人到新农村综合体居民家中居住并以健康和休闲为目的进行养老，谈谈您对采取这种养老方式有哪些顾虑？

23.城市健康老年人到新农村综合体居民家中居住并以健康和休闲为目的进行养老，谈谈您对这种养老方式有哪些意见或建议？